TAIPEI
타이베이

타이완 북부

박진주 지음

SIGONGSA

Contents

4   저자의 말
5   저스트고 이렇게 보세요

추천 여행 일정

10   타이베이 2박 3일
12   타이베이와 타이완 북부 3박 4일
14   타이베이와 타이완 북부 4박 5일

베스트 오브 타이베이

18   타이베이 여행의 하이라이트
24   타이베이의 대표 명소
26   타이베이 & 타이완 북부의 온천 여행지 베스트
28   타이완의 대표 음식
32   타이완에서 꼭 맛봐야 할 4대 음식
34   현지인처럼 즐기는 로컬 음식
38   타이베이 & 타이완 북부의 야시장 베스트
40   야시장에서 꼭 먹어야 할 샤오츠
42   타이완 최고의 명과 펑리쑤
44   타이완의 열대과일
46   타이완의 명차
50   테이크아웃 티숍
52   슈퍼마켓 쇼핑
56   24시 편의점 쇼핑
58   화장품 쇼핑
60   기념품 쇼핑
02   여득을 풀이주는 스파 & 마사지

타이베이 여행의 시작

68   타이완 기초 여행 정보
72   타이완 여행 언제 갈까?
74   타이완으로 가는 법
75   타이완 입국하기
77   공항에서 시내로 가는 법
80   공항을 떠나기 전에 해야 할 일
82   타이완 여행에 유용한 교통 패스
82   타이완의 각 지역으로 이동하기
87   타이완의 자전거

타이베이

104   타이베이 시내 교통
105   타이베이 여행에 꼭 필요한 이지 카드
108   타이베이 한눈에 보기

110   Area 1 시먼딩 & 룽산쓰
124   Area 2 타이베이처잔 주변
138   Area 3 중산
158   Area 4 융캉제 & 궁관
176   Area 5 신이 & 둥취
200   Area 6 쏭산 & 난징둥루
214   Area 7 타이베이 북부
232   Area 8 베이터우
250   Area 9 단수이
262   타이베이의 숙소

타이완 북부

- 270 타이완 북부 한눈에 보기
- 272 타이완 북부로 가는 법

- 274 Area 1 예류
- 280 Area 2 진과스
- 288 Area 3 주펀
- 300 Area 4 지룽
- 310 Area 5 진산
- 316 Area 6 핑시셴
- 326 Area 7 우라이
- 336 Area 8 잉거 & 싼샤

타이베이 여행 준비

- 350 여권과 각종 증명서
- 352 환전과 여행 경비
- 353 인천 공항 가는 법
- 354 출국 수속
- 357 휴대폰으로 인터넷 하기
- 358 트러블 대처법
- 360 타이완 여행 회화

- 364 찾아보기

지도 찾아보기

- 90 타이베이 중심부
- 92 시먼딩 & 룽산쓰
- 94 시먼딩 상세도
- 95 중산
- 96 중샤오둔화 & 신이
- 98 둥취
- 100 신이
- 101 융캉제
- 102 쑹산 & 난징둥루
- 128 MRT 타이베이처잔역 주변
- 157 디화제
- 194 신이 상세도
- 198 둥취 상세도
- 211 마오쿵
- 216 타이베이 북부
- 217 스린
- 235 베이터우
- 245 양밍산
- 253 단수이
- 282 주펀 & 진과스
- 282 진과스
- 290 주펀
- 302 지룽
- 313 진산
- 319 핑시
- 328 우라이
- 338 잉거 & 싼샤
- 338 잉거
- 339 싼샤

저자의 말

여행을 워낙 좋아하고 특히나 아시아에 애정이 많았지만 타이완과의 인연은 꽤 늦게 시작되었습니다. 그럼에도 불구하고 늦바람이 무섭다고 타이완의 매력에 제대로 빠져 여전히 헤어나지 못하고 있습니다. 3시간이 채 걸리지 않는 가까운 거리, 작은 나라지만 푸른 숲과 바다를 품고 있고 과거와 현재의 문화를 동시에 만날 수 있는 매력적인 여행지. 저렴한 물가 덕분에 소소한 쇼핑의 즐거움이 있고 1일 5식으로도 모자랄 풍부한 식도락의 재미까지 가진 곳. 하지만 무엇보다 친절하고 밝은 타이완의 사람들에게 푹 빠졌습니다. 여행 중 뜻하지 않은 힘든 순간, 위기의 순간마다 순박한 웃음과 열린 마음으로 다가가 준 타이완 사람들 덕분에 지금까지도 '타이완앓이'를 하고 있는 것 같습니다. 제가 느낀 타이완, 타이베이 여행의 매력을 이 책에 고스란히 담고자 노력했습니다.

이 책을 통해 여행자들이 보물찾기를 하듯 타이베이의 다채로운 매력을 발견할 수 있기를 바랍니다. 이 책과 함께 타이베이에서 여행의 기쁨과 기분 좋은 에너지를 충전할 수 있기를 바랍니다. 덧붙여 책이 나오기까지 많은 수고를 해주신 편집부와 교정자, 디자이너에게도 깊은 감사의 마음을 전합니다.

글 · 사진 박진주

일찌감치 여행의 묘한 매력에 빠져 세계 곳곳을 골목골목 누비고 다녔다. 짧게 가는 여행에 목마름만 더해져 하던 일을 그만두고 본격적으로 여행을 다니기 시작했고, 결국 좋아하는 여행을 업으로 삼는 행운까지 얻게 되었다. 오늘도 'No Travel, No Life!'를 외치며 열심히 사진을 찍고 글을 쓰고 있다. 저서로는 《팔로우 다낭》, 《시크릿 타이베이》, 《시크릿 발리》, 《50만원 해외여행 베스트 코스북》, 《프렌즈 싱가포르》, 《지금, 홍콩·마카오》, 《필리핀 100배 즐기기》, 《말레이시아 100배 즐기기》, 《7박 8일 이스탄불》 등이 있다.

블로그 blog.naver.com/l_b_v

저스트고 이렇게 보세요

이 책에 실린 모든 정보는 2023년 7월까지 수집한 정보를 기준으로 했으며, 이후 변동될 가능성이 있습니다. 특히 교통편의 운행 일정과 요금, 관광 명소와 상업 시설의 영업시간 및 입장료, 현지 물가 등은 수시로 변동될 수 있으므로 여행 계획을 세우기 위한 가이드로 활용하시고, 직접 이용할 교통편은 여행 전 홈페이지를 통해 검색하거나 현지에서 다시 확인하는 것이 좋습니다. 변경된 내용은 편집부로 연락 주시기 바랍니다.
편집부 justgo@sigongsa.com

- 이 책에서 소개하고 있는 지명이나 상점 이름, 회화 등에 표시된 중국어 발음은 국립국어원의 외래어표기법을 최대한 따랐습니다. 또한 현지인에게 길을 물을 때 편리하도록 중국어 발음을 우선 표기했습니다.
- 관광 명소, 식당, 상점의 휴무일은 정기 휴일을 기준으로 실었습니다. 설날이나 크리스마스 등 명절에는 문을 닫는 경우가 있으므로 주의하시기 바랍니다.
- 관광 명소와 여행 포인트에는 추천 별점이 있습니다. 추천도에 따라 별 1~3개로 표시했습니다.
- 레스토랑을 소개한 페이지에 제시된 예산은 주요 메뉴의 가격을 기준으로 했습니다.
- 숙박 시설의 요금은 일반 객실 요금을 기준으로 실었습니다. 예약 시기와 숙박 상품 등에 따라 요금은 달라집니다.
- 타이완의 통화는 뉴 타이완 달러(NT$)입니다. NT$1은 약 42원입니다(2023년 7월 기준). 환율은 수시로 변동되므로 여행 전 확인은 필수입니다.

지도 보는 법

각 명소와 상업 시설의 위치 정보는 '지도 p.94-F'와 같이 본문에 표시되어 있습니다. 이는 94쪽 지도의 F구역에 찾는 장소가 있다는 의미입니다.

스마트폰으로 아래 QR코드를 스캔하면 마이저스트고(myJustGo) 홈페이지로 연결됩니다. 원하는 지역을 클릭하면 책에서 소개한 장소들의 위치 정보가 담긴 '구글 지도 Google Maps'를 확인할 수 있습니다.

추천 여행 일정
Best plan 1

타이베이
2박 3일

처음 타이베이를 찾는 초보 여행자를 위한 기본 코스. 금·토·일 주말 여행으로 짧고 굵게 타이베이의 대표 관광 명소와 맛집 등을 둘러보는 일정이다.

1day 타이베이

14:00
숙소 체크인

↓ 이동

15:00
궈리중정지녠탕 p.162

↓ MRT + 도보 7분

16:30
융캉제 p.158

↓ 도보 1분

18:00
딘타이펑 & 스무시에서
저녁 식사 p.166, 168

↓ MRT 10분

20:00
타이베이 101
관징타이에서
야경 감상 p.181

2day 베이터우·단수이

09:00
구궁보우위안 p.220

↓ MRT + 버스 1시간

13:00
베이터우에서
온천 p.240

↓ 도보 5분

14:30
베이터우의
디러구 p.237

↓ MRT + 도보 50분

16:30
단수이 산책 p.250

↓ 도보 5분

17:30
단수이에서
일몰 감상
p.250

↓ MRT + 버스 1시간 10분

19:00
미라마 엔터테인먼트 파크에서
관람차 타고 야경 감상 p.229

↓ 버스 20분

21:30
스린예스에서
야식 p.230

10:30
시먼딩에서 쇼핑 &
아쭝몐셴에서
점심 식사 p.120, 123

↓ MRT + 도보 15분

12:00
화산1914
원화창이찬예위안취
p.136

↓ MRT + 도보 25분

13:00
키키에서
점심 식사 p.188

↓ 도보 10분

14:00
궈푸지녠관 p.184

↓ 택시 10분

16:00
서니 힐스 또는
치아더에서
펑리쑤 쇼핑 후
공항으로 p.209

3day 타이베이

09:00
룽산쓰 p.114

↓ MRT + 도보 10분

추천 여행 일정
Best plan 2

타이베이와 타이완 북부 3박 4일

타이베이 중심부의 유명 관광 명소는 물론 예류, 진과스, 주펀 등 타이완 북부의 인기 여행지까지 둘러볼 수 있는 3박 4일 핵심 일정이다.

1day 타이베이

14:00
숙소 체크인

↓ 이동

15:00
룽산쓰 p.114

↓ MRT + 도보 10분

16:30
시먼딩에서 쇼핑 &
아쫑면셴에서
점심 식사
p.120, 123

↓ MRT + 도보 15분

18:00
궈푸지녠관 p.184

↓ 도보 10분

19:00
키키에서 저녁 식사 p.188

↓ 도보 10분

20:30
타이베이 101 관징타이에서
야경 감상 p.181

↓ 도보 13분

22:00
옌 바에서
칵테일 한잔 p.190

2day 예류·진과스·주펀

10:00
예류디즈궁위안 p.278

↓ 버스 1시간 10분

14:00
진과스의 황진보우관 p.286

↓ 버스 10분

16:00
주펀의 골목 산책 p.291

↓ 도보 8분

17:30
아메이차주관에서
차 마시기 p.296

↓ 버스 1시간 10분

20:00
원딩에서 저녁 식사 p.191

17:30
단수이에서
일몰 감상 p.250

↓ MRT + 버스 1시간 10분

19:30
스린예스 p.230

3day 베이터우·단수이

09:00
구궁보우위안 p.220

↓ MRT + 버스 1시간

13:00
베이터우에서
온천 p.240

↓ MRT + 도보 50분

16:00
단수이라오제 p.256

↓ 버스 25분

4day 마오쿵·타이베이

09:30
마오쿵 p.210

↓ MRT 30분

13:00
융캉제의 딘타이펑 또는
융캉뉴러우몐에서
점심 식사 p.166, 167

↓ 도보 2분

14:00
이즈쉬안 또는
선메리에서
펑리쑤 쇼핑 p.174

↓ 도보 12분 또는 MRT 5분

15:30
궈리중정지녠탕 관람 후
공항으로 p.162

추천 여행 일정
Best plan 3

타이베이와 타이완 북부 4박 5일

일정에 여유가 있는 여행자라면 타이베이는 물론 도심과는 또 다른 매력을 갖고 있는 타이베이의 북부 지역까지 두루두루 알차게 여행을 즐겨보자.

1day 타이베이

14:00
숙소 체크인 
↓ 이동
15:00
궈리중정지녠탕 관광 p.162
↓ MRT + 도보 7분
17:00
융캉제에서 저녁 식사 p.166
↓ MRT 10분
19:30
타이베이 101 관징타이에서
야경 감상 p.181 
↓ 택시 10분
21:30
라오허제예스에서 야식 p.204

2day 예류·진과스·주펀

10:00
예류디즈궁위안 p.278 
↓ 버스 1시간 10분

14:00
진과스의 황진보우관 p.286 
↓ 버스 10분
16:00
주펀의
골목 산책 p.291
↓ 도보 8분
17:30
아메이차주관에서 차 마시기 p.296
↓ 버스 1시간 10분
20:00
원딩에서
저녁 식사 p.191

3day 핑시셴 기차여행

09:00
타이베이 기차역에서 루이팡역으로 이동
↓ 기차 50~60분
10:00
루이팡역에서 핑시셴을 타고 허우둥으로!
↓ 핑시셴 기차 7분

10:10
고양이 마을
허우둥 둘러보기 p.322

⬇ 핑시셴 기차 40분

11:00
대나무 마을 징통에서
대나무에 소원 빌기 p.323

⬇ 핑시셴 기차 5분

12:30
핑시에서 천등 날리기 체험 p.324

⬇ 핑시셴 기차 15분

14:00
스펀에서 샤오츠 맛보면서
마을 둘러보기 p.325

⬇ 기차 1시간 30분

17:00
루이팡역에서 환승,
타이베이 기차역 도착

⬇ MRT + 도보 5분

17:20
시먼딩에서 쇼핑 & 식사 p.120, p.123

⬇ MRT + 도보 6분

20:00
룽산쓰 p.114

4day 베이터우·단수이

09:00
구궁보우위안 p.220

⬇ MRT + 버스 1시간

13:00
베이터우에서 온천 p.240

⬇ 도보 5분

14:30
베이터우의 디러구 p.237

⬇ MRT + 도보 50분

16:30
단수이 라오제 산책하기 p.256

⬇ 페리로 10분

17:30
바리섬 둘러보기 p.261

⬇ 페리로 10분

18:00
단수이에서 일몰 감상 p.250

⬇ MRT + 버스 1시간 10분

20:00
미라마 엔터테인먼트 파크에서 관람차 타고 야경 감상 p.229

⬇ 버스 20분

22:00
스린예스에서 야식 p.230

5day 마오쿵·타이베이

09:30
마오쿵 p.210

⬇ MRT 30분

12:30
키키에서 점심 식사 p.188

⬇ 도보 10분

14:00
궈푸지녠관에서
교대식 관람 p.184

⬇ 도보 7분

16:00
쑹산원촹위안취 구경하고 공항으로!
p.187

베스트 오브
타이베이

타이베이 여행의 하이라이트 · 18
타이베이의 대표 명소 · 24
타이베이 & 타이완 북부의 온천 여행지 베스트 · 26
타이완의 대표 음식 · 28

타이완에서 꼭 맛봐야 할 4대 음식 · 32
현지인처럼 즐기는 로컬 음식 · 34
타이베이 & 타이완 북부의 야시장 베스트 · 38
야시장에서 꼭 먹어야 할 샤오츠 · 40

BEST OF
TAIPEI

타이완 최고의 명과 펑리쑤 · 42
타이완의 열대과일 · 44
타이완의 명차 · 46
테이크아웃 티숍 · 50
슈퍼마켓 쇼핑 · 52
24시 편의점 쇼핑 · 56
화장품 쇼핑 · 58
기념품 쇼핑 · 60
여독을 풀어주는 스파 & 마사지 · 62

1
타이베이 여행의 하이라이트

타이완은 우리나라의 3분의 1 정도 크기에 불과한 작은 섬나라지만 각 지역마다 특색이 달라 온천, 기차 여행, 옛 거리, 자연 경관 등 색다른 테마로 여행을 즐길 수 있다. 향수를 자극하는 과거의 모습과 트렌디한 스타일의 현재가 공존하며 맛깔스러운 먹을거리와 즐길 거리가 넘쳐난다. 오감이 즐거운 타이완의 매력 속으로 빠져보자.

미식의 천국에서 식도락 즐기기

타이완은 여러 가지 맛을 품고 있다. 전통적인 향토 음식은 물론 커자(客家) 요리와 광둥(廣東) 요리의 영향을 받았으며 온난한 기후 덕분에 열대과일이 풍족하고 달콤한 디저트도 함께 발달했다. 바다로 둘러싸인 지형답게 해산물이 풍부하며 명차의 나라로 유명한 만큼 마실 거리 또한 다채롭다. 더구나 한국보다 저렴한 가격으로 미식을 즐길 수 있으니 진정한 식도락의 천국이 아닐 수 없다.

반짝반짝 빛나는 바다로 떠나기

타이완은 기대 이상의 아름다운 바다를 품고 있다. 특히 타이완의 동부는 때 묻지 않은 자연환경을 갖추고 있는 지역으로 눈부시게 빛나는 푸른 바다들이 동부 해안에 이어진다. 펑후섬이나 뤼다오섬은 본토와는 또 다른 이국적인 섬의 정취를 느낄 수 있으며 타이완 땅끝 마을 컨딩도 에메랄드빛 투명한 비다를 만날 수 있는 휴양지로 유명하다.

밤이면 밤마다 야시장으로 출동

타이완의 밤, 클럽보다 인파가 더 몰리는 곳은 다름 아닌 야시장이다. 외식 문화가 발달하기도 했고 워낙 더운 날씨 때문에 해가 지고 난 후에 문을 여는 시장이 많다. 흔히 샤오츠(小吃)라고 부르는 야시장의 주전부리는 전통적인 것부터 여행자들의 눈을 사로잡기 위해 개발된 것까지 종류가 무궁무진하니 그냥 잠들기 아쉽다면 야시장으로 나가보자.

오래된 거리를 걷는 즐거움

라오제(老街)는 '옛 거리'라는 의미. 예전에 그 지역의 번화가로 번영을 누렸던 거리가 오늘날에는 명물 거리가 되어 여행자들을 기다리고 있다. 단수이라오제, 우라이라오제, 싼샤라오제 등 각 지역의 특색을 느낄 수 있는 곳들이 있으며 지역 특산품인 맛깔스러운 먹을거리와 기념품 상점이 줄줄이 이어져 가슴을 설레게 한다.

과거와 현재가 공존하는 곳으로

쓰쓰난춘, 화산1914원화창이찬예위안취에는 공통점이 있다. 오래된 건물 자리에 새로 지은 빌딩이라는 점, 전통적인 형태는 보존하고 새로운 감각을 불어넣어 특별한 공간으로 재탄생했다는 점이다. 타이완 곳곳에서 이렇게 과거와 현재가 어우러진 멋진 공간들을 만날 수 있어 옛것의 소중함에 대해 다시금 생각하게 된다.

온천의 천국에서 힐링하기

타이완은 일본 못지않게 온천이 발달한 나라로 타이완 각지 100여 곳에서 천연 온천이 샘솟는다. 동네 목욕탕처럼 저렴하게 즐길 수 있는 대중탕부터 호화로운 최고급 온천 호텔까지 종류가 다양하며 세계적으로도 희귀한 냉천(冷泉), 바다와 별을 보며 즐기는 해저 온천도 경험할 수 있다.

낭만을 품은 기차 여행

타이완은 기차가 발달한 나라로 특색 있게 꾸며진 기차들은 그 자체로 즐길 거리가 된다. 탄광 철도였던 핑시셴(平溪線) 기차는 인기 만점의 관광 열차가 되었으며, 자재를 운반하던 오래된 열차 지지셴(集集線) 기차에서는 낭만과 아날로그 감성을 느낄 수 있다. 기차 마니아라면 꼭 경험해 보자.

여행의 추억을 도장으로 남기기

타이완 여행의 소소한 즐거움 중 하나는 곳곳에서 만나는 귀여운 도장들이다. 타이완 주요 관광지나 MRT 역, 카페, 상점 등에서는 각 지역의 개성을 표현한 스탬프들을 발견할 수 있다. 별것 아닌 것 같지만 여행이 끝난 후 수많은 곳에서 찍은 도장들을 보면 여행의 순간순간이 새록새록 떠오른다.

2
타이베이의 대표 명소

타이완의 수도 타이베이를 여행할 때 반드시 들러야 하는 필수 명소를 뽑아보았다. 도심 속 이색적인 거리와 오래된 사원, 박물관을 비롯해 반나절 투어로도 충분히 즐길 수 있는 온천과 낭만이 가득한 일몰 명소까지 빼놓지 말고 방문해 보자.

타이베이 101 台北 101

타이베이를 넘어 타이완을 상징하는 랜드마크로 높이 508m에 지하 1층, 지상 101층으로 되어 있다. 건물의 엘리베이터는 5층부터 89층까지 382m를 단 37초 만에 이동해, 세계에서 가장 빠른 엘리베이터로 기네스북에 오르기도 했다. 89층에 위치한 전망대에 오르면 타이베이 도심을 파노라마 뷰로 시원스럽게 감상할 수 있어 여행자들의 필수 코스로 꼽힌다.

룽산쓰 龍山寺

타이베이에서 가장 오래된 사원으로 1738년 청나라 때 푸젠성(福建省) 이주민들이 세웠다. 현지인들에게는 신성한 사원으로, 여행자들에게는 이국적인 관광 명소로 사랑받고 있다. 도교와 불교가 혼재한 사원으로 목조와 석조를 이용한 화려한 조각을 엿볼 수 있다. 낮 풍경도 멋지지만 해가 진 후 조명과 함께 빛나는 룽산쓰도 근사하다.

궈리중정지녠탕 國立中正紀念堂

타이완 초대 총통 장제스를 기념하는 광장으로 웅장한 건축물이 압도적인 풍경을 자아낸다. 70m 높이의 대리석으로 만든 2층 구조의 중정지녠탕이 있으며 89개 계단을 올라가면 높이 6.3m, 무게 25톤에 달하는 거대한 장제스 동상을 마주할 수 있다. 매일 오전 10시부터 오후 5시까지 매시 정각마다 열리는 절도 넘치는 위병 교대식을 놓치지 말자.

디화제 迪化街

디화제는 18세기 말에 중국 푸젠성에서 건너온 이 민족들이 모여 살던 상업 지역으로 중국식과 서양식이 섞인 독특한 건축물들이 현재도 남아 있어 독특한 분위기를 풍긴다. 20세기 초부터 각 지역에서 생산된 건어물과 한약, 차, 원단 등을 파는 가게들이 생겨나 현재까지도 남아 있으며 최근에는 오래된 건물에 트렌디한 카페, 디자인 숍 등이 하나 둘 생겨나면서 과거와 현재가 공존하는 멋진 동네로 거듭났다.

구궁보우위안 故宮博物院

타이완의 보물과도 같은 박물관. 5,000년의 중국 역사가 녹아 있는 유물 69만여 점을 소장하고 있으며 이는 아시아 최대 규모를 자랑한다. 세계 4대 박물관 중 하나로 손꼽힐 만큼 소장품이 많고 중국 본토의 소장품보다 더 높은 수준의 유물들로 인정받으며 '중화(中華) 문화의 보고'라고 불린다.

베이터우 國北投

타이베이 북서부에 위치한 베이터우는 1905년부터 개발된 타이완 최초의 온천 관광지이다. 부담 없이 온천을 즐길 수 있는 저렴한 온천탕부터 고급 온천 숙소까지 두루 갖추고 있다. MRT를 타고 쉽게 갈 수 있는 뛰어난 접근성 덕분에 타이베이 내에서 온천 힐링 여행지로 인기가 높다.

시먼딩 西門町

타이베이 최고의 번화가이자 가장 젊은 거리로 우리의 명동처럼 365일 활기가 넘친다. 타이완 젊은이들의 놀이터 같은 이 거리에는 저렴한 가격에 즐길 수 있는 쇼핑몰, 카페, 레스토랑이 모여 있으며 여행자들을 위한 중저가 숙소 역시 많다.

스린예스 士林夜市

야시장의 천국이라 불리는 타이베이에서도 최고의 야시장으로 꼽히는 곳. 1909년에 시작되어 100년이 넘는 역사를 지닌다. 각종 먹거리 노점을 비롯해 저렴한 가격에 패션 잡화, 기념품을 판매하는 가게들이 셀 수 없이 많아 음식과 쇼핑의 천국이라 할 수 있다.

단수이 淡水

과거 스페인과 네덜란드인들이 가장 먼저 상륙했던 곳이며, 그 후에는 항구도시로 번성했다. 현재는 멋진 일몰과 낭만적인 강변 풍경으로 유명하며 영화 〈말할 수 없는 비밀〉의 촬영지로도 알려지면서 관광객들의 방문이 더 늘어났다. 오래된 거리인 단수이 라오제에서는 향수를 자극하는 먹거리와 기념품을 즐길 수 있고 페리를 타고 건너편의 바리섬에도 다녀올 수 있다.

타이베이 & 타이완 북부의 온천 여행지 베스트

타이완은 풍부한 지열 자원을 가진 온천 천국으로 100곳이 넘는 지역에서 천연 온천이 샘솟는다. 지역별로 온천 명소가 발달되어 있으며 부담 없이 즐길 수 있는 저렴한 온천부터 진정한 힐링 여행을 즐길 수 있는 최고급 온천 호텔까지 다양하다. 정해진 시간 내에 온천만 즐기는 방법과 온천 호텔에서 1박 이상 투숙하면서 여유롭게 온천과 관광을 함께 즐기는 방법 중 선택해 보자.

베이터우 北投 → p.232

베이터우는 타이베이에서 MRT를 타고 갈 수 있는 가까운 거리에 있어 여행자들이 가장 많이 찾는 온천 마을이다. 지명과 이름이 같은 북투석(北投石)은 전 세계에서 타이완의 베이터우와 일본의 다마가와 온천(玉川溫泉)에서만 발견된 광석으로 방사성 원소인 라듐이 미량 함유되어 있어 건강에 탁월한 효과가 있다고 알려져 있다. 베이터우의 온천수는 청황천, 백황천, 철황천 3가지로 나뉘며 고급 호텔의 온천부터 부담 없이 즐길 수 있는 대중탕까지 선택의 폭이 넓다. 베이터우 특유의 자연 친화적인 분위기가 마음을 평화롭게 한다. 그 밖에 유황 가스 섞인 수증기를 뿜어내는 온천의 수원지, 디러구(地熱谷)도 볼 수 있다.

 온천 이용 시 주의 사항

- 온천에 가기 전에 우선 남녀 공용 여부를 확인하자. 남녀 공용인 경우 수영복과 수영모 준비가 필수.
- 탕에 들어가기 전에 물 온도를 체크한 후 천천히 몸을 담그도록 하자.
- 온천욕은 20~30분 정도가 적당하며 너무 오랫동안 탕 안에 머무르지 않도록 주의해야 한다. 음료수 물을 마시면서 수분을 보충한다.

양밍산 陽明山 ⋯ p.244

타이베이에서 버스를 타고 40분 정도면 닿을 수 있는 온천 마을이다. 양밍산 자락에 형성되어 있으며 화산 지열 활동이 빈번하고, 구역마다 온천수의 성분이 달라 각기 수질과 온도가 다른 것이 특징이다. 따뜻한 온천수에 몸을 담그고 자연 경치를 감상하며 신선놀음을 즐길 수 있어 여유로운 온천 여행을 원하는 이들이 선호한다.

우라이 烏來 ⋯ p.326

우라이는 타이베이 남쪽에 위치한 온천 마을로 온천은 물론 원주민의 문화도 엿볼 수 있어 매력적이다. 울창한 산과 계곡, 강이 있으며 무료로 즐길  수 있는 노천 온천부터 고급 온천 호텔까지 다양하다. 온천수는 중성의 탄산 성분으로 무색에 향이 없으며 피부를 부드럽고 윤기 나게 만들어준다고 해서 '미인탕'이라고도 불린다. 온천 외에도 케이블카, 미니 열차 등의 즐길 거리가 있어 다양한 재미를 느낄 수 있는 지역이다.

타이완의 대표 음식

타이완은 식도락의 천국이다. 푸젠(福建) 지방의 음식을 바탕으로 한 전통 요리를 비롯해 커자(客家) 요리와 광둥(廣東) 요리의 영향을 받았다. 거기에 일제강점기를 거치면서 일본의 식문화도 녹아들었다. 면을 이용한 국수 요리가 많고 바다로 둘러싸인 지형 덕분에 해산물 요리도 풍성하다. 온난한 기후로 열대과일이 풍족하고 달콤한 디저트도 함께 발달했다. 밀가루 피를 이용한 만두 요리인 바오(包)와 피를 얇게 빚어 구운 빙(餅) 등 가벼운 간식거리도 많다.

훠궈 火鍋

훠궈의 나라라고 해도 좋을 만큼 타이완 사람들은 훠궈를 즐겨 먹는다. 매콤한 홍탕(紅湯), 맑은 백탕(白湯)을 비롯해 다양한 육수를 베이스로 채소, 두부, 해산물, 고기 등을 넣고 끓여 먹는다. 뷔페식으로 운영하는 곳도 많아 원 없이 풍성하게 먹을 수 있다.

샤오룽바오 小籠包

한국인 여행자들 사이에서 가장 사랑받는 메뉴는 역시 샤오룽바오다. 얇은 피 안에 진한 육즙을 가득 품고 있어 입 안에서 조화를 이룬다. 딘타이펑을 비롯해 샤오룽바오로 유명한 맛집들이 많다.

뉴러우몐 牛肉麵

타이완 사람들이 가장 즐겨 먹는 국민 국수. 우리 식으로 생각하면 소고기 국수와 비슷한데 얼큰한 국물의 홍사오(紅燒)와 맑은 국물의 칭둔(淸燉)으로 나뉜다. 진한 고기 육수에 각종 고기 부위가 듬뿍 얹어 나온다.

단짜이몐 擔仔麵

타이난(台南) 지방에서 시작된 국수 요리로 잘 삶은 면발 위에 잘게 다진 고기 소스와 새우, 숙주 등을 얹은 음식이다. 구수하면서도 진한 된장 맛이 나는데 한국인 입맛에도 잘 맞는다.

몐셴 麵線

몐셴은 아주 가는 국수를 말하는데 걸쭉한 국물에 부드러운 맛이 특징으로 젓가락이 아닌 숟가락으로 떠먹는다. 돼지의 내장을 넣은 다창몐셴(大腸麵線), 굴을 넣은 커짜이몐셴(蚵仔麵線) 등이 대표적이다.

쭝쯔 粽子

단오절에 먹는 전통적인 먹을거리로 대나무 잎에 찹쌀, 달걀노른자, 고기, 밤, 땅콩 등을 넣고 푹 쪄서 만든다. 쫀득한 식감이 마치 찰밥과 비슷하다.

충유빙 葱油餅

다진 파를 넣은 밀가루 반죽을 노릇하게 구워 만드는 음식으로 우리의 야채 호떡과도 비슷하다. 겉은 바삭하면서 속은 쫄깃해 간식으로 먹기 좋다.

바오쯔 包子

타이완의 왕만두를 흔히 바오쯔라고 부른다. 속에 고기나 채소볶음을 넣어 촉촉한 바오쯔부터 팥, 토란 등을 넣어 우리의 찐빵과 비슷한 바오쯔 등 종류가 다양하다.

쏸라탕 酸辣湯

밥과 함께 먹을 국물이 필요할 때 흔히 먹는 음식으로 두부, 버섯, 채소 등을 넣고 만드는데 시큼한 맛이 특징이다.

루러우판 滷肉飯

타이완 사람들이 가장 간단하게 즐기는 밥으로 흰쌀밥 위에 잘게 다진 돼지고기를 넣고 조린 소스를 뿌려 먹는다. 우리의 돼지갈비찜과 비슷한 달콤한 맛이 난다.

러우위안 肉圓

반투명한 반죽 안에 고기, 버섯, 채소 등으로 만든 소가 들어 있고 소스를 뿌려 먹는 음식이다. 쫀득한 질감이 특징으로 장화(彰化) 지역의 러우위안이 특히 유명하다.

위완탕 魚丸湯

위완탕은 우리의 어묵탕과 비슷한 음식으로 맑은 국물에 탱글탱글한 어묵이 들어 있다. 볶음밥과 곁들여 먹기 좋다.

미쉐가오 米血糕

미쉐가오는 동물의 피와 찹쌀로 만든 음식으로 우리의 순대와 비슷하다. 돼지 피로 만들면 주쉐가오(猪血糕), 오리 피로 만들면 야쉐가오(鴨血糕)라고 한다.

마장몐 麻醬麵

참깨로 만든 소스를 뿌린 국수다. 곁들여 나오는 채소와 비벼 먹으며 고소한 맛이 특징이다.

더우화 豆花

타이완 사람들이 무척 좋아하는 간식거리로 연두부처럼 부드러운 더우화에 땅콩, 녹두, 팥, 타피오카 펄 등의 토핑을 얹어서 먹는다. 여름에는 시원하게, 겨울에는 따뜻하게 먹으며 달콤한 맛이 좋다.

위위안 芋圓

토란과 고구마, 녹차 등을 곱게 반죽해 빚어 끓인 뒤 달콤한 국물을 끼얹어 먹는 디저트. 떡처럼 쫄깃쫄깃한 식감이 재미있고 재료 본연의 맛이 은은하게 나며 자극적이지 않아서 부담이 없다.

바바오빙 八寶冰

우리의 빙수와 가장 비슷한 먹을거리로 간 얼음 위에 팥, 녹두, 푸딩, 위위안 등을 듬뿍 올려서 먹는다.

전주나이차 珍珠奶茶

전주나이차의 '전주(珍珠, 진주)'는 타피오카로 만든 알맹이를 뜻하고 나이차(奶茶)는 밀크티를 뜻한다. 밀크티의 부드러운 맛에 쫄깃하게 씹히는 타피오카가 조화를 이루며 겨울에는 따뜻하게, 여름에는 차갑게 즐긴다.

관차이반 棺材板

타이난에서 시작된 음식. 튀긴 식빵 속에 걸쭉한 수프를 담아주는데 부드러운 수프와 바삭한 식빵의 궁합이 꽤 잘 어울린다. 카레나 고기볶음 등을 담은 관차이반도 있다.

타이완에서 꼭 맛봐야 할 4대 음식

타이완 여행의 매력을 논할 때 빼놓을 수 없는 것이 타이완의 먹을거리다. 1일 5식으로도 모자랄 만큼 다채로운 산해진미가 넘치는 타이완에서 꼭 맛봐야 하는 4대 천왕을 꼽았다.

No.1
샤오룽바오
小籠包

타이완을 찾는 여행자들이 가장 사랑하는 메뉴는 단연 샤오룽바오. 얇은 만두피 속에 찰랑찰랑 가득한 육즙을 품고 있다. 쟁쟁한 딤섬 맛집들이 곳곳에 포진해 있으니 마음껏 즐겨보자. 간장과 식초를 1:3 비율로 섞은 초간장에 샤오룽바오를 살짝 찍고, 숟가락에 얹는다. 만두피를 조금 찢어서 흘러나오는 육즙을 마신 후 생강을 올려서 먹는다.

추천맛집
딘타이펑 Ding Tai Fung ⋯ p.166
가오지 高記 ⋯ p.167
항저우샤오룽탕바오 杭州小籠湯包 ⋯ p.171

No.2
망고 빙수
芒果冰

지금은 한국에서도 망고 빙수를 쉽게 찾아볼 수 있지만 그 원조는 바로 타이완이다. 날씨가 더운 타이완에서는 다양한 종류의 빙수가 발달했는데 그중에서도 최고는 역시 망고 빙수다. 눈보다 고운 빙수의 결이 예술이며 그 위에 탱글탱글한 망고를 듬뿍 얹어 주니 입에 넣는 순간 행복감이 가득해진다. 타이완에서 망고가 맛있는 철은 4~9월로 이 시기에 가장 맛있는 망고 빙수를 맛볼 수 있다.

추천맛집
스무시 Smoothie House ⋯ p.168
빙짠 冰讚 ⋯ p.149

No.3
훠궈
火鍋

훠궈는 타이완 스타일의 전골 요리로 타이완 사람들이 가장 사랑하는 메뉴 중 하나다. 입 안이 얼얼한 마라훠궈를 비롯해 깔끔한 맛의 백탕, 한국인에게 친근한 김치탕까지 입맛에 맞는 육수를 고른 후 부재료들을 넣고 보글보글 끓여 먹는다. 보통 뷔페식으로 육류, 해산물, 채소, 두부 등 수십 가지 재료와 디저트, 과일까지 무제한으로 제공하는 곳이 많아 푸짐하게 즐길 수 있다.

 추천 맛집
원딩 問鼎 … p.191
마라훠궈 馬辣火鍋 … p.121
궈바솬솬궈 鍋爸涮涮鍋 … p.207

No.4
뉴러우몐
牛肉麵

유난히 면 요리를 사랑하는 타이완에서 국민 국수라고 불리는 메뉴는 역시 뉴러우몐이다. 소고기 국수라고 생각하면 쉬운데 소뼈를 우려낸 진한 육수에 쫄깃한 면발, 두툼한 고기를 듬뿍 얹어 낸다. 붉은색의 얼큰한 훙사오(紅燒), 맑고 구수한 맛의 칭둔(淸燉)으로 나뉘며 국물 없이 비벼 먹는 뉴러우반몐(牛肉拌麵)도 있다.

 추천 맛집
융캉뉴러우몐 永康牛肉麵 … p.167
뉴몐 牛店 … p.121

베스트 오브 타이베이

현지인처럼 즐기는 로컬 음식

익히 알려진 유명한 맛집을 가는 것보다 진짜 타이완 사람들이 즐겨 먹는 현지의 먹을거리를 경험해 보고 싶은 이들에게 추천한다. 이른 아침에 저렴한 가격으로 먹는 짜오우찬(早午餐), 골라 먹는 재미가 있는 쯔주찬(自助餐), 종류가 다양한 기차 도시락 벤당(便當) 등을 먹어보자.

타이완 스타일의 브런치, 짜오우찬 早午餐

외식 문화가 발달한 타이완에서는 아침 식사도 밖에서 간단하게 해결하는 경우가 많다. 이른 아침부터 낮까지만 문을 여는 '아점' 전문 식당을 짜오우찬(早午餐)이라 한다. 두유와 비슷한 더우장(豆漿)은 가장 대표적인 아침 식사 메뉴로, 순수한 맛의 바이장(白漿), 설탕을 넣어 달콤한 맛의 텐장(甜漿), 식초·소금·간장 등을 넣어 짭조름한 맛의 셴장(鹹漿)이 있다. 밀가루 반죽에 참깨를 뿌려 구운 사오빙(燒餅), 기름에 바삭하게 튀긴 길쭉한 모양의 유탸오(油條), 밀가루로 반든 피에 달걀, 파 등을 넣은 단빙(蛋餅) 등을 곁들여 먹으면 든든하다. 가격이 무척 저렴하며 여행자들에게는 재미있는 경험이 될 수 있으니 도전해 보자.

푸항더우장
阜杭豆漿 ⋯ p.135

화산스창 2층에 위치한 아침 식당으로 건물 밖까지 줄을 설 만큼 유명하다. 빵 안에 달걀과 유탸오(油條)를 넣은 타이완식 샌드위치 허우빙자단유탸오(厚餅夾蛋油條), 타이완식 주먹밥 판퇀(飯糰)에 더우장(豆漿)까지 곁들이면 저렴하지만 든든한 한 끼가 완성된다.

주소 台北市中正區忠孝東路一段108號
전화 02-2392-2175
영업 05:30~12:30
휴무 월요일
교통 MRT 산다오쓰(善導寺)역 5번 출구로 나와 바로 왼쪽에 위치한 화산스창(華山市場) 2층에 있다. 건물을 따라 좌회전하면 입구가 보이고 2층으로 올라가면 된다.

딩위안더우장
鼎元豆漿

50년 넘게 소박한 맛으로 많은 단골을 거느린 아침 식당이다. 오동통한 만두 수이젠바오(水煎包)나 육즙이 들어 있는 샤오룽탕바오(小籠湯包)에 순두부처럼 부드럽고 고소한 셴더우장(鹹豆漿), 타이완식 주먹밥 판퇀 등을 먹으며 아침을 시작한다.

주소 台北市中正區金華街30-1號
전화 02-2351-8527 **영업** 04:30~11:30
교통 MRT 중정지녠탕(中正紀念堂)역 3번 출구에서 진화제(金華街)를 따라 도보 5분

스제더우장다왕
世界豆漿大王

아침 식당의 원조라고 할 만큼 유명한 곳으로 1975년에 문을 열었다. 타이베이 중심에서는 약간 벗어나 있지만 24시간 문을 연다. 구운 빵에 달걀을 넣은 사오빙자단(燒餅加蛋), 부드러운 셴더우장(鹹豆漿), 육즙을 가득 품은 샤오룽바오(小籠包) 등이 인기 메뉴다.

주소 新北市永和區永和路二段284號
전화 02-8927-0000 **영업** 24시간
교통 MRT 딩시(頂溪)역에서 융허루얼돤(永和路二段)을 따라 도보 2분

타이완 가정식 뷔페, 쯔주찬 自助餐

쯔주찬은 타이완에서 볼 수 있는 독특한 외식 문화로, 우리의 한식 뷔페처럼 수십 가지의 반찬이 진열되어 있어 원하는 반찬을 골라 담은 후 고른 만큼만 음식값을 지불하는 시스템이다. 얼마큼 고르냐에 따라 차이는 있지만 우리 돈으로 3~5천 원이면 엄마가 해준 집밥처럼 든든한 한 끼 식사를 해결할 수 있다. 직접 먹고 갈 수도 있고 테이크아웃 도시락에 담아 포장해 갈 수도 있다. 볶음 메뉴, 튀김 메뉴, 생선구이에 따뜻한 국물까지 종류가 다양하며 밥도 쌀밥부터 잡곡밥, 죽까지 입맛에 맞게 고를 수 있다. 밥과 반찬을 먹는 방식이 한국인 식성과도 잘 맞으며 혼자서 먹어도 편안한 분위기라 나홀로 여행자에게도 안성맞춤이다.

밍더쑤스위안
明德素食園

 추천 맛집

채식을 전문으로 하는 쯔주찬 식당이다. 타이베이 기차역 뒤의 큐 스퀘어에 있어 찾기 쉽고 그 외에도 백화점, 쇼핑몰, 청핀수뎬 등에서 쉽게 만날 수 있다.

주소 台北市中正區北平西路3號
전화 02-2361-3566
영업 11:00~21:30
교통 MRT 타이베이처잔(台北車站)역에서 연결되는 큐 스퀘어(Q Square) 쇼핑몰 지하 3층에 있다.

산전하이웨이
山珍海味

 추천 맛집

여행자들이 많이 찾는 시먼딩에 위치하고 있다. 채소, 생선, 고기, 달걀 등 반찬이 진수성찬처럼 다양하게 준비되어 있어 원하는 반찬만 골라서 먹으면 된다.

주소 台北市萬華區漢口街二段1號
전화 02-2314-4233
영업 10:30~14:00, 16:30~20:00
교통 MRT 시먼(西門)역 6번 출구에서 도보 4분. 미라다(Mirada) 건너편에 있다.

기차 여행의 즐거움, 벤당 便當

타이완은 기차가 발달되어 있고 기차 여행도 인기가 많아서 열차 안이나 기차역에서 파는 기차 도시락 벤당(便當)도 다양하다. 주로 밥 위에 돼지갈비튀김이나 닭튀김을 얹고 나물 반찬과 타이완식 달걀간장조림인 루단(滷蛋)을 곁들인 도시락이 많다. 가격이 NT$80~120 정도로 저렴하며 맛도 좋고 양도 푸짐해서 이동하면서 먹기 편리하다. 주로 기차역 주변의 벤당 가게나 편의점, 기차 안에서 구매할 수 있다.

타이베이 & 타이완 북부의 야시장 베스트

타이완은 외식을 즐기는 타이완 사람들의 습성에 더운 날씨까지 더해져 밤늦게 문을 여는 야시장 문화가 발달했다. 매일 밤 음식 축제를 연상케 할 정도로 수많은 인파가 야시장에 몰려 불야성을 이룬다. 타이베이와 주변 도시에서 소문난 야시장들을 소개한다.

스린예스 士林夜市 → 타이베이 p.230

규모로 보나 인기로 보나 단연 타이베이 1등 야시장은 스린예스다. 저렴한 기념품부터 잡화, 의류 등의 상점이 밀집해 있으며 먹을거리 또한 넘쳐난다. 푸드코트처럼 실내에 모여 있는 식당들과 야외 노점까지 그 수가 어마어마하다.

먀오커우예스 廟口夜市 → 지룽 p.308

타이베이 근교 도시 지룽의 밤을 밝혀주는 야시장으로 '사원 앞의 야시장'이라는 이름처럼 뎬지궁(奠濟宮)을 중심으로 발달했다. 먹을거리를 파는 노점이 좌우로 길게 뻗어 있으며 주렁주렁 달린 노란 등이 운치를 더한다. 향수를 불러일으키는 오래된 타이완의 간식부터 항구도시에 걸맞게 해산물을 이용한 먹을거리까지 다양하다.

스다예스 師大夜市 → 타이베이 p.170

국립 타이완 사범대학 부근의 야시장으로 대학가의 야시장이라 현지 젊은이들의 분위기를 생생하게 느낄 수 있다. 스다예스에서 가장 유명한 먹을거리는 여러 가지 재료를 입맛대로 골라서 먹을 수 있는 루웨이(滷味)와 저렴한 가격에 푸짐하게 즐길 수 있는 타이완식 철판 스테이크다. 젊은 취향의 의류, 잡화, 화장품을 파는 상점도 모여 있어 소소한 쇼핑의 재미도 느낄 수 있다.

닝샤예스 寧夏夜市 → 타이베이 p.146

타이베이의 중심에 위치한 야시장으로 규모가 아주 큰 편은 아니지만 시내 한복판에 있어 시간이 없는 여행자에게는 제격이다. 규모는 작아도 먹거리 노점만큼은 꽤나 알차게 모여 있어서 짧은 시간동안 야시장 먹부림을 즐기기에 최적이다. 350m가량 이어지는 거리에 처우더우푸(臭豆腐), 지파이(雞排), 국수, 꼬치구이 등을 파는 노점이 빽빽하게 이어진다.

라오허제예스 饒河街夜市 → 타이베이 p.204

스린예스 다음으로 타이베이에서 규모가 큰 야시장으로 1987년 처음 문을 열었다. 원래 화물을 운반하던 배들이 정박했던 항구를 중심으로 형성된 상권이었으며 현재는 매일 밤 불야성을 이루는 인기 절정의 야시장으로 거듭났다. 일직선으로 약 600m 이어지는 거리에 먹거리 노점들이 줄줄이 이어진다. 최고의 인기 메뉴는 화덕에 구운 후추빵 '푸저우스쭈후자오빙(福州世祖胡椒餅)'이며, 타이완식 돼지갈비탕인 '천둥야오둔파이구(陳董藥燉排骨)'도 인기가 많다.

야시장에서 꼭 먹어야 할 샤오츠(小吃)

야시장에서 가볍게 즐길 수 있는 현지 먹을거리를 흔히 샤오츠(小吃)라고 부르는데 그 종류가 엄청나다. 미리 알아두고 가면 더 알차게 미식을 즐길 수 있다.

처우더우푸 臭豆腐

두부를 발효시킨 후 튀긴 요리로 야시장에 가면 코를 찌르는 특유의 냄새 덕분에 쉽게 발견할 수 있다. 냄새는 고약하지만 입에 넣으면 달콤한 소스와 함께 처우더우푸 특유의 풍미를 느낄 수 있다.

커짜이젠 蚵仔煎

타이완어로 '어아젠'이라고도 부르는 음식으로 우리의 굴전과 비슷하다. 신선한 굴에 달걀, 채소와 전분을 넣어 만드는데 쫀득한 맛이 특징이다. 달콤한 소스를 얹어 풍미가 산다.

지파이 雞排

한국의 치킨처럼 국민적으로 사랑받는 먹을거리. 넓적한 닭고기를 튀긴 후 특제 소스를 뿌리면 지파이가 완성되는데 치킨커틀릿과 비슷한 모습이다. 성인 얼굴 정도 되는 큼직한 사이즈로, 짭조름한 맛이 맥주 안주로도 제격이다.

루웨이 滷味

닭고기, 버섯, 채소, 어묵, 라면 등 가득 쌓여 있는 수십 가지의 재료 중에서 원하는 것을 바구니에 담아 건네면 특제 간장 육수인 루즈(滷汁)에 보글보글 끓여서 내준다. 각기 다른 재료를 골라 먹는 재미가 쏠쏠하다.

샹창 香腸
야시장 단골 메뉴로 타이완 스타일의 소시지다. 탱탱한 식감이 뛰어나며 마늘이나 절인 오이 등을 곁들여 먹기도 한다.

후자오빙 胡椒餅
고기소를 채운 빵과 비슷한 먹을거리로 속에 돼지고기와 파, 후추를 넣고 화덕에 구워 낸다. 진한 육즙이 가득하며 찐빵처럼 큼직한 사이즈라 하나만 먹어도 속이 든든해진다.

대왕오징어튀김 炸魷魚
한국에서도 오징어튀김은 흔하지만 타이완의 오징어튀김은 크기부터가 다르고 각 가게마다 짭조름한 특제 소스를 뿌려 더 맛있다. 맥주와 함께 먹으면 환상의 궁합이다.

꼬치구이 燒烤
어느 야시장에서든 빠지지 않고 볼 수 있는 메뉴로 종류가 수십 가지가 넘는다. 각종 고기 부위의 꼬치구이는 물론이고 버섯, 파, 어묵 등 여러 재료들을 입맛에 맞게 고르면 그 자리에서 바로 구워 준다.

다창바오샤오창 大腸包小腸
우리의 밥버거와 비슷한 독특한 샤오츠. 핫도그와 비슷한 모양인데 빵 대신 찹쌀이 탱탱한 소시지를 감싸고 있는 모양이다. 절인 오이, 마늘 등 토핑이 얹어 나오며 쫄깃한 식감이 무척 맛있다.

뉴파이 牛排
타이완 스타일의 스테이크. 뜨거운 철판 위에 스테이크와 스파게티 면이 함께 나오는 것이 특징이다. 레스토랑에서 먹는 것보다 훨씬 저렴한 가격에 먹을 수 있어 주머니 가벼운 학생들에게 특히 인기다.

타이완 최고의 명과 펑리쑤(鳳梨酥)

펑리쑤는 타이완 사람들이 즐겨 먹는 과자로 여행자들이 여행을 마치고 돌아갈 때 양손 가득 들고 가는 특산품이다. '펑리(鳳梨)'는 파인애플, '쑤(酥)'는 바삭하다는 뜻이다. 밀가루, 달걀, 설탕, 동아, 파인애플이나 파인애플 잼 등을 넣어 만드는데 은은한 버터 향과 상큼한 파인애플 향의 하모니가 절묘하다. 앙증맞은 크기에 포장도 예뻐서 지인들을 위한 선물로 더없이 좋다.

치아더
ChiaTe | 佳德糕餅 ⋯ p.209

명불허전, 타이베이 최고의 펑리쑤 가게로 이름난 곳. 우리가 익히 알고 있는 파인애플 펑리쑤는 물론 딸기, 크랜베리, 호두 등 종류가 다양하다. 치아더의 펑리쑤는 버터 향과 파인애플의 향이 잘 어우러져 있으며 페이스트리도 부드러워 남녀노소 누구나 좋아하는 맛이라는 것이 가장 큰 장점이다. 가격대도 적당한 편이라 선물용으로도, 간식용으로도 좋다. 낱개로 구매 가능하며 박스로 구매를 원하면 계산대에서 말하면 된다. 펑리쑤 1개는 NT$ 38, 12개 세트는 NT$396이다.

서니 힐스
Sunny Hills | 微熱山丘 ⋯ p.209

치아더와 어깨를 나란히 하는 타이베이 최고의 펑리쑤 가게. 예쁜 에코백에 포장해 주는 펑리쑤는 선물용으로 제격이다. 오직 펑리쑤만 판매하며 차와 함께 하나를 시식해 본 후 살 수 있다. 대부분의 펑리쑤는 파인애플 잼을 넣는데 이곳은 파인애플을 넣기 때문에 신맛이 강하고 과육이 씹히는 것이 특징이다. 페이스트리가 약간 단단하고 파인애플 향이 강해 호불호가 갈리는 편이다. 펑리쑤 10개 세트 NT$550, 15개 세트 NT$675으로, 가격이 조금 비싼 편이다.

우바오춘 베이커리
Wu Pao Chun Bakery | 吳寶春麵店 ⋯▶ p.196

타이완에서 가장 유명한 제빵사로 통하는 우바오춘(吳寶春)의 베이커리에서도 펑리쑤를 구매할 수 있다. 우바오춘이 가난했던 어린 시절 어머니와 먹던 파인애플의 추억을 되새기며 만든 펑리쑤다. 보통 파인애플 대신 동아를 넣어 만든 펑리쑤가 많은데 이곳은 동아나 설탕을 넣지 않고 파인애플만으로 승부를 건 천우셴펑리쑤(陳無嫌鳳梨酥)로 유명하다. 페이스트리는 부드럽고, 파인애플의 새콤한 맛이 강한 편으로 펑리쑤 고유의 맛을 잘 살렸다.

리지빙뎬
犁記餅店 ⋯▶ p.208

한국 여행자보다는 현지인들에게 무척 유명한 곳으로 100년 역사를 자랑한다. 펑리쑤 외에도 토란을 넣은 샹위쑤(香芋酥), 달걀 노른자를 넣은 단황쑤(蛋黃酥) 등 타이완의 전통적인 제과들을 고급스러운 패키지에 담아 판매해 선물용으로 제격이다. 방부제나 식품첨가물을 넣지 않고 만들어 더 믿고 먹을 수 있다.

MORE INFO 그 밖의 펑리쑤 브랜드

한입 크기의 미니 펑리쑤로 인기몰이 중인
선메리 Sunmerry ⋯▶ p.174

수상 경력을 자랑하는 챔피언 펑리쑤
올림피아 Olympia ⋯▶ p.123

펑리쑤 알고 먹기

✓ 타이완에 있는 베이커리의 수만큼이나 다양한 펑리쑤가 존재하며 맛의 차이도 큰 편이다. 대부분의 베이커리에서는 시식이 가능하니 맛을 본 후 자신의 입맛에 맞는 펑리쑤를 구매하자.

✓ 펑리쑤는 크기는 앙증맞지만 칼로리는 상당하다. 종류에 따라 차이는 있지만 펑리쑤 1개에 300~400kcal 정도 수준이다.

✓ 펑리쑤를 더 맛있게 즐기고 싶다면 차를 곁들이자. 맑은 우롱차와 함께 먹으면 풍미가 더 산다.

✓ 베이커리에서 파는 펑리쑤는 유통기한이 길지 않은 편이다. 보통 1주에서 4주 정도이니 유통기한을 꼭 확인하고 구매하자.

타이완의 열대과일

온난한 날씨 덕분에 한국에서는 귀하고 비싼 열대과일들을 타이완에서는 저렴하고 더 맛있게 즐길 수 있다. 시장이나 슈퍼마켓에서 열대과일들을 쉽게 볼 수 있으며 편의점에서도 먹기 좋게 손질해 놓은 과일들을 구매할 수 있다.

망고 芒果 ◀ 망궈

가장 인기 있는 과일로 비타민 A가 풍부하며 진한 노란색 과육은 달콤한 맛과 탱탱한 식감이 탁월하다. 타이완 남부의 타이난, 핑둥, 가오슝에서 재배되며 타이난의 위징(玉井) 지역에서 생산되는 붉은색 애플망고(愛文芒果, 아이원망궈)도 인기다.

석가 釋迦 ◀ 스자

석가의 머리를 닮았다 하여 '석가'라는 이름이 붙었다. 가장 유명한 생산지는 타이둥으로 타이완 전체 생산량의 80% 정도를 차지한다. 7월부터 이듬해 2월까지 많이 생산되며 과육이 한 알 한 알 나뉘는 투스자(土釋迦)와 파인애플 향기를 풍기는 펑리스자(鳳梨釋迦)가 있다. 울퉁불퉁한 바깥쪽이 검게 되면 잘 익은 것이다.

구아버 芭樂 ◀ 바러

타이완 중남부와 동부의 이란에서 주로 생산된다. 껍질이 얇고 과육이 두툼하며 우리의 아오리 사과처럼 상큼하면서 아삭아삭하다. 속이 핑크빛을 띠는 레드 구아버(紅心芭樂, 홍신바러)는 더 향긋하고 식감이 부드럽다. 비타민과 리코펜 함량이 높다.

파인애플 鳳梨 ◀ 펑리

연중 다양한 품종의 파인애플을 생산하고 있으며 타이난의 관먀오(關廟) 지역이 유명하다. 특히 파인애플을 넣은 펑리쑤는 타이완을 대표하는 기념품으로 사랑받고 있다.

파파야 木瓜 ◀ 무과

과육이 부드럽고 달콤하며 특유의 진한 향기가 난다. 덜 익은 파파야는 요리에도 사용하며 과일처럼 썰어서 먹거나 우유를 넣고 갈아서 마신다. 익년 내내 생산되지만 8~11월이 제철이다.

바나나 香蕉 🔊 샹자오

타이완은 바나나 생산량이 많고 품종도 다양하다. 난터우(南投)의 지지, 가오슝의 치산 지역이 바나나 생산지로 유명하며 맛도 탁월하다. 껍질이 갈색빛을 띠는 바나나도 있다.

용과 火龍果 🔊 훠룽궈

겉은 매혹적인 핑크빛을 띠며 속은 새하얀 과육에 검은 씨가 빼곡하게 박혀 있는 과일이다. 흔히 드래곤 프루트라고 부르며 5~9월이 제철이다. 종류에 따라 속이 하얀 용과와 붉은 용과로 나뉘며 수분이 많고 상큼해서 더울 때 먹으면 좋다.

패션 프루트 百香果 🔊 바이샹궈

100가지의 향과 맛이 난다 하여 백향과라고도 불린다. 반을 자르면 개구리 알처럼 걸쭉한 과육이 듬뿍 들어 있어 스푼으로 파서 먹으면 된다. 6~9월이 제철이며 물기가 많고 새콤해서 바이샹샹파오(百香雙響炮)와 같은 음료로 마신다.

스타 프루트 楊桃 🔊 양타오

별을 닮은 모양 때문에 스타 프루트라고 불린다. 달콤한 향이 은은하게 나며 아삭아삭한 식감에 수분이 많다.

리치 荔枝 🔊 리즈

얇은 껍질을 벗겨내면 투명한 과육이 나오는데 상큼하고 달콤한 맛이다. 타이완의 중남부에서 많이 생산되며 4~8월이 제철이다. 특유의 달콤한 향이 매력적이라 최근에는 맥주와 빵 등에도 이 향을 많이 첨가한다.

레몬 檸檬 🔊 닝멍

타이완의 레몬은 크기가 크고 초록색을 띠는 것이 특징이다. 더운 날씨에 시원한 음료로 많이 만드는데 새콤한 레몬 맛 음료에 젤리를 넣은 닝멍아이위(檸檬愛玉)가 대표적이다.

11. 타이완의 명차(名茶)

타이완에서 차를 마시는 것은 생활의 일부분으로 그들의 삶 속에 자연스럽게 녹아 있다. 타이완은 청나라 때 푸젠성에서 차나무를 가져와 심은 것을 시작으로 오랜 기간 국책 사업으로 차 산업을 발전시켰다. 특히 우롱차는 세계적으로 타이완의 우롱차를 최고로 쳐준다. 일 년 내내 고온 다습한 기후 환경이 청차의 재배 조건에 잘 맞기 때문이라고 한다. 타이완 곳곳에는 멋스러운 다예관이 많으며 질 좋은 차를 살 기회가 많으니 기념으로 구매해서 한국에서도 타이완의 차향을 즐겨보자.

명차 베스트

우롱차는 찻잎을 발효시킨 것으로 품종이나 산지, 발효 정도와 방법 등에 따라 향과 맛이 다르다. 우롱차에도 여러 종류가 있는데 그중에서도 고산 지대에서 재배된 아리산우롱차(阿里山烏龍茶), 영국의 엘리자베스 여왕이 찬사를 보낸 바이하오우롱차(白毫烏龍茶)를 많이 마신다.

둥딩우롱차
凍頂烏龍茶(동정오롱차)

타이완을 대표하는 명차로 꼽히며 난터우(南投) 루구샹(鹿谷鄉)의 둥딩산(凍頂山)이 원산지다. 달콤한 향과 깊은 맛이 특징이며 차의 빛깔은 밝은 황록색을 띤다.

원산바오중차
文山包種茶(문산포종차)

타이완의 3대 우롱차 중 하나로 타이베이 근교의 원산(文山)이 원산지다. 10~20% 정도의 낮은 발효 우롱차로 찻잎은 초록색을 띤다. 차의 빛깔은 맑은 황금색이며 맛이 깔끔하다.

바이하오우롱차
白毫烏龍茶(백호오롱차)

영국의 엘리자베스 여왕이 '동방의 미인(東方美人)'이라고 찬사를 보내어 '둥팡메이런차(東方美人茶)'라고도 불린다. 홍차에 가까운 맛을 내는 고발효차로 찻잎에 하얀 털이 붙어 있다. 맑고 상큼한 향이 난다.

아리산우롱차
阿里山烏龍茶(아리산오롱차)

아리산 고산 지대에서 재배되는 우롱차로 '아리산고산차(阿里山高山茶)'라고도 불린다. 꽃처럼 맑은 향기와 단맛이 나는 것이 특징으로 진한 녹색을 띤다.

어디서 구매할까?

유지밍차
有記名茶 | Wang Tea

푸젠(福建) 안시(安溪) 지역에서 대대로 차를 만들어 온 가문으로 5대째 가업을 이어 가고 있다. 모차(毛茶)를 정제하는 과정을 유지하고 있는데 모차란 첫 가공 과정에서 만들어진 차를 말한다. 100년 가까이 된 옛 설비도 아직 남아 있으며 숯을 이용해 천천히 차를 말리는 전통 방식을 고수하고 있다. 본점에는 옛 제다(製茶) 도구도 진열되어 있어 차에 대해 더 깊이 이해할 수 있다. 가장 유명한 차는 치중우롱차(奇種烏龍茶)인데 전통적인 방법으로 정제했으며 차의 향기가 순하고 은은하다. 그 외에 가오산우롱차(高山烏龍茶)와 동팡메이런차(東方美人茶)도 인기다.

지도 p.90-E
주소 台北市大同區重慶北路二段64巷26號
전화 02-2555-9164
영업 09:00~18:00
휴무 일요일
홈페이지 shop.wangtea.com.tw
교통 MRT 중산(中山)역에서 도보 12분

왕더촨
王德傳

1862년 타이난에서 처음 문을 연 고급 차 브랜드로 150년 이상의 역사를 자랑한다. 고전적이면서도 세련된 분위기로 꾸며져 있으며 새빨간 틴 케이스는 이곳의 트레이드마크다. 편안한 분위기에서 차를 시음해 보고 구매할 수 있으며 동팡메이런차로 더 잘 알려진 바이하오우롱차(白毫烏龍茶), 구이화푸얼(桂花普洱) 등이 대표적인 인기 상품이다. 가격은 150g 기준 NT$420~480으로 차의 종류에 따라 다르다. 본점은 중산 지역에 있으며 타이핑양 SOGO 푸싱관에서도 만날 수 있다.

지도 p.95-F
주소 台北市中山區中山北路一段95號
전화 02-2561-8738
영업 10:00~19:00
홈페이지 www.dechuantea.com
교통 MRT 중산(中山)역 3번 출구로 나와 걷다가 사거리에서 우회전해 150m 가면 이펑탕(一風堂) 라멘집 옆에 있다. 도보 4분

광팡위안밍차
廣方圓茗茶

1980년 처음 문을 열었을 때는 보이차를 전문으로 팔기 시작해 지금은 홍차, 우롱차, 둥팡메이런차, 재스민차, 톄관인차 등 많은 종류의 차를 다루고 있는 곳이다. 누가, 펑리쑤 등 차와 함께 곁들이기 좋은 디저트도 다양하며 패키지도 고급스러워 선물용으로도 안성맞춤이다.

지도 p.95-A
주소 台北市中山區中山北路二段72巷7號
전화 02-2563-2851
영업 10:00~19:00
홈페이지 www.kfytea.com
교통 MRT 송롄(雙連)역 1번 출구에서 오른쪽으로 가다가 사거리가 나오면 우회전해 100m 가면 미스터 브라운 커피(Mr. Brown Coffee)가 보인다. 그 골목으로 우회전하면 오른쪽에 있다. 도보 4분

톈런밍차
天人名茶

타이완에서 스타벅스만큼이나 대중적인 차 브랜드로, 차를 파는 상점은 물론 테이크아웃으로 간편하게 즐길 수 있는 티숍도 곳곳에 있다. 부담 없는 가격에 가볍게 마실 수 있는 차를 구매하기 좋다. 대표 상품은 913차왕(913茶王)이며 재스민 향이 은은한 재스민우롱차도 인기가 많다. 잎차부터 티백, 녹차 파우더 등 종류가 많고 가격대도 다양하다. 틴 케이스에 담긴 둥팡메이런차는 NT$320(60g), 913차왕은 NT$1,200(300g) 정도다.

지도 p.101-A
주소 台北市大安區信義路二段162號
전화 02-2341-3075
영업 09:30~21:00
홈페이지 mytenren.com
교통 MRT 둥먼(東門)역 4번 출구 앞

 차 마시기 좋은 추천 다예관

- **스톱 바이 티 하우스** Stop By Tea House
  → 타이베이 p.173
- **쯔텅루** 紫藤廬 → 타이베이 p.173
- **차차테** Cha Cha Thé → 타이베이 p.192

12 테이크아웃 티숍

타이완에서 편의점만큼이나 흔하게 볼 수 있는 것은 테이크아웃 티숍이다. 한국에 진출한 공차, 차타임을 비롯해 매우 다양한 테이크아웃 티숍이 성행하고 있으며 가격도 편의점에서 파는 음료수와 비슷하거나 조금 비싼 정도라서 부담 없다. 원조 버블티의 나라답게 진한 전주나이차뿐 아니라 몸에 좋고 향기로운 타이완의 명차, 상큼한 생과일주스까지 그 종류도 다양하니 마음껏 즐겨보자.

대표 브랜드

우스란 50嵐

노란 간판의 우스란은 타이완에서 가장 인기가 많은 티숍 브랜드 중 하나다. 대표 메뉴는 진한 밀크티 맛이 탁월한 오리지널 전주나이차(珍珠奶茶)이며 더 큼직한 전주(타피오카 펄)가 들어간 보바나이차(波霸奶茶)도 인기 있다. 얼음과 설탕의 양은 물론 전주의 사이즈까지 내 마음대로 주문할 수 있다.

홈페이지 www.50lan.com

코코 Coco

코코는 상큼한 과일과 차를 블렌딩한 메뉴들이 인기 있다. 더위에 지쳤을 때 마시면 좋은 메뉴들로 깔끔한 녹차에 달달한 망고 향을 더한 망궈뤼차(芒果綠茶), 패션 프루트 알갱이가 듬뿍 들어간 바이샹솽샹파오(百香雙響炮), 새콤한 레몬이 통째로 들어간 닝멍바(檸檬霸)가 추천 메뉴다.

홈페이지 www.coco-tea.com

공차 貢茶

한국에 진출해 싱공직으로 자리 잡은 타이완 브랜드로 오리지널 전주나이차는 물론이고 진한 캐러멜 향의 밀크티 타이페이나이차(太妃奶茶)도 맛있다. 맑은 차 위에 크리미한 폼을 올린 나이가이뤼차(奶蓋綠茶)도 독특한 풍미를 느낄 수 있다.

홈페이지 www.gong-cha.com

차탕후이 茶湯會

전주나이차의 원조, 춘수이탕(春水堂)에서 운영하는 티숍으로 전주나이차와 타이완의 명차 둥팡메이런차(東方美人茶), 쫀득한 전주와 단팥을 넣은 밀크티 전주훙더우나톄(珍珠紅豆拿鐵)가 맛있다.

홈페이지 en.tp-tea.com

밀크샤 迷客夏 Milksha

밀크티 격전지라고 할 수 있는 타이완에서도 독보적인 맛으로 인기를 끌고 있는 브랜드. 일반 펄보다 밝은 색을 띠는 타피오카 펄이 유달리 쫀득쫀득하고 우유도 고소한 맛이 진하다. 흑설탕 특유의 단맛이 진하게 느껴지는 버블 밀크티 써우차오헤이탕씨엔나이(手炒黑糖鮮奶)가 인기 메뉴다.

홈페이지 www.milksha.com

톈런밍차 天仁名茶

타이완의 대중적인 차 브랜드이며 테이크아웃을 전문으로 하는 매장도 많다. 몸에 좋고 향기로운 차가 다양하게 준비되어 있는데 913차왕(913茶王), 부드럽고 깔끔한 뤼모차나테(綠抹茶拿鐵)가 인기 메뉴다.

홈페이지 www.tenren.com.tw

우티 五桐號 WooTEA

저렴한 가격에 맛과 양을 모두 만족시켜 주는 티숍. 밀크티를 비롯해 우롱차, 과일 등을 블렌딩한 메뉴가 다양하다. 깔끔한 차에 부드러운 밀크폼이 올라간 우통나이솽(五桐奶霜)이 베스트셀러 메뉴. 자몽을 아낌없이 넣은 라오쓰런씨엔요빙차(老實人鮮柚冰茶)도 상큼하고 청량한 맛으로 인기가 많다. 그린 티 젤리, 아몬드 젤리, 두유 젤리 등 입맛대로 조합해서 나만의 음료를 만들어 먹어보자.

홈페이지 www.wootea.com

티 주문 요령

타이완에서 음료를 주문하면 대부분의 가게에서 당도(糖度)와 얼음의 양(冰量), 토핑을 어떻게 추가할 것인지 묻는다. 원하는 취향에 맞게 주문할 수 있으니 미리 알아두고 능숙하게 주문해 보자.

토핑 선택하기

펄 Pearl
타피오카로 만든 전주로 펄이라고도 부른다. 쫀득쫀득한 식감이 좋으며 주로 밀크티에 넣어 먹는다.

알로에 Aloe
몸에 좋고 탱글탱글 씹히는 맛도 좋은 알로에를 토핑으로 추가할 수 있다. 달콤한 과일을 블렌딩한 차나 맑은 녹차 등에 어울린다.

팥 Red Bean
팥 특유의 달콤함은 전주나이차의 진한 맛과도 잘 어울리고 녹차 라떼 등에 넣어 먹어도 별미다.

푸딩 Pudding
달콤한 푸딩을 추가하면 디저트를 먹는 느낌으로 마실 수 있다.

당도	얼음의 양
정창탕 正常糖 (100%)	뒤빙 多冰 (100%)
사오탕 少糖 (70%)	사오빙 少冰 (70%)
반탕 半糖 (50%)	반빙 半冰 (50%)
웨이탕 微糖 (30%)	웨이빙 微冰 (30%)
우탕 無糖 (0%)	취빙 去冰 (0%)

슈퍼마켓 쇼핑

해외 여행지에서 의외의 쇼핑 명소는 바로 슈퍼마켓이다. 국내에서는 찾아보기 힘든 그 나라만의 독특한 식자재를 비롯해서 지인들을 위한 가벼운 선물을 알뜰한 가격에 사기에도 안성맞춤이다. 타이완의 경우 차, 밀크티, 펑리쑤, 간식 등이 여행자들 사이에서 필수 아이템으로 사랑받고 있다. 타이완 슈퍼마켓에서 놓쳐선 안 되는 베스트 아이템을 소개한다.

3시 15분 밀크티 三點一刻

타이완을 찾는 여행자들 사이에서 가장 인기가 많은 아이템. 최근 한국에도 수입이 되었지만 타이완에서 구매하는 것이 훨씬 저렴하다. 티백 안에 가루와 찻잎이 두둑하게 들어 있어 따뜻한 우유에 우려내어 먹으면 밀크티의 풍미가 진하게 느껴진다.

NT$135~
(1봉/18개)

NT$149~
(1봉/45개)

미스터 브라운 밀크티 Mr. Brown Milk Tea

분말 타입의 밀크티 믹스로 3시 15분 밀크티와 함께 인기가 많은 제품이다. 밀크티의 진한 향을 느낄 수 있으며 밀크티 외에 커피 믹스 종류도 다양하다.

NT$55~

펑리쑤 鳳梨酥

유명 베이커리의 펑리쑤 가격이 부담스럽다면 슈퍼마켓의 펑리쑤도 좋은 선택이다. 종류에 따라 가격 차이는 있지만 NT$50~100 정도면 구매할 수 있으며 1+1 프로모션도 자주 한다.

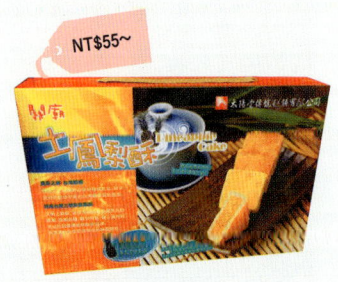

망고 젤리 芒果凍

1박스 NT$80~

펑리쑤만큼이나 여행자들이 몇 박스씩 사 가는 인기 아이템으로 탱글탱글한 젤리의 식감과 달콤한 망고의 향이 디저트로 먹기 좋다. 냉장고에 넣어 두고 차갑게 먹으면 더 맛있다. 여러 브랜드에서 나오는데 Yuki Love 브랜드가 제일 맛있다는 평이다.

슝바오베이 熊寶貝

NT$79~

여행자들 사이에서는 '곰돌이 방향제'로 통하는 아이템. 색깔별로 향이 다양한데 귀여운 곰돌이 모양의 부직포로 되어 있어 옷장에 걸어 두면 탈취 효과가 탁월하다. 옷이나 침구에 뿌릴 수 있는 스프레이 타입도 있다.

NT$119~

드립 커피 掛咖啡

믹스 커피 못지않게 다양한 종류의 드립 커피가 있다. 컵에 걸고 뜨거운 물을 부어 내리면 간단하게 향기로운 커피를 즐길 수 있다. Barista Coffee, Mr. Brown, UCC 등의 브랜드가 대표적이다.

타이완 라면 台灣泡麵

NT$25~

타이완도 한국 못지않게 라면의 종류가 다양하며 가격도 저렴한 편. 마트에서 호기심이 가는 라면을 여러 가지 사 와서 먹어보는 것도 색다른 재미가 있다.

진먼가오량주 金門高粱酒

애주가를 위한 선물을 찾는다면 타이완의 전통주 진먼가오량주가 있다. 알코올 도수 50도가 넘는 술로 슈퍼마켓에서 쉽게 살 수 있다.

NT$480~
(600mL)

NT$60~

에그 롤 蛋卷

바삭바삭한 에그 롤은 타이완 사람들이 좋아하는 과자다. 마트에서 다양한 브랜드의 에그 롤을 판매하며 'IMEI'에서 나온 에그 롤이 맛있는 편이다.

누가 크래커 巧心蘇打 牛軋餅乾

타이완 여행자들이 필수로 사 가는 누가 크래커. 제과점에서 파는 누가 크래커와 견줘도 손색이 없을 만큼 맛이 괜찮다. 가격도 비싸지 않은 편이라 부담 없이 구매하기 좋다. 말차(抹茶) 맛도 인기.

NT$100~

NT$125~

우롱차 烏龍茶

타이완은 명차의 나라라고 불릴 만큼 질 좋은 차가 많이 생산되는 곳이다. 마트에서도 가성비 좋은 차를 많이 팔고 있어 부담 없이 사 마시기 좋다. 대중적으로 인지도가 높은 톈린밍차(天人名茶)의 제품을 추천하며 잎차, 티백 등 원하는 종류로 구매해 보자.

구미 초코 볼 Gummy Choco Ball

초코 볼 안에 젤리가 들어 있는데 달콤하면서 말랑말랑한 맛이 좋다. 화이트 초콜릿 안에 딸기 맛 젤리, 초콜릿 안에 포도 맛 젤리가 들어 있는 제품이 인기다.

NT$80~

MORE INFO 타이베이의 대표 슈퍼마켓

까르푸 Carrefour 家樂福

타이완 전역에 분점이 있는 대형 슈퍼마켓. 특히 시먼딩의 까르푸는 24시간 문을 열어 여행자들에게 인기가 있다.

주소 台北市萬華區桂林路1號
영업 24시간
홈페이지 www.carrefour.com.tw
교통 MRT 시먼(西門)역 1번 출구에서 중화루이돤(中華路一段)을 따라 도보 8분

RT 마트 RT-MART 大潤發

까르푸와 비슷한 대형 슈퍼마켓으로 여행자들보다는 현지인들이 애용하는 곳. 3,000평 정도의 큰 규모로 둥취, 쑹산 지역에서 가깝다.

주소 台北市中山區八德路二段306號
전화 02-2779-0006
영업 08:30~22:30
홈페이지 www.rt-mart.com.tw
교통 MRT 중샤오푸싱(忠孝復興)역 1번 출구에서 도보 10분

진싱파성훠바이훠 金興發生活百貨

까르푸나 RT 마트에 비하면 규모는 작은 편이지만 여행자들이 주로 사는 밀크티, 펑리쑤, 망고 젤리 등의 아이템을 충분히 갖추고 있어 알찬 쇼핑이 가능하다. 소소한 문구류와 여행 중 필요한 용품을 사기에도 좋다. MRT 중산역 바로 앞이라 접근성도 탁월하다.

주소 台北市中山區南京西路5-1號
전화 02-2100-2966
영업 09:30~23:30
교통 MRT 중산(中山)역 3번 출구로 나오면 바로 왼쪽에 있다.

24시 편의점 쇼핑

타이완은 세계에서 편의점 밀집도가 가장 높은 나라로 꼽힌다. 상품 판매뿐 아니라 복사, 택배, 국제우편 등의 업무를 비롯해 각종 공과금 수납도 가능하며 편의점 자체적으로 카페 브랜드를 만들어서 테이크아웃 카페도 운영한다. 또 때마다 다양한 프로모션을 진행하는 등 편의점 브랜드끼리의 경쟁도 치열하다. 여행자들에게는 24시간 언제든 시원한 에어컨 바람을 쐬며 쉬어 갈 수 있는 쉼터이자 재미난 마실 거리, 먹을거리가 넘쳐나는 놀이터다.

관둥주 關東煮

우리나라의 어묵과 비슷한데 종류가 더 다양하다. 쌀쌀한 날씨에 간식으로 먹기 좋다.

NT$15~

차예단 茶葉蛋

찻잎을 우려낸 간장에 삶은 달걀로 짭조름하면서도 담백한 영양 간식이다.

NT$13~

과일 맛 타이완 맥주

타이완의 맥주 중에는 파인애플, 포도, 망고 등 과일 향이 나는 맥주 종류가 다양하다. 맛이 달콤해 여성들에게 인기 있다.

NT$37

춘추이.허 純萃.喝

여행자들 사이에서 화장품 밀크티로 통하는 음료. 몇 년 전 한국에도 수입되었으나 이제는 타이완에서만 구입할 수 있다.

퉁이부딩 統一布丁

타이완의 푸딩 사랑은 남다르다. 꽤 많은 종류의 푸딩이 있으며 그중에서도 가장 사랑받는 국민 브랜드가 퉁이부딩이다.

NT$30

NT$20

파파야 우유 木瓜牛乳

우리의 바나나 우유처럼 타이완 사람들은 파파야 우유를 즐겨 마신다. 특유의 달콤한 향이 진한 파파야 우유를 맛보자.

NT$35

모리나가 森永

일반 캐러멜 맛은 물론 흑설탕, 팥, 푸딩 등 다양한 맛이 있다.

NT$12~

완단훙훙더우수이 萬丹紅紅豆水

팥을 우려낸 음료로 식이 섬유가 함유되어 있고 부기를 빼는데 효과적이라고 알려져 여성들에게 인기다.

NT$25

과일

망고, 파파야 등을 먹기 좋게 잘라 놓았으며 가격도 저렴해서 좋다.

NT$35

예나이쥐뤄 椰奶蒟蒻 QQ 음료

코코넛 향이 진한 음료로 말랑말랑하게 씹히는 젤리가 재미있다.

NT$25

편의점 간편식

삼각김밥을 비롯해 덮밥, 한국 스타일의 치킨, 파스타 등 간편 조리 식품이 가득하다.

타이완 편의점 100% 즐기기

타이완은 일본만큼이나 편의점이 발달되어 있어 단순히 물건을 사는 것 이상으로 많은 기능을 하고 있다. 최근에는 대부분의 편의점이 커피 머신과 함께 테이블을 갖추고 있는 곳이 많아 저렴하게 커피를 마시며 쉬어 가는 카페 역할도 하고 간편식의 종류도 많아 편의점에서 식사를 즐기는 이들도 늘어나고 있다. 그 외에도 기차표 발권, 인쇄물 출력, 택시 호출 등의 다양한 서비스도 이용할 수 있으니 여행 중 적극 활용해 보자.

화장품 쇼핑

여성 여행자라면 타이완의 드러그스토어에 들러보자. 국내에서는 보기 힘든 아이템이나 국내보다 저렴하게 살 수 있는 아이템도 많아 알짜 쇼핑을 즐길 수 있다. 여행자들에게 특히 인기가 높은 아이템을 소개한다.

퍼펙트 휩 Perfect Whip

일본 유명 패션지에서 클렌징 부문 5년 연속 1위를 기록했을 정도로 검증된 아이템. 한국보다 훨씬 저렴한 가격에 구매할 수 있어 인기 만점이다.

NT$125~

NT$170~

비오레 퍼펙트 클렌징 오일 Bioré Perfect Oil

워터프루프 메이크업도 깔끔하게 지워 주며 오일이지만 가볍고 산뜻한 사용감으로 호평을 받고 있다.

비오레 선크림 Bioré Sun Cream

일본 화장품 브랜드 비오레의 가성비 좋은 선크림. 자외선이 강한 타이완에서는 선크림이 필수품이라 널리 사랑받고 있다.

NT$180~

NT$69~

오팔 헤어트리트먼트 Opal One Minute Treatment

모발에 곧바로 영양을 줄 수 있는 헤어트리트먼트. 가격도 비싸지 않은 편이고 효과도 좋다.

NT$99~

모기 기피제 叮寧防蚊液

수풀이 우거진 야외나 야시장에 갈 때 모기 기피제를 뿌리면 좋다. 오가닉 제품, 흑모기 기피제, 키즈 전용 기피제 등 종류도 다양하다.

휴족시간 休足時間

여행을 하는 동안 평소보다 많이 걸어 피로감을 느낄 때 발바닥의 경혈을 자극해 효과적으로 피로를 풀어주는 쿨링 시트다.

NT$149~
(6개 세트)

NT$79~

슝바오베이 스프레이 熊寶貝清新噴霧

곰돌이 방향제로 유명한 슝바오베이(熊寶貝)의 스프레이 버전이다. 여행 중에는 빨래하기가 쉽지 않은데 이때 가볍게 뿌려 주면 탈취 효과를 볼 수 있다.

만응백화유 萬應白花油

박하 향이 나며 벌레에 물렸을 때나 머리가 아플 때 바르면 효과 있는 오일. 비슷한 효능으로 녹유정(綠油精)도 많이 구매한다.

NT$58~

NT$112~

광위안량 차이과수이
廣源良 菜瓜水

타이완의 차이과(菜瓜, 수세미)를 이용해서 만든 미스트로 피부를 촉촉하게 만들어준다.

갸스비 데오드란트 페이퍼
Gatsby Deodrant Paper

더운 날씨에 유용한 티슈 타입의 데오드란트로 시원한 청량감이 특징이다.

NT$79

MORE INFO 대표 드러그스토어

코스메드 Cosmed
주소 台北市大安區永康街7-2號
교통 MRT 둥먼(東門)역 5번 출구로 나와 오른쪽의 융캉제(永康街)로 도보 1분. 가오지(高記) 옆에 있다.

왓슨스 Watsons
주소 台北市大安區永康街2號
교통 MRT 둥먼(東門)역 5번 출구로 나와 오른쪽의 융캉제(永康街)로 도보 1분. 가오지(高記) 맞은편에 있다.

르야오번푸 日藥本舖
주소 台北市中正區重慶南路一段 123號
교통 MRT 시먼(西門)역 4번 출구에서 도보 7분. 스타벅스 대각선 방향에 있다.

16
기념품 쇼핑

타이완은 특산품을 비롯해 명차, 다기, 톡톡 튀는 아이디어 상품 등 기대 이상으로 살 거리가 다양하다. 타이완 여행을 추억할 수 있는 기념품부터 지인에게 선물할 센스 있는 아이템까지 다양하니 취향에 맞게 쇼핑을 즐겨보자.

▶ 유명인 캐릭터의 티백

▲ 타이완 느낌이 물씬 풍기는 머그잔

◀ 타이완의 이미지를 담은 카드

◀ 타이완의 명차

◀ 청아한 소리를 내며 움직이는 오르골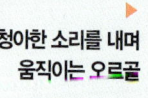

▶ 타이완 지형을 닮은 접착형 메모지

◀ 타이완을 상징하는 여러 가지 아이콘이 담긴 마그넷

◀ 차를 즐기기 위한 다기

◀ 타이완의 특산물로 만든 식료품

◀ 말린 숭어알 우위쯔(烏魚子)

◀ 귀여운 일러스트가 그려진 테이블 매트

 MORE INFO 기념품 쇼핑을 위한 추천 숍

수준 높은 다기를 만날 수 있는
민이청 아트야드 民藝埕 ArtYard ⇢ 타이베이 p.156

다양한 아이템을 총망라한 감성 서점
청핀수뎬 誠品書店 ⇢ 타이베이 p.196

원주민 공예품부터 간식거리까지 아우르는
라이 하오 來好 ⇢ 타이베이 p.175

타이완의 먹을거리를 모아둔
페코 PEKOE ⇢ 타이베이 p.197

베스트 오브 타이베이 **61**

17 여독을 풀어주는 스파 & 마사지

타이완 여행 하면 발 마사지를 빼놓을 수 없다. 숍을 잘 골라 가면 전문적인 발 마사지를 합리적인 가격에 받을 수 있다. 발바닥은 흔히 인체의 축소판이라고 불리며 신체의 장기들과 연결되어 있어 발바닥의 각 부위를 자극하면 신체의 상태를 알 수 있고 혈액순환에도 효과적이다. 또한 호사스러운 스파를 경험할 수 있는 고급 스파도 다양하니 원하는 취향에 맞게 골라보자.

 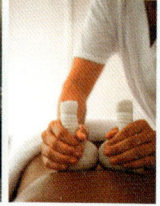 

대표 스파 숍

더 스파
The Spa

만다린 오리엔탈 호텔 내에 위치한 스파로 최상의 스파를 경험할 수 있다. 커플 스위트룸 4실, VIP 스위트룸 2실을 포함하여 총 12실의 트리트먼트 룸을 갖추고 있다. 포모사(Formosa)는 풋 스파로 시작해 스크럽, 마스크, 보디마사지가 포함되어 있으며 오리엔탈 에센스(Oriental Essence)는 만다린 오리엔

탈 스파의 시그너처 스파로 목, 어깨를 중심으로 뭉친 근육을 풀어주는 프로그램이다. 최고급 시설에서 수준 높은 스파를 즐기고 싶다면 적극 추천한다.

지도 p.91-G
주소 台北市松山區敦化北路158號
전화 02-2715-6800
영업 11:00~20:00
요금 아로마세러피(90분) NT$7,280
홈페이지 www.mandarinoriental.com/taipei
교통 MRT 타이베이 아레나(台北小巨蛋)역에서 도보 10분. 쑹산 공항에서 차로 3분

프티 스파 록시땅
Petit Spa L'Occitane

프랑스의 유명 자연주의 화장품 브랜드 록시땅에서 운영하는 스파로 타이베이에 2곳의 지점(중산, 융캉제)이 있다. 페이셜 케어부터 보디 마사지까지 메뉴가 체계적으로 나뉘어 있으며 록시땅의 제품만을 이용한다. 은은한 향기와 편안한 분위기 속에서 마사지를 받을 수 있어 여성들에게 인기 있다. 예약은 필수이며 여성 전용으로 운영된다.

지도 p.95-D
주소 台北市中山區中山北路二段26巷6號
전화 02-2581-0687
영업 12:00~20:00
요금 아로마 콜로지 마사지(60분) NT$3,200
홈페이지 tw.loccitane.com
교통 MRT 중산(中山)역 4번 출구에서 도보 5분

치 시세이도 살롱 앤드 스파
Qi Shiseido Salon and Spa

샹그릴라 파 이스턴 플라자 호텔 내에 위치한 스파로 일본 코즈메틱 브랜드 시세이도의 제품을 이용한다. 5성급 호텔답게 스파 시설도 럭셔리하며 타이베이 101이 바라보이는 스파 룸도 갖추고 있다. 간단한 상담을 통해 코스를 선택하며 세심한 서비스를 받을 수 있다. 타이핑양 SOGO 푸싱관(復興館)에도 분점이 있다.

지도 p.91-K
주소 台北市大安區敦化南路二段201號
전화 02-2376-3165
영업 10:00~22:00
요금 핫 스톤 딥 보디마사지(120분) NT$5,500, 오리엔탈 릴랙스 마사지(100분) NT$4,000
홈페이지 www.shangri-la.com/taipei/fareasternplazashangrila
교통 MRT 류장리(六張犁)역에서 도보 10분. 샹그릴라 파 이스턴 플라자 호텔 40층에 있다.

웰스프링 스파
Wellspring Spa

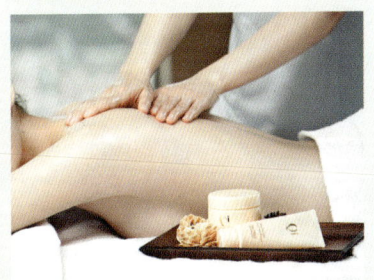

중산 리젠트 호텔 내에 위치한 고급 스파로 럭셔리한 시설을 갖추었으며 천연 성분의 제품들만 사용한다. 'Legend of Jade Therapy'는 오일을 듬뿍 바른 후 옥을 이용한 마사지로 뭉친 근육을 푸는 데 효과적이다. 'Divine Duet'은 숙련된 2명의 세러피스트가 마사지를 해 만족도가 두 배다.

지도 p.95-D
주소 台北市中山區中山北路二段39巷3號
전화 02-2522-8279
영업 10:00~24:00
요금 마사지(75분) NT$2,800~, 화이트닝 마스크 NT$3,000(+SC 10%)
홈페이지 www.regenttaipei.com
교통 MRT 중산(中山)역 4번 출구에서 사거리까지 간 다음 좌회전해 250m 걸어간다. 신호등을 건너면 보이는 리젠트 호텔 내에 있다. 도보 6분

대표 마사지 숍

쯔허탕
滋和堂

전문적인 마사지를 경험하고 싶다면 이곳을 추천한다. 1988년에 문을 열었으며 국가가 인정한 의료보험 지정 진료소이다. 70명 이상의 전문 마사지사가 상주하고 있어 숙련된 서비스를 경험할 수 있다. 발바닥을 자극했을 때 유독 아픈 곳이 있다면 그 부위와 연결된 신체 부위가 안 좋다는 적신호라고 한다. 가격도 비싸지 않은 편이다.

지도 p.90-F
주소 台北市中山區新生北路一段59-1號
전화 02-2523-3380
영업 13:30~21:30
휴무 일요일
요금 발 마사지(30분) NT$700, 발+어깨 마사지(40분) NT$900
홈페이지 www.giwado.com.tw
교통 MRT 쑹장난징(松江南京)역 3번 출구에서 도보 15분

교통 MRT 시먼(西門)역 1번 출구에서 한중제(漢中街)를 따라 도보 3분

리빙후이쭈티양성관
李炳輝足體養生館

최근 시먼딩에서 인기가 높은 중저가 마사지 업소이다. 오랜 경력의 숙련된 마사지사에게 시원한 발 마사지를 받을 수 있으며 24시간 문을 열어 시간에 구애 없이 방문 가능하다. 하루 종일 관광을 하느라 고생한 발을 위해 발 마사지로 피로를 풀며 하루를 마무리해 보자.

지도 p.94-F
주소 台北市萬華區漢中街156號
전화 02-2389-0828
영업 24시간
요금 발 마사지(40분) NT$399

샤웨이양성항관
夏威夷養生行館

중산에 위치한 발 마사지 전문점으로 적당한 가격에 만족스러운 마사지를 경험할 수 있다. 먼저 따뜻한 물로 발의 피로를 푼 후 발 마사지가 시작된다. 발바닥의 각 부위와 연결된 신체 부위가 표시된 안내서를 주고 특별히 아픈 곳이 있는지 체크하면서 마사지한다. 발 각질, 귀 관리 등의 코스도 있으며 자정까지 문을 열어 편리하다.

지도 p.95-D
주소 台北市中山區長春路31號
전화 02-2537-6566
영업 10:00~24:00
요금 발 마사지(60분) NT$799~
교통 MRT 중산(中山)역 4번 출구에서 리젠트 호텔까지 간 다음 구찌 매장 골목으로 들어가면 왼쪽에 있다. 도보 10분

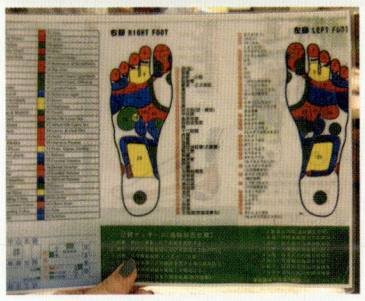

988 양성휘관
988 養生會館

타이베이의 번화가인 시먼딩에 위치하고 있어 한국인 여행자들에게도 인기가 많은 마사지 업소다. 가볍게 받기 좋은 발 마사지부터 전신 마사지까지 선택 가능하며, 가격도 비싸지 않은 편이라 부담이 없다. 하루 종일 돌아다니느라 지쳤을 때 마지막 코스로 들르기 좋은 곳이다.

지도 p.92-B
주소 台北市萬華區昆明街23號
전화 02-2371-9977
영업 09:00~02:00
요금 발 마사지(40분) NT$600, 전신 마사지(70분) NT$1,000
교통 MRT 시먼(西門)역 6번 출구에서 도보 5분

타이베이
여행의 시작

타이완 기초 여행 정보 • 68
타이완 여행 언제 갈까? • 72
타이완으로 가는 법 • 74

타이완 입국하기 • 75
공항에서 시내로 가는 법 • 77
공항을 떠나기 전에 해야 할 일 • 80

START YOUR TRAVEL IN *TAIPEI*

타이완 여행에 유용한 교통 패스 • 82
타이완의 각 지역으로 이동하기 • 82
타이완의 자전거 • 87

타이완 기초 여행 정보

타이완을 여행하는 데 꼭 필요한 정보를 미리 살펴보고 기억해 두면 더욱 알차고 편안한 여행을 즐길 수 있을 것이다.

국명
타이완(臺灣, Taiwan)은 통칭이고, 타이완에서 사용하는 국호는 중화민국(中華民國, Republic of China)이다.

수도
타이베이(台北, Taipei)

면적
35,980km²

인구
약 23,923,270명

민족
타이완인 84%, 본토 중국인 14%, 원주민 2%

언어
중국어(만다린), 타이완어

정치체제
입헌민주공화제

종교
불교(35%), 도교(33%), 기독교(2.6%), 천주교(1.3%), 이슬람교(0.2%) 등 다양하다.

국기
붉은색, 푸른색, 흰색의 3색은 쑨원이 제창한 삼민주의에서 유래하며 붉은색은 민족주의, 푸른색은 민권주의, 흰색은 민생주의를 상징한다.

지리
중국 본토 푸젠성(福建省) 해안으로부터 약 200km 떨어져 있는 섬나라로 본토 주변의 15개 섬과 펑후섬 주변의 64개 섬을 포함해 총 79개의 섬으로 이루어져 있다. 본토의 대부분이 산악 지역이다.

행정 구분
2개 성(省), 6개 직할시, 16개 현시(縣市), 170개 구(區), 12개 현할시(縣轄市), 186개 향(鄉)·진(鎮)으로 구성되어 있다. 각각의 지방자치단체가 지방행정을 맡고 있다.

비자
타이완에 관광을 목적으로 방문할 경우 최대 90일까지 무비자 체류가 가능하다. 여권 유효기간이 6개월 미만인 경우 입국이 불가능하다.

시차
한국보다 1시간 느리다. 즉 한국이 오후 3시일 때 타이완은 오후 2시다.

타이완까지의 비행시간
인천 공항에서 타이베이까지 약 2시간 30분, 가오슝까지 약 3시간 걸린다. 김포 공항에서 타이베이까지 약 2시간 10분, 김해 공항에서 타이베이까지 약 2시간 20분 걸린다.

기후

타이완은 아열대성 기후에 속하며, 연평균 기온은 22°C 정도이다. 6월부터 9월까지의 여름은 매우 덥고 습하며 태풍의 영향도 자주 받는 편이다. 12월부터 2월까지의 겨울은 평균 12~16°C 정도로 우리나라의 가을 날씨 정도로 서늘한 편인데 비가 올 경우 쌀쌀해지므로 가벼운 외투를 챙기는 것이 좋다. 여행하기 가장 좋은 시기는 10월부터 2월까지로 더위가 한풀 꺾이고 선선한 날씨라 관광하기에 적합하다.

전압과 플러그

전압은 110V이고 주파수는 60Hz. 한국에서 가져간 전자제품을 기본적으로 사용할 수 없으므로 멀티 플러그를 준비해 가면 유용하다. 중급 이상 호텔의 경우 호환이 되는 멀티 콘센트가 설치되어 있는 곳도 많으며, 요청 시 호텔에서 대여해 주기도 한다.

화장실

타이베이, 가오슝, 타이중 등 대도시에서는 관광지, 쇼핑몰, MRT 역내 화장실을 무료로 이용할 수 있다. 대부분 깨끗하고 청결하게 유지되고 있다.

팁

식당이나 호텔 등의 요금에는 10%의 서비스 요금이 포함되어 있어 팁을 줄 필요는 없다. 호텔의 경우 청소해 주는 하우스키퍼, 짐을 들어 주는 직원 등에게 도움을 받았을 때 고마움을 표현하고 싶다면 조금 주면 된다.

물가

타이완의 물가는 한국에 비하면 조금 더 저렴한데 특히 식비가 저렴한 편이다.

생수 NT$15~
삼각김밥 NT$30~
타이완 맥주 NT$35~
스타벅스 커피 NT$95~
맥도날드 버거 NT$49~
택시 기본료(타이베이) NT$85~

전화 거는 방법

타이완에서 한국으로 걸 때

예) 서울의 02-1234-5678에 거는 경우

- **002** — 국제전화 식별 번호
- **82** — 국가 번호
- **2** — 0을 뺀 지역 번호 또는 통신사 번호
- **1234-5678** — 전화번호

한국에서 타이완으로 걸 때

예) 타이베이의 02-1234-5678에 거는 경우

- **005(SKT), 001(KT)** — 국제전화 식별 번호
- **886** — 국가 번호
- **2** — 0을 뺀 지역 번호
- **1234-5678** — 전화번호

우편

타이완에서 한국으로 우편을 보내고 싶다면 우체국(中華郵政)에 가면 된다. 우편 요금은 엽서 NT$10, 규격이 큰 편지는 NT$14부터 시작된다. 한국까지는 5~7일 정도 걸린다. 직접 우체통에 넣을 경우 녹색은 국내용, 빨간색은 국외용이므로 빨간색 우체통에 넣으면 된다.

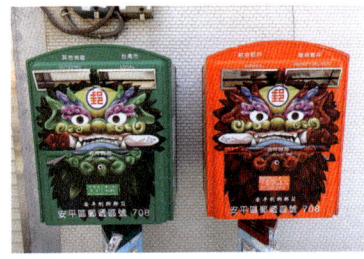

공중전화

공중전화는 일반 전화 카드식과 IC카드식이 있다. 전화 카드는 가로로 넣는 것과 세로로 넣는 것 2종류가 있는데 서로 호환되지 않으므로 주의한다.

인터넷

타이완의 주요 호텔이나 카페, 레스토랑 등에서 무선 인터넷을 무료로 이용할 수 있으며 한국과 비교해 속도도 느리지 않은 편이다. 관광 안내소와 홈페이지(www.tpe-free.tw)를 통해 신청 시 무료 와이파이를 이용할 수 있다. 공항 내 관광 안내소에서 여권을 보여준 후 무료 인터넷을 신청하면 공공장소, MRT 역 등 TPE 프리 와이파이 존(TPF Free Wifi Zone)에서 무료로 이용 가능하다. 또는 휴대용 와이파이(에그)나 심 카드 등을 구매해 연결 후 자유롭게 이용하는 방법도 있다.

통화

타이완의 통화 단위는 위안(元)으로 정식 명칭은 신타이비(新臺幣)이며 뉴 타이완 달러(TWD, NT$, New Taiwan Dollar)라고 표기한다. 이 책에서는 NT$로 표기한다. 지폐는 NT$100, NT$200, NT$500, NT$1,000, NT$2,000, 동전은 NT$1, NT$5, NT$10, NT$20, NT$50으로 각각 5종류이다.

NT$100=약 4,200원(2023년 7월 기준)

환전

타이완에서 원화 환전이 어렵기 때문에 국내에서 미리 타이완 달러로 환전해 가는 것이 일반적이다. 주거래 은행, 인터넷뱅킹을 통한 환전, 환율 우대 쿠폰이 있으면 조금 더 유리하게 환전을 할 수 있다. 인천 국제공항에도 환전소가 있지만 시내보다 환율은 조금 나쁜 편이다. 현지에서 비상용으로 사용할 수 있게 국제 현금카드, 해외 사용이 가능한 신용카드 등을 챙기면 더욱 좋다. 트래블 월렛(Travel Wallet) 등 여행 특화 카드는 충전식으로 타이완 현지 은행의 ATM에서 필요한 만큼 바로 뽑아 쓸 수 있고 제휴 은행의 ATM에서 인출할 경우 수수료도 없어 최근 여행자들에게 각광받고 있다.

치안

다른 국가에 비해서 타이완의 치안은 안전한 편이다. 대체적으로 타이완 사람들은 친절한 편이지만 늦은 밤이나 낯선 사람의 과도한 호의 등은 스스로 조심할 필요가 있다.

주의 사항

- 여권을 비롯한 귀중품은 숙소 내의 세이프티 박스(Safety Box)에 보관하고 여권 사본을 복사해서 가지고 다니는 것이 안전하다.
- 늦은 밤의 거리, 야시장, 인파가 많은 곳에서는 혹시 모를 소매치기를 조심하자.
- 중국과의 관계나 반한 감정에 대한 이야기 등 정치적으로 민감한 이야기는 언급하지 않도록 조심하자.
- 술집이나 클럽 등에서 낯선 사람이 건네는 술이나 음료는 주의하도록 하자.

주요 기관 영업시간

은행 월~금요일 09:00~15:30
정부 기관 월~금요일 08:30~12:30, 13:30~17:30
백화점 11:00~21:30
상점 11:00~21:00

정보 수집

타이완에서는 대부분의 호텔에 컴퓨터가 구비되어 있어 현지에서도 간단한 여행 정보를 얻을 수 있다. 단 인터넷에 나온 정보는 오래되었거나 정확하지 않은 경우도 있으므로 주의한다.

타이완 관광청 서울 사무소
www.taiwantour.or.kr
타이완 관광청 본청
eng.taiwan.net.tw
네이버 카페 즐거운 대만 여행
cafe.naver.com/taiwantour

알아두면 유용한 전화번호

경찰 110
구급차 119
소방서 119
날씨 안내 166
영어 서비스 안내 106
경찰 서비스 02-2381-7475(영어, 중국어 가능)
24시 여행 정보 0800-011-765
(영어, 일본어, 중국어 가능)

주타이베이 한국대표부 駐台北韓國代表部

주소 台北市基隆路一段333號1506室 駐台北韓國代表部
전화 02-2758-8320~5
근무 09:00~12:00, 14:00~16:00
휴무 토·일요일

타이완 여행 언제 갈까?

여행을 떠나기 전 가장 중요하고 또 궁금한 것은 기후와 날씨다. 타이완은 아열대성 기후로 1년 평균 기온이 약 22℃로 온난한 편이지만 계절에 따라 편차가 있다. 각 시기의 기온과 강수량, 공휴일 등에 대해 미리 알아두면 여행 준비에 큰 도움이 된다.

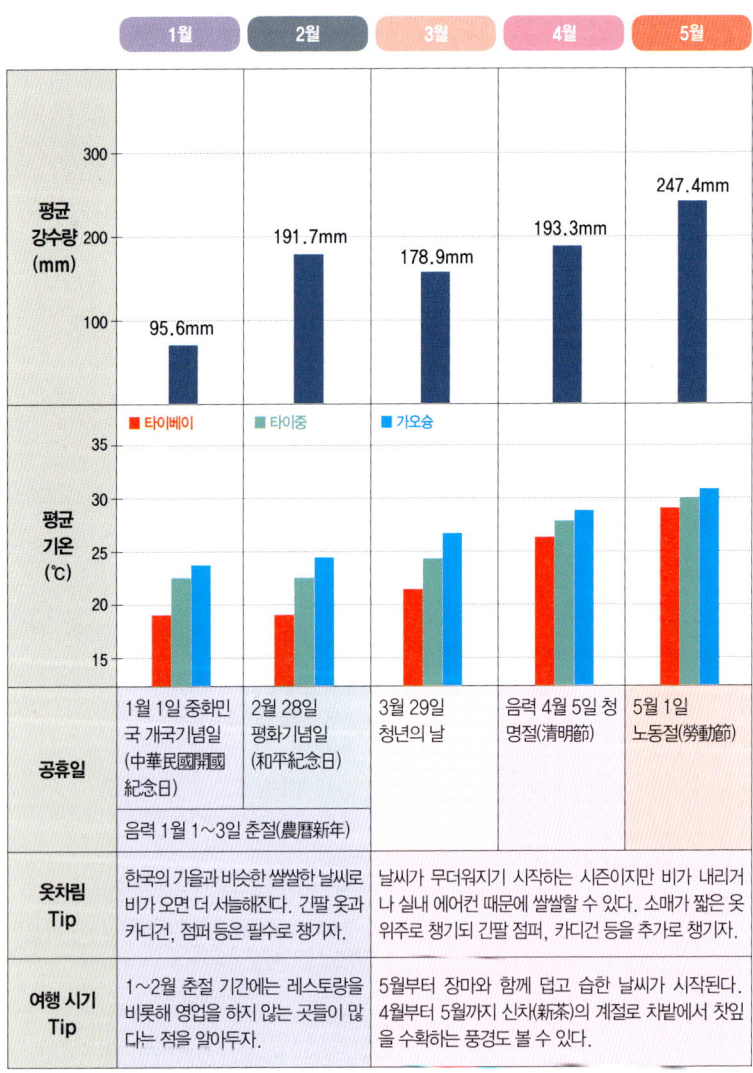

	1월	2월	3월	4월	5월
평균 강수량 (mm)	95.6mm	191.7mm	178.9mm	193.3mm	247.4mm
공휴일	1월 1일 중화민국 개국기념일(中華民國開國紀念日)	2월 28일 평화기념일(和平紀念日)	3월 29일 청년의 날	음력 4월 5일 청명절(淸明節)	5월 1일 노동절(勞動節)
	음력 1월 1~3일 춘절(農曆新年)				
옷차림 Tip	한국의 가을과 비슷한 쌀쌀한 날씨로 비가 오면 더 서늘해진다. 긴팔 옷과 카디건, 점퍼 등은 필수로 챙기자.		날씨가 무더워지기 시작하는 시즌이지만 비가 내리거나 실내 에어컨 때문에 쌀쌀할 수 있다. 소매가 짧은 옷 위주로 챙기되 긴팔 점퍼, 카디건 등을 추가로 챙기자.		
여행 시기 Tip	1~2월 춘절 기간에는 레스토랑을 비롯해 영업을 하지 않는 곳들이 많다는 점을 알아두자.		5월부터 장마와 함께 덥고 습한 날씨가 시작된다. 4월부터 5월까지 신차(新茶)의 계절로 차밭에서 찻잎을 수확하는 풍경도 볼 수 있다.		

평균 기온 (℃): 타이베이, 타이중, 가오슝

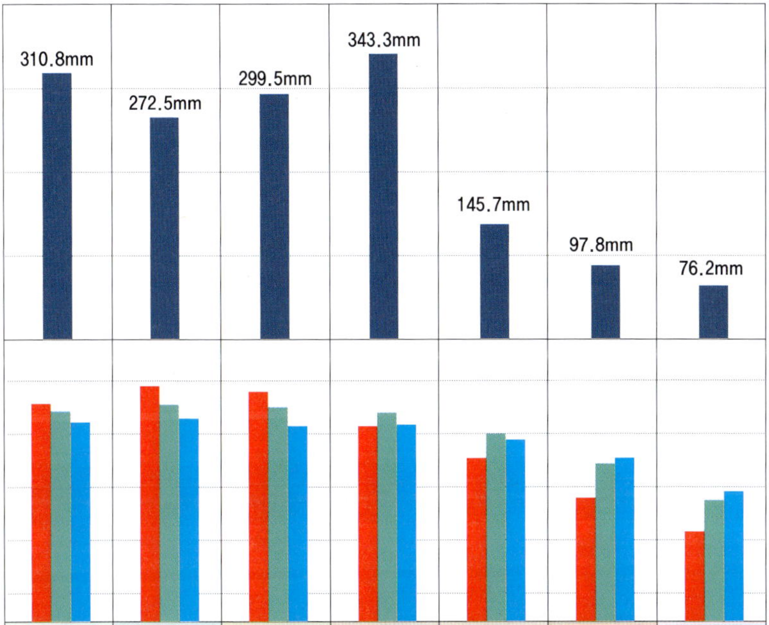

6월	7월	8월	9월	10월	11월	12월
310.8mm	272.5mm	299.5mm	343.3mm	145.7mm	97.8mm	76.2mm
음력 5월 5일 단오절(端午節)				10월 11일 국경절(國慶節)	11월 12일 쑨원 탄생일	12월 25일 제헌절
			음력 8월 15일 중추절(中秋節)			
타이완의 무더위가 절정에 달하는 시기이므로 반팔 위주로 준비하고 선글라스, 양산 등도 챙기자. 실내에서는 에어컨이 강하게 나오므로 얇은 긴팔 옷을 챙기는 것도 좋다.				더위가 한풀 꺾이는 시즌으로 한낮을 제외하면 꽤 쌀쌀한 편. 반팔 옷과 긴팔 옷을 적당히 섞어서 챙기도록 하자.		
8월에서 9월은 태풍이 자주 오는 시기로 태풍이 심할 경우 기차, 비행기가 연착이나 취소되는 경우도 있다.				많이 덥지도 춥지도 않은 날씨로 여행하기 좋은 시즌이다. 10월부터 지역별로 온천, 먹을거리 등의 축제가 열리기도 한다.		

타이베이 여행의 시작

타이완으로 가는 법

우리나라에서 타이완까지는 비행기를 타고 간다. 타이완의 타이베이와 가오슝 국제공항까지 직항편을 운항하며 비행기로 약 2시간 30분~3시간 걸린다.

타이베이로 가는 법

우리나라에서 타이베이까지는 비행기로 약 2시간 30분 걸린다. 타이베이로 가는 항공편은 인천 국제공항, 김포 국제공항, 김해 국제공항에서 출발한다. 인천 공항, 김해 공항에서 출발하면 타이베이의 타오위안 국제공항(桃園國際機場, Taoyuan International Airport) 또는 쑹산 공항(松山機場, Songshan Airport)에 도착하게 된다. 타오위안 국제공항은 시내에서 40km 떨어져 있어 시내까지 공항버스나 공항철도를 타고 이동하는 것이 일반적이다. 김포 공항에서 출발하면 쑹산 공항에 도착하는데 쑹산 공항은 시내까지 MRT나 택시를 타고 쉽게 이동할 수 있다.

■ **주요 항공사**
인천 → 타오위안 국제공항
대한항공, 아시아나항공, 제주항공, 진에어, 중화항공, 에바항공, 스쿠트항공
김포 → 쑹산 공항
티웨이항공, 중화항공, 에바항공
김해 → 타오위안 국제공항
에어부산, 중화항공, 제주항공, 대한항공

주요 항공사

대한항공	kr.koreanair.com
아시아나항공	flyasiana.com
제주항공	www.jejuair.net
진에어	www.jinair.com
티웨이항공	www.twayair.com
에어부산	www.airbusan.com
중화항공	www.china-airlines.com
에바항공	www.evaair.com/ko-kr
스쿠트항공	www.flyscoot.com

타이완 입국하기

우리나라 여행자는 타이완에 입국할 때 출입국 신고서를 작성한다. 아래의 순서대로 입국 심사를 하고 수하물을 찾아서 입국장 밖으로 나와 시내로 이동하면 된다.

STEP 1 타오위안 국제공항 도착

타오위안 국제공항에 도착했다면 'Immigration' 안내 표지판을 따라 이동하자. 기내에서 나눠 주는 입국 신고서는 미리 작성해 둔다(작성법은 p.76 참고).

> 온라인을 통해 사전 입국 신고서를 제출한 후 공항에 도착해 E-Gate 등록을 하면 더욱 쉽고 빠르게 입국할 수 있다.
> **사전 입국 신고** niaspeedy.immigration.gov.tw/webacard/index

STEP 2 입국 심사

'Immigration' 입국 심사대에서 '외국인(外國人) Non-Citizen' 표지판 쪽으로 줄을 선다. 입국 신고서와 여권을 제출하면 입국 도장을 찍어준다. 참고로 한국인은 관광 목적으로 방문 시 90일까지 무비자 체류가 가능하다.

STEP 3 수하물 찾기

모니터에서 타고 온 항공기 편명과 컨베이어 벨트 번호를 확인한 후 짐을 기다리자. 만약 기다려도 짐이 나오지 않는다면 'Baggage Claim'으로 가서 항공사 직원에게 확인을 요청하자.

STEP 4 세관 검사

짐을 찾은 후 'Customs'를 통과하면 되는데 신고할 물품이 없다면 녹색 줄인 'Nothing To Declare' 창구를 통해서 나가면 된다. 타이완의 경우 술은 1L 이하 1병, 담배는 1보루까지 면세이며, NT$ 60,000 이상의 현금은 허가를 받아야 한다.

STEP 5 입국장 나가기

모든 과정이 끝나고 이제 입국장을 나서면 된다. 호텔이나 업체의 픽업을 요청했다면 이곳에서 팻말을 확인하면 된다. 개별 여행자라면 여행자 센터에서 지도나 브로슈어를 챙긴 후 심 카드 구매, 환전 등을 하고 버스, 택시를 이용해서 시내로 나간다.

타이베이 여행의 시작

입국 신고서 작성법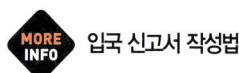

- ❶ **Familly Name** : 성
- ❷ **Given Name** : 이름
- ❸ **Date of Birth** : 생년월일
- ❹ **Passport No.** : 여권번호
- ❺ **Nationality** : 국적
- ❻ **남(Male), 여(Female)** : 성별에 체크
- ❼ **Flight / Vessel No.** : 항공편명
- ❽ **Occupation** : 직업
- ❾ **Home Address** : 집 주소
- ❿ **Residential Address or Hotel Name in Taiwan** : 타이완에서 체류하는 호텔 이름
- ⓫ **Purpose of Visit** : 방문 목적. 2번 관광(Sigthseeing)에 체크
- ⓬ **Signature** : 서명

공항에서 시내로 가는 법

우리나라에서 타이베이로 가려면 타오위안 국제공항이나 쑹산 공항으로 입국하게 된다. 타이베이는 대중교통이 잘 발달되어 있어 쉽게 시내로 이동할 수 있다.

타오위안 국제공항에서 가는 법

타오위안 국제공항은 타이베이 시내에서 북서쪽으로 약 40km 떨어져 있다. 공항철도나 공항버스를 타는 것이 일반적이다. 택시로도 이동 가능하지만 요금이 상당히 많이 나온다.

■ 타오위안 국제공항 桃園國際機場

타오위안 국제공항에는 2개의 터미널이 있다. 입국장은 동일하게 1층에 위치하지만 항공사에 따라서 도착하게 되는 터미널은 차이가 있다. 대한항공·중화항공·캐세이퍼시픽·타이항공은 제1터미널에, 에바항공·아시아나항공, 에어부산은 제2터미널에 도착하게 된다.

주소 桃園市大園區航站南路9號
전화 03-273-3550, 제1터미널 03-273-5081, 제2터미널 03-273-5086
홈페이지 www.taoyuan-airport.com

공항철도

타오위안 국제공항에서 타이베이 시내를 연결하는 공항철도가 2017년 3월 개통됐다. 제1터미널에 도착하면 'A12 타오위안 국제공항 제1터미널(機場第一航廈)역', 제2터미널에 도착하면 'A13 타오위안 국제공항 제2터미널場第

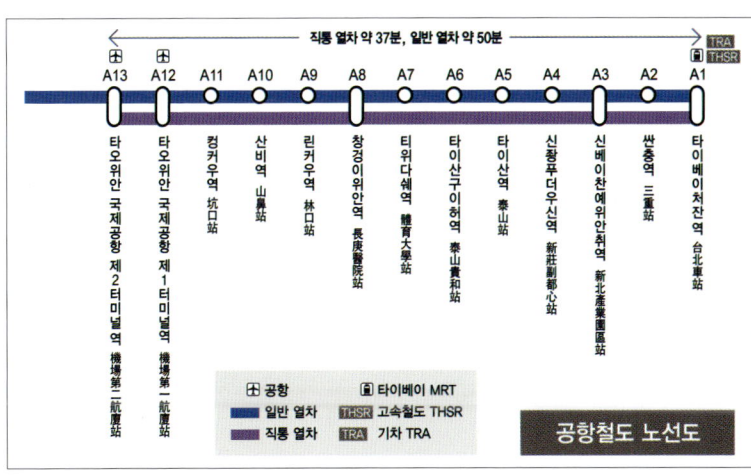

공항철도 노선도

二航廈)역' 플랫폼에서 탑승하게 된다. 공항철도는 일반 열차(파란색 라인, Commuter Train)와 직통 열차(보라색 라인, Express Train)가 있으며, 요금은 동일하나 소요 시간이 다르므로 이왕이면 빠른 직통 열차를 이용하자. 탑승하기 전에 직통인지 일반인지 확인할 것. 공항버스보다 20~30분 정도 빠르지만 요금은 좀 더 비싼 편이다. 또한 중화항공, 에바항공, 유니항공을 이용하는 탑승객은 타이베이(台北車站)에서 얼리 체크인 서비스와 수하물 위탁 서비스를 무료로 제공한다. 티켓은 공항철도 티켓 자동 발매기(한글 지원)에서 1회권을 구매해서 이용하거나 교통 카드인 이지 카드, 아이패스 등으로도 탑승 가능하다.

운행 시간 06:12~22:42(7~8분 간격)
소요 시간 직통 열차 35~37분, 일반 열차 47~50분
요금 NT$150
홈페이지 www.tymetro.com.tw

공항버스 입국장 밖으로 나온 뒤 'Bus to City(客運巴士)' 표지판을 따라가면 공항버스 티켓을 구매할 수 있는 카운터가 나온다. 버스 회사는 총 5곳으로 타이베이 시내의 타이베이역(台北車站)이나 스정푸(市政府) 버스 터미널, 호텔 등 주요 지역에만 정차하기 때문에 목적지와 가장 가까운 곳에서 내려 MRT나 택시로 갈아타고 이동해야 한다. 창구 직원에게 목적지를 말하면 직원이 버스 번호와 요금을 알려준다. 가장 많이 이용하는 버스는 1819번으로 타이베이역(台北車站)까지 운행한다.

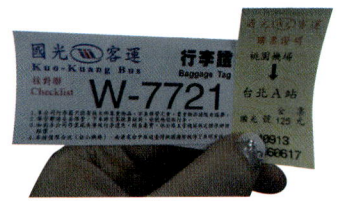

타오위안 국제공항 – 타이베이 시내 간 주요 버스 운행 안내

버스 회사	번호	요금(편도)	소요 시간	운행 시간	주요 경유지	종착역
궈광커윈 國光客運	1819	NT$135	약 55분	04:30~ 02:10	MRT 위안산(圓山)역, 앰배서더 호텔	타이베이역 (台北車站)
궈광커윈 國光客運	1840	NT$135	약 50분	08:10~ 22:40	싱톈궁(行天宮), MRT 중산궈중(中山國中)역	쑹산 공항 (松山機場)
궈광커윈 國光客運	1841	NT$93	약 1시간 20분	04:45~ 22:30	MRT 민취안시루(民權西路)역, 랜디스 호텔	쑹산 공항 (松山機場)
시티에어 버스 大有巴士	1960	NT$145	약 1시간	06:05~ 00:05	MRT 중샤오푸싱(忠孝復興)역, 샹그릴라 파 이스턴 플라자 호텔, 그랜드 하얏트 호텔	스정푸 버스 터미널 (市府轉運站)
시티에어 버스 大有巴士	1961	NT$100	약 1시간 10분	06:10~ 00:05	시먼딩, 타이베이역(台北車站), MRT 민취안시루(民權西路)역	연합병원허핑구 (聯合醫院和平院區)

공항버스에 탈 때 직원이 스티커를 주는데 하차할 때 짐 확인을 위해 필요하니 잘 챙겨두자.

타오위안 국제공항 1819번 공항버스 타는 곳

택시 공항버스가 운행하지 않는 늦은 시간이나 인원수가 많은 경우 택시를 이용하는 방법도 있다. 입국장에서 나와 택시 표지판을 따라가면 택시 승강장이 나오며 이곳에서 탈 수 있다. 시내까지 약 30~40분 소요되며 요금은 NT$1,200~1,800 정도로 공항버스에 비하면 비싼 편이다. 목적지의 주소와 이름이 현지어로 적힌 주소를 보여주면 더 쉽게 갈 수 있다. 택시 하차 시 영수증을 발급받을 수 있는데 바가지요금이 의심된다면 영수증을 요구할 것.

> 클룩, KKday 등 여행 플랫폼에서 공항 픽업 서비스 예약 시 택시 요금보다 저렴하게 이동할 수 있으니 늦은 시간에 도착한다면 미리 예약하자.

쑹산 공항에서 가는 법

쑹산 공항은 타이베이 시내에 위치하고 있으며 공항에서 MRT 역이 연결되어 있어 타오위안 국제공항보다 훨씬 편리하고 시간도 절약된다.

■ 쑹산 공항 松山機場
주소 台北市松山區敦化北路340-9號
전화 02-8770-3430
홈페이지 www.tsa.gov.tw

MRT 입국장 밖으로 나와 MRT 표지판을 따라 지하로 내려간다. 자동 발매기에서 1회용 티켓이나 이지카드(Easy Card)를 구매한 후 MRT를 타고 원하는 목적지로 가면 된다.

운행 시간
- 난강잔란관(南港展覽館, Taipei Nangang Exhibition Center)행 첫차 06:02, 막차 00:39
- 타이베이동우위안(台北動物園, Taipei Zoo)행 첫차 06:02, 막차 00:25

택시 쑹산 공항은 시내와 가까운 편이다. 쑹산 공항에서 타이베이역(台北車站)까지 요금은 NT$ 150~200 정도 예상하면 된다.

쑹산 공항과 바로 연결되는 MRT 쑹산지창역

공항을 떠나기 전에 해야 할 일

타이완의 공항에 도착해 시내로 이동하기 전에 여행에 필요한 것들을 공항에서 준비하자. 여행 중에 무선 인터넷을 자유롭게 이용할 계획이라면 심 카드를 구매하고, 이지 카드 등의 교통 카드와 유스 트래블 카드도 구매하자.

STEP 1 심 카드 구매

타오위안 국제공항, 쑹산 공항, 타이중 공항, 가오슝 공항의 입국장 내에 뎬신푸우(電信服務, Telecommunication Service) 카운터가 있다. 2~3개의 통신사가 모여 있는데, 중화뎬신(中華電信)을 많이 이용하는 편이다. 직원에게 여권과 휴대폰을 주면 휴대폰의 유심 카드를 빼고 새로운 유심 카드를 끼워준다. 휴대폰 내 모바일 데이터를 켜면 일정 기간 내 무제한으로 데이터를 사용할 수 있다. 단 국내에서 사용하던 번호가 아닌 타이완의 새로운 번호의 유심을 끼우기 때문에 한국 번호로 로밍 서비스를 받을 수 없다.

요금(중화뎬신 기준)
3일권 NT$300(데이터 무제한 + 통화 NT$100)
5일권 NT$300(데이터 무제한 + 통화 NT$50)
7일권 NT$500(데이터 무제한 + 통화 NT$150)

공항별 뎬신푸우 위치

■ **타오위안 국제공항**
입국장 밖으로 나오면 오른쪽에 인포메이션 센터가 있고 그 앞의 'Telecommunication Service' 카운터에 통신사들이 모여 있다.
영업 08:00~22:00

■ **쑹산 공항**
쑹산 공항에서 짐을 찾은 후 입국장을 나와 1층 로비의 텔레콤 서비스(Telecom Service) 데스크에 있는 중화뎬신(中華電信)에서 심 카드를 구매할 수 있다.
영업 07:00~23:00

STEP 2 포켓 와이파이 대여

심 카드와 함께 최근 여행자들이 많이 이용하는 방법이다. 휴대용 포

켓 와이파이를 빌려서 자유롭게 무선 인터넷을 즐기는 방법이다. 단말기 1대에 최대 5명까지 이용할 수 있어 일행이 여러 명일 경우 유리하다. 또한 한국 번호로 로밍 상태를 유지해야 하는 여행자라면 심 카드보다는 포켓 와이파이 사용을 추천한다. 여행 전 미리 신청해야 하며 회사에 따라 차이가 있지만 보통 수령과 반납은 공항에서 하면 된다. 기기 파손이나 분실 시 배상금이 NT$3,000 정도 부과되니 주의하자.

추천 회사

■ **케이케이데이 KKDAY**

투어, 입장권 등을 저렴하게 대행 예약해 주는 플랫폼. 포켓 와이파이를 간편하게 예약한 후 공항에서 수령할 수 있다.

요금 1일 NT$99~
홈페이지 www.kkday.com

공항별 수령 위치

■ **타오위안 국제공항 제1터미널**

1층 도착 홀(Arrival Hall) 'Unite Traveler' 부스에서 수령 가능
운영 시간 04:30~23:00

■ **타오위안 국제공항 제2터미널**

1층 도착 홀(Arrival Hall) 'Unite Traveler' 부스에서 수령 가능
운영 시간 04:30~23:00

■ **쑹산 공항**

국제선 도착 홀(Arrival Hall) 'Unite Traveler' 부스에서 수령 가능
운영 시간 05:00~22:00

반납

여행이 끝난 후 대여한 포켓 와이파이는 공항에서 반납이 가능하다. 반납은 24시간 가능하며 영업시간이 아닌 경우 반납 박스에 넣으면 된다. 파손이나 분실 시 배상해야 하므로 주의하자.

STEP 3 여행 정보와 지도 챙기기

공항 내에 위치한 여행 안내 센터 (Travel Service Center)에서 타이완 여행에 필요한 지도, 여행 정보 브로슈어 등을 챙기고 궁금한 점도 문의해 보자. 한글로 안내된 여행 브로슈어도 준비되어 있으며 음식점, 상점에서 이용할 수 있는 쿠폰북도 제공한다.

STEP 4 교통 카드 구매

공항에서부터 MRT 등 타이완의 대중교통을 이용할 계획이라면 공항에서 교통 카드를 구매하는 것이 좋다. 타오위안 국제공항의 경우 'Electronic Stored Value Card Center'에서 구매 가능하며 쑹산 공항의 경우 공항과 연결된 MRT 쑹산지창역에서 구매할 수 있다.

타이완 여행에 유용한 교통 패스

대중교통이 발달한 타이완에서 각종 교통수단을 편리하고 경제적으로 이용할 수 있게 도와주는 것이 바로 교통 카드와 패스다. 2일 이상 여행한다면 교통 카드를 구매하고, 타이완 전역을 효율적으로 여행하고 싶다면 고속철도 주유권, THSR 패스를 구매하자.

이지 카드(Easy Card, 悠遊卡)

타이완에서 대표적으로 사용하는 충전식 교통 카드. 타이베이뿐 아니라 가오슝 MRT와 버스, 신베이시와 타이중, 타이난, 이란 등의 일반 버스 탑승 시 사용 가능하다. 매번 1회용 티켓을 살 필요가 없어 편리하며 MRT 이용 시 편도 요금의 20% 할인 혜택이 있다. MRT는 물론이고 시내버스, 마오쿵 곤돌라, 단수이 페리 등을 탈 때도 사용 가능하며 유바이크 자전거 대여, 편의점과 카페 등에서도 편리하게 사용할 수 있다. 자세한 정보는 p.105 참고.

타이베이 패스(Taipei Pass)

짧은 기간 동안 대중교통을 집중적으로 이용할 예정이라면 타이베이 패스도 좋은 선택이다. 타이베이 MRT와 시내버스는 물론 신베이시의 시내버스를 무제한으로 탈 수 있다. 자세한 정보는 p.105 참고.

타이완의 각 지역으로 이동하기

타이베이에서 타이완 각 지역으로 고속철도, 기차, 버스를 이용해 이동할 수 있다. 주요 역과 버스 터미널 등이 타이베이 기차역과 연결돼 이동이 편리하다. 예산과 소요 시간 등을 고려해 교통수단을 선택하자.

고속철도(가오테/高鐵/THSR)

타이완 고속철도인 가오테는 2007년 2월에 정식 개통했다. 총길이 450km로 일본 신칸센 시스템과 독일, 프랑스 3국의 기술이 집약된 것으로 최고 속도 300km로 달린다. 열차는 총 12개 객량으로 구성되어 있으며 현재 타이베이에서 출발해 가오슝까지 운행하는 노선을 운행하고 있다. 난강, 타이베이, 반차오, 타오위안, 타이중, 자이, 타이난, 쮀잉 등 12개의 고속철도역이 있다. 일반 고속철도의 경우 모든 역에 정차하며 쾌속 고속철도는 반차오역과 타이중역에만 정차한다. 티켓은 타이완 전역의 모든 고속철도역과 홈페이지를 통해 구매가 가능하다.

전화 02-4066-3000
홈페이지 www.thsrc.com.tw

노선 정보 및 편도 요금(타이베이 기준)

도착지	반차오 板橋	타오위안 桃園	신주 新竹	타이중 台中	자이 嘉義	타이난 台南	쮀잉(가오슝) 左營
소요 시간	8분~	21분~	33분~	47분~	1시간 27분~	1시간 45분~	1시간 30분~
요금	NT$40~	NT$160~	NT$290~	NT$700~	NT$1,080~	NT$1,350~	NT$1,490~

- 고속철도 승차권은 온라인에서 사전 구매 시 10~35%까지 요금 할인을 받을 수 있으므로 일정이 확정되었다면 미리 구매하는 것이 좋다.
- 가오슝, 자이, 타이중 등 상당수의 고속철도역은 일반 기차역과 다른 곳에 위치하고 있다. 역에 따라 고속철도역에서 일반 기차역으로 셔틀버스를 운행한다.
- 역에서 티켓을 구매할 때 원하는 목적지와 시간, 인원수 등을 글로 적어서 보여주면 더 쉽게 예약할 수 있다.

기차(타이톄/台鐵/TRA)

타이완 철로관리국에서 운영하는 노선으로 고속철도를 제외한 일반 기차라고 생각하면 된다. 타이톄 간선에는 타이베이에서 가오슝을 연결하는 서부 간선과 타이베이에서 타이둥을 연결하는 동부 간선, 가오슝과 타이둥을 연결하는 남부 간선을 포함해 총 3개의 노선을 운행 중이다. 각각의 열차는 기준 거리(1km)당 운임에 따라 등급이 나뉘는데 쯔창하오(自強號)가 가장 좋은 열차에 속하며 그다음으로는 쥐광하오(莒光號), 푸싱하오(復興號), 푸콰이처(普快車), 취젠처(區間車)가 있다. 요금과 소요 시간의 차이가 있으니 자신의 예산과 일정에 맞는 기차로 선택하면 된다.

전화 02-2381-5226
홈페이지 www.railway.gov.tw

노선 정보 및 편도 요금(타이베이 기준)

도착지	루이팡 瑞芳		이란 宜蘭		타이중 台中		가오슝 高雄	
쯔창하오 (自強號)	29분~	NT$76~	1시간 6분~	NT$218~	1시간 36분~	NT$375~	3시간 36분~	NT$843~
쥐광하오 (莒光號)	45분~	NT$59~	1시간 46분~	NT$168~	2시간 12분~	NT$289~	5시간 9분~	NT$650~
취젠처 (區間車)	47분~	NT$49~	2시간 12분~	NT$140~	3시간 5분~	NT$241~	–	

 tip 자동 발매기에서 승차권 구매하기

가까운 역 창구나 역 안에 마련된 자동 발매기에서도 티켓을 구매할 수 있다. 단 30분에서 1시간가량 소요되는 근거리 지역이나 입석에 한해서만 구매 가능하다. 장거리 노선은 역 창구를 이용해야 한다.
① 상단의 운임표를 확인하고 해당 금액을 투입한다.
② 매수 선택. 1장부터 4장까지 한 번에 구매 가능하다.
③ 기차 종류 선택. 쥐광하오(莒光號), 푸싱하오(復興號), 취젠처(區間車) 중에서 고른다.
④ 티켓 타입(Ticket Type) 선택. 성인(全票/FULL-FARE), 아동(孩童/CHILD-FARE) 중에서 고른다.
⑤ 티켓 발권. 목적지가 적힌 버튼 중 원하는 지명을 선택하면 티켓이 나온다.

시외버스

타이베이에서 각 지방으로 이동할 때 가장 쉽고 간단한 교통수단은 버스다. 르웨탄, 아리산 등 기차를 타고 한 번에 이동하기 힘든 지역으로 갈 때 유용하며 일반 기차보다 요금이 더 저렴하거나 이동 시간도 적게 걸려 현지인들이 많이 이용한다. 타이베이의 대표적인 버스 터미널은 타이베이역(台北車站) 가까이에 있다. 목적지와 버스 회사에 따라서 버스 터미널이 다르므로 자신이 가고자 하는 지역과 버스 회사를 확인한 후 터미널로 이동한다.

노선 정보 및 편도 요금 (타이베이 기준)

도착지	타오위안 桃園	뤄둥 羅東	타이중 台中	르웨탄 日月潭	타이난 台南	가오슝 高雄
소요 시간	50분~	1시간 30분~	2시간 30분~	3시간 30분~	4시간 20분~	5시간~
요금	NT$65~	NT$220~	NT$290~	NT$470~	NT$340~	NT$580~

주요 버스 터미널

■ **궈광커윈 타이베이 터미널 (國光客運台北車站)**

MRT 타이베이처잔(台北車站)역에서 M1번 또는 M2번 출구로 나오면 궈광커윈 타이베이 터미널(國光客運台北車站)이 있다. 이곳에서 타오위안 국제공항행 버스(1819번)를 비롯해 예류(野柳), 진산(金山)행 버스(1815번), 지룽(基隆)행 버스(1813번)를 탈 수 있다. 터미널 내 창구에서 티켓을 구매할 수 있으며, 이지 카드도 사용 가능하다.

홈페이지 www.kingbus.com.tw
교통 MRT 타이베이처잔(台北車站)역에서 M1번 또는 M2번 출구에서 도보 1분

■ **타이베이 버스 터미널 (台北轉運站)**

타이완의 사설 버스 회사들이 집중적으로 모여 있는 종합 버스 터미널이다. 큐 스퀘어(Q Square)에서 연결되며 1층부터 4층까지 버스 터미널로 이용되고 있다. 궈광커윈(國光客運), U 버스(統聯客運, 퉁롄커윈), 아로하 버스(阿羅哈客運, 아뤄하커윈) 등 다양한 버스 회사들이 있다. 각 지역으로 출발하는 버스 운행 편수가 많은 편이라 주말이나 특별한 기간을 제외하고는 바로 탑승이 가능하다.

주소 台北市大同區10351市民大道一段209號
전화 02-7733-5888
홈페이지 www.taipeibus.com.tw
교통 MRT 타이베이처잔(台北車站)역 Y1·Y3번 출구에서 바로 연결된다.

비행기

타이완 내에서 국내선을 타는 경우에는 대부분 1시간 이내에 이동할 수 있다. 기차 또는 버스로 가기 힘든 남부의 펑후섬이나 동부의 타이둥, 화롄 등으로 이동할 때 주로 이용하게 된다. 항공권은 온라인 여행사나 항공사의 홈페이지를 통해 예약하거나 공항에서 직접 구매하는 방법이 있다.

■ 온라인 항공 예약 여행사
이지플라이(易飛網) www.ezfly.com

■ 주요 항공사의 홈페이지 및 전화
푸싱항공(復興航空)
www.tna.com.tw / 02-412-8133
유니항공(立榮航空)
www.uniair.com.tw / 02-2508-6999
화신항공(華信航空)
www.mandarin-airlines.com / 02-412-8008

노선 정보 및 요금

구간	타이베이(쑹산) - 펑후	타이난 - 펑후	가오슝 - 펑후	타이베이(쑹산) - 타이둥
소요 시간	1시간	30분	40분	1시간
요금	NT$2,300~	NT$1,690~	NT$2,000~	NT$1,560~

 타이베이 2층 관광버스 타고 여행하기

2017년 타이베이의 대표적인 관광지를 편하게 둘러볼 수 있는 타이베이 2층 관광버스(Taipei Sightseeing)가 생겼다. 타이베이의 주요 관광지를 아우르는 2층 버스로 레드 노선과 블루 노선, 2가지 노선으로 운행한다. MRT 타이베이처잔역 M4번 출구 앞 버스 정류장을 비롯해 관광버스(Taipei Sightseeing) 노선이 정차하는 모든 버스 정류장에서 출발하며 자유롭게 타고 내릴 수 있어 더욱 편리하게 타이베이를 여행할 수 있다. 차내에 한국어 오디오 가이드 서비스와 와이파이(Wi-Fi)를 무료로 제공한다.

대표 출발지 MRT 타이베이처잔(台北車站)역 M4번 출구 앞에서 탑승
운행 시간 레드 노선 09:10~18:40, 블루 노선 10:50~16:30
배차 간격 40분
요금 4시간권 NT$300, 1일권 NT$600
홈페이지 www.taipeisightseeing.com.tw

타이완의 자전거

타이베이를 비롯해 주요 도시에서는 시민들의 건강, 교통, 환경을 위해 공공 자전거 시스템을 도입하고 있다. 여행자도 어렵지 않게 이용할 수 있으니 자전거를 타고 바람을 맞으며 색다른 여행을 즐겨 보자.

유바이크(YouBike)

타이베이의 공공 자전거는 유바이크라고 부른다. 타이베이를 비롯해 신베이(新北), 타이중(台中), 장화(彰化) 지역에서 유바이크를 이용할 수 있다. 3,500여 대의 자전거와 100개가 넘는 유바이크 무인 대여소가 있으며, 24시간 무인 관리 시스템으로 운영된다. 유바이크 홈페이지와 자전거 대여소에 있는 무인 단말기(Kiosk)에서 회원 가입을 한 후 화면에 나오는 순서대로 따라하면 등록이 된다. 휴대폰 번호와 이지 카드 또는 신용카드가 필요하며 등록 후 자전거 거치대에서 이지 카드로 결제하고 자전거를 대여하면 된다. 스마트폰을 이용해 'YouBike 2.0' 어플을 받으면 자전거 대여소의 위치와 대여 가능 여부 등을 확인할 수 있다. 대여한 곳이 아니어도 무인 대여소 어디에서나 반납 가능하다.

요금 최초 4시간 이내일 경우 30분당 NT$10, 4~8시간 30분당 NT$20
홈페이지 www.youbike.com.tw

 찾기 쉬운 타이베이 시내 유바이크 위치
- MRT 중산역(中山站) 4번 출구 앞
- MRT 둥먼역(東門站) 4번 출구 앞
- MRT 궈푸지녠관역(國父紀念館站) 2번 출구 앞
- MRT 룽산쓰역(龍山寺站) 1번 출구 앞
- MRT 시먼역(西門站) 3번 출구 앞
- MRT 중샤오푸싱역(忠孝復興站) 2번 출구 앞
- MRT 스정푸역(市政府站) 3번 출구 앞
- 타이베이 101 앞 신이광창(信義廣場)

타이베이
台北

타이완 북부에 위치한 타이베이는 타이완의 수도이자 제1의 도시. 정치, 경제, 문화, 교육, 관광의 중추적인 역할을 하고 있으며 최근 국제적인 관광도시의 면모를 갖춰가고 있다. 3시간이 채 걸리지 않는 짧은 비행시간, 편리한 교통과 저렴한 물가, 풍부한 볼거리와 먹을거리, 친절한 사람들 덕분에 국내 여행자들 사이에서도 꾸준히 인기 있는 여행지다. 타이완을 상징하는 랜드마크인 타이베이 101을 비롯해 고대 중국의 진귀한 보물을 만날 수 있는 구궁보우위안, 웅장함이 느껴지는 궈리중정지녠탕, 늦은 밤까지 불야성을 이루는 야시장들까지 즐길 거리가 넘쳐난다. 주요 관광지까지는 MRT를 타고 쉽게 이동할 수 있어 자유 여행에 최적화된 도시다. 또한 타이베이를 중심으로 촘촘한 교통망을 통해 타이완 전역을 연결하고 있어 타이완 여행의 시작점으로도 더할 나위 없다.

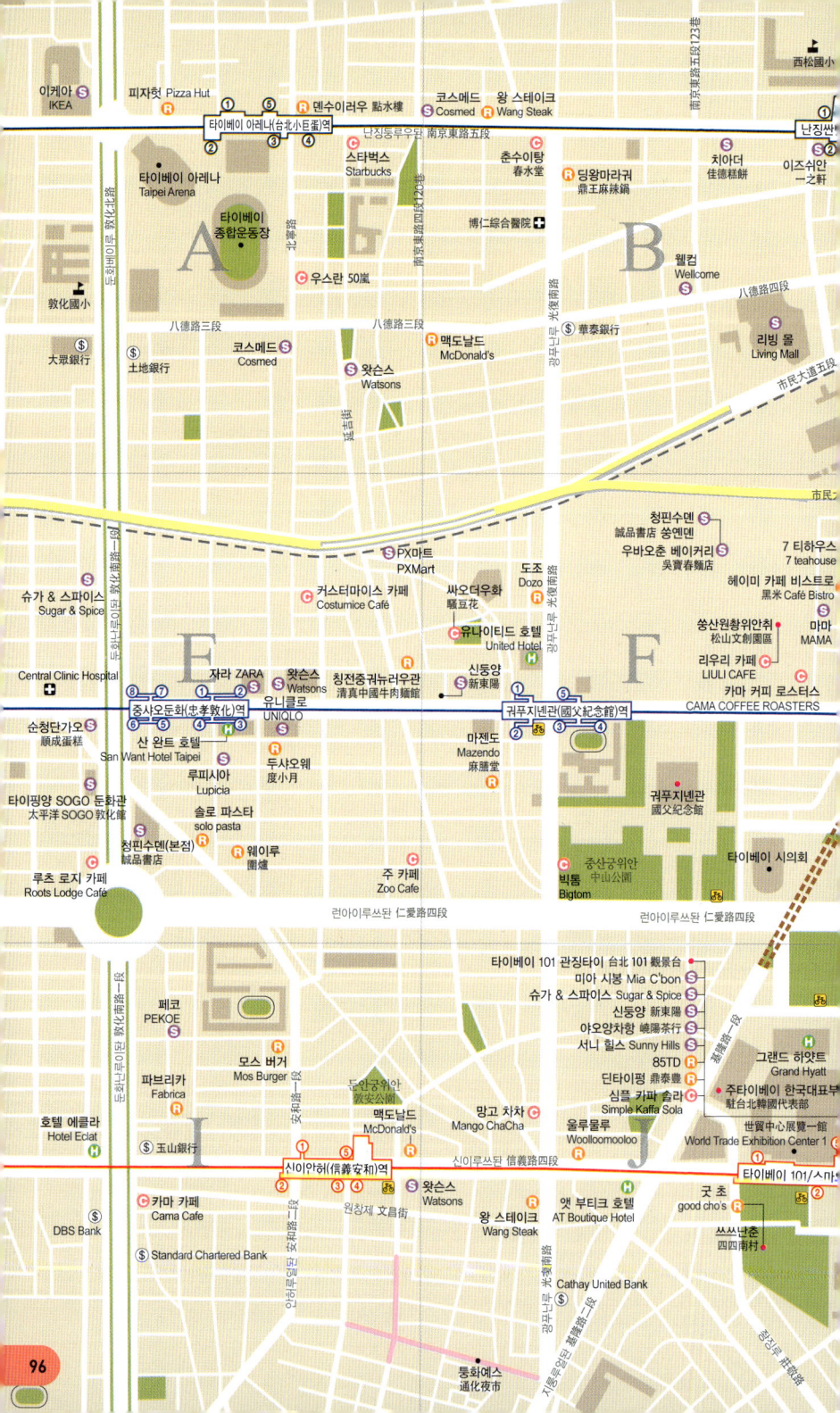

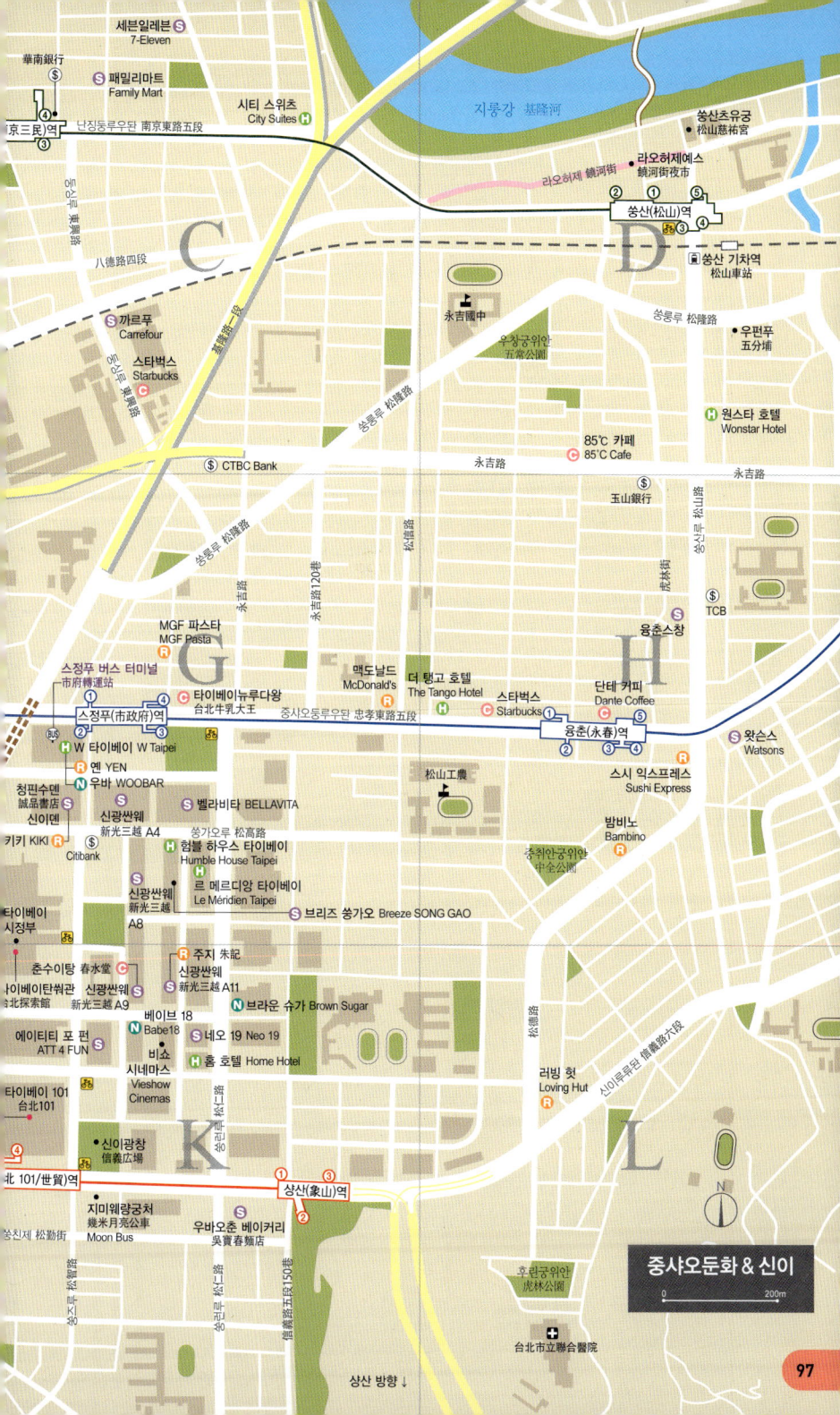

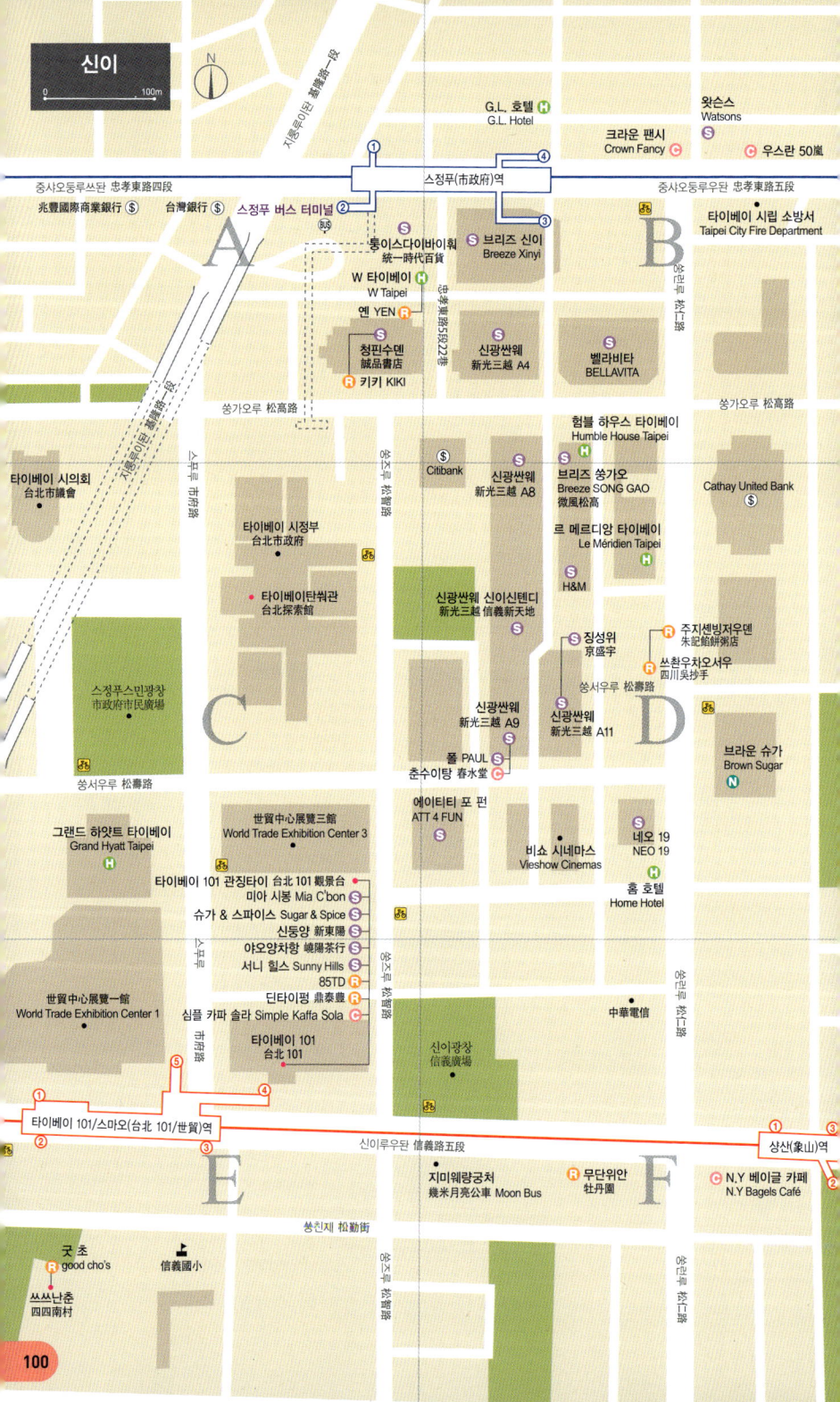

타이베이 시내 교통

타이베이는 대중교통이 발달하여 주요 관광지로의 이동이 편리하다. MRT나 택시는 요금이 비싸지 않은 편이라 부담 없이 이용할 수 있다. 이지 카드(Easy Card, 悠遊卡)가 있으면 대중교통 요금이 할인되며 탈 때마다 티켓을 살 필요가 없어 편리하다.

MRT(지하철)

여행자들이 가장 많이 이용하는 교통수단으로 우리나라의 지하철과 타는 방법이 비슷하다. 타이베이의 주요 관광 명소들은 대부분 MRT 역과 연결되어 있어 쉽게 찾아갈 수 있다. 노선은 색깔별로 잘 구분되어 있어 알아보기 쉬우며, 시설도 최신식으로 쾌적하다. 요금은 거리에 따라 다르지만 보통 NT$20~60 정도로 우리나라보다 저렴한 편이며, 운행 시간은 일반적으로 오전 6시부터 밤 12시까지이다. 승차권은 1회용 토큰과 충전식 교통 카드인 이지 카드가 있다.

전화 02-2181-2345 **홈페이지** www.trtc.com.tw

MRT 이용 시 주의 사항
- MRT 내에서 음료나 음식물 섭취는 일체 금지한다.
- 흡연, 침 뱉기 등의 행위를 금지하며 쓰레기를 버려서도 안 된다.
- MRT 플랫폼 바닥에 그어진 선을 따라 차례로 줄을 서야 한다.

택시

가장 편하게 이동할 수 있는 교통수단. 미터제이므로 흥정할 필요가 없고 기사들도 친절한 편이다. 기본요금은 1.25km에 NT$85, 이후 200m마다 NT$5씩 추가되며 밤 11시부터 다음 날 오전 6시까지 할증 요금이 부과된다. 공항에서 탈 경우 짐 요금으로 NT$10이 추가되는 경우도 있다. 시내에서 이용할 때도 요금은 비싸지 않은 수준. 택시에 탈 때 목적지의 이름 또는 주소를 한자로 보여주면 기사가 쉽게 찾아갈 수 있다.

버스

여행자들보다는 주로 현지인들이 많이 애용하는 교통수단. MRT가 연결되지 않는 관광지로 이동할 때 이용한다. 버스에 따라 요금을 지불하는 방식이 달라지는데 운전석 위 표지판에 '上車'가 있으면 탈 때, '下車'가 있으면 내릴 때 지불한다. 복잡해 보이지만 버스에 타면 다른 승객들이 하는 것을 보고 눈치껏 하게 되므로 걱정하지 말자. 요금은 현금과 이지 카드 모두 사용 가능하다. 단 현금으로 낼 경우 잔돈을 거슬러 주지 않으므로 미리 잔돈을 준비해 두자. 안내 방송이 없는 경우도 있으니 운전기사에게 목적지를 밝혀두는 것이 안전하다.

홈페이지 www.taipeibus.taipei.gov.tw

타이베이 여행에 꼭 필요한 이지 카드

이지 카드는 충전식 선불 교통 카드로 우리나라의 교통 카드와 같다. 승차할 때마다 1회용 티켓을 구매할 필요가 없어 편리하며, MRT 탑승 시 편도 요금의 20% 할인 혜택이 있다. MRT 외에 시내버스, 마오쿵 곤돌라, 단수이 페리 등을 탈 때와 주요 편의점, 카페, 유바이크를 이용할 때도 사용 가능하다. 타이베이에서 2박 이상 머물고, 대중교통을 많이 이용할 계획이라면 구매할 것을 추천한다.

홈페이지 www.easycard.com.tw

이지 카드 구매법

이지 카드의 금액은 NT$100으로, MRT 역의 안내 창구 또는 편의점, 타오위안 국제공항 이지 카드 서비스 센터(08:00~22:00)에서 구매할 수 있다. 충전은 MRT 역의 안내 창구나 자동 발매기(Easy Card Add-Value Machine)에서 가능하며, 최소 NT$100 단위로 충전해서 사용한다. 여행 후에 남은 금액은 타오위안 국제공항 이지 카드 서비스 센터에서 수수료(NT$20)를 제하고 환불 가능하다. 단 카드 구매 금액인 NT$100은 환불 불가하다.

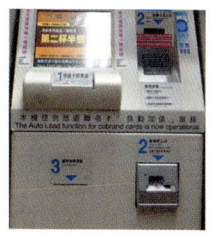

이지 카드 충전법

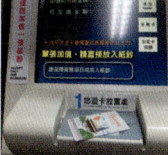

❶ 자동 발매기의 충전대 위에 이지 카드를 올려놓는다.

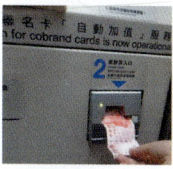

❷ 메뉴에서 영어(English)를 선택한 후 원하는 충전 금액을 투입구에 넣는다.

❸ 잠시 후 충전이 완료되면 사용한다.

 타이베이 패스
Taipei Pass

정해진 기간 동안 타이베이 MRT와 시내버스, 신베이의 시내버스를 무제한 이용할 수 있는 패스. MRT 역내 안내 데스크와 타이베이처잔역의 이지 카드 고객 센터에서 구매할 수 있다.

요금 1일권(1Day Pass) NT$180, 1일권+마오쿵 곤돌라(1Day Pass) NT$350, 2일권(2Day Pass) NT$310, 3일권(3Day Pass) NT$440, 5일권(5Day Pass) NT$700

★ 이외에 하루 동안 타이베이 MRT를 무제한 이용할 수 있는 원데이 패스(One-Day Pass, NT$150), 첫 개시한 시간부터 24시간 타이베이 MRT를 무제한 이용할 수 있는 24시간 타이베이 메트로 패스(24hr Taipei Metro Pass, NT$180)가 있다. MRT 역내 안내 데스크에서 구매 가능하다.

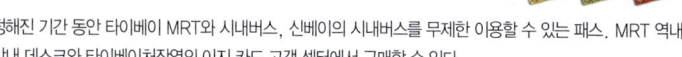

MRT 이용 노하우

MRT 1회용 토큰 구매하기

❶ 자동 발매기에 표시된 노선도에서 목적지까지의 요금을 확인한다(역의 동그라미 안에 표시된 숫자가 요금).

❷ 자동 발매기에서 1회권을 뜻하는 'Single Journey Ticket'을 터치한다.

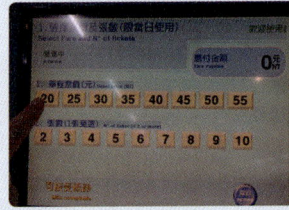

❸ 목적지까지의 요금과 1회용 토큰 수를 터치하고 요금을 투입구에 넣는다.

❹ 잠시 후 1회용 토큰이 나온다.

MRT 탑승하기

❶ 개찰구로 들어갈 때는 센서에 1회용 토큰 또는 이지 카드를 올려놓아 개찰구가 열리면 통과한다.

❷ 개찰구를 빠져나올 때 이지 카드는 들어갈 때와 마찬가지로 센서에 카드를 올리면 된다. 1회용 토큰은 투입구에 넣는다.

타이베이 한눈에 보기

스린 士林

타이베이 중심에서 벗어난 북부 지역. 65만 점 이상의 중국 고대 유물들을 소장한 구궁보우위안을 비롯해 장제스(蔣介石) 총통 부부가 살았던 스린관디, 타이베이에서 가장 큰 야시장인 스린예스 등이 있다.

위안산 圓山

타이베이 북부에 위치한 위안산 일대는 지룽강(基隆河)과 맞닿아 있는 지역. 의학의 신을 모시는 바오안궁(保安宮), 공자를 경배하는 쿵먀오(孔廟), 타이베이스리메이수관(台北市立美術館) 등이 모여 있어 타이베이의 전통과 종교, 문화를 엿볼 수 있다.

중산 中山

MRT 중산역 일대는 과거 일제강점기에 경제의 중심지였으며 미군 고문단이 주둔하기도 했던 지역이다. 반면 MRT 쐉롄(雙連)역 주변으로는 현지인들의 소박한 삶을 엿볼 수 있는 아침 시장이 있으며 아기자기한 카페와 상점이 이어져 걷기 좋다.

시먼딩 西門町

타이베이의 명동이라고 불리는 최대 번화가로 365일 타이완 젊은이들과 관광객들의 발걸음이 이어진다. 저렴한 쇼핑을 즐길 수 있는 상점부터 각거리 음식, 카페, 레스토랑, 극장, 쇼핑몰이 즐비하여 활기가 넘친다. 중저가 호텔과 오스텔이 많아 여행자들이 많이 체류하는 지역이기도 하다.

룽산쓰 龍山寺

타이베이에서 가장 오래된 사원인 룽산쓰는 여행자들이 필수로 방문하는 관광 명소이며 그 주변은 흔히 '완화(萬華)'라고 부른다. 수십 년째 대를 이어오는 오래된 상점들이 모여 있으며 화시제예스, 보피랴오리스제취도 함께 둘러보면 좋다.

둥취 東區

타이베이에서 가장 트렌디한 동네. 우리나라의 홍대와 신사동 가로수길을 섞어놓은 분위기로 개성 넘치는 상점들, 핫한 카페와 레스토랑, 바 등이 밀집되어 있다. 흔하지 않은 쇼핑 아이템을 찾을 수 있으며 예쁜 카페와 레스토랑이 많아서 식도락을 즐기기 좋은 동네.

신이 信義

타이베이 시정부를 비롯해 타이베이 101, 타이베이 세계무역센터 등 굵직한 랜드마크들이 모여 있는 신흥 상권이다. 고급 호텔과 쇼핑몰, 백화점이 앞다퉈 문을 열고 유명 맛집과 클럽, 라이브 하우스 등이 모여 있어 화려한 나이트라이프를 즐길 수 있는 지역으로 거듭났다.

타이베이처잔 台北車站

타이베이의 교통의 중심지로 기차역과 MRT 역, 버스 터미널이 모여 있어 항상 북적이는 지역. 저렴한 호스텔과 중급 호텔이 밀집되어 있다. 타이베이처잔 맞은편은 유명한 학원가이며 학생들이 즐겨 찾는 저렴한 아침 식당과 패스트푸드점이 몰려 있다.

궁관 公館

MRT 타이뎬다러우(台電大樓)역과 궁관(公館)역 일대는 타이완 사범대학과 국립 타이완 대학이 있다. 대학가를 중심으로 번화한 상권이 형성되어 있어 젊은 분위기다. 스다예스와 궁관예스도 있어 저렴하게 식도락과 쇼핑을 즐길 수 있다.

융캉제 永康街

융캉제 일대는 과거 일본 문인들이 거주하던 동네였으나 그 후 고즈넉한 다예관과 카페, 맛집, 상점이 골목골목 들어서면서 맛과 멋을 즐길 수 있는 상권으로 변신했다. 여행자들 사이에서는 딘타이펑 본점과 가오지, 스무시 등의 맛집이 모여 있는 지역으로 유명하다.

타이베이 Area 1

시먼딩 & 룽산쓰
西門町 & 龍山寺

시먼딩은 타이베이에서 가장 번화한 거리로 흔히 타이베이의 명동이라고도 불린다. 일제강점기에 이곳을 도심 상업지로 구획한 후 현재에 이르기까지 밤낮 없이 인파가 몰리는 최대 상권이다. 중저가 쇼핑몰과 저렴한 음식점, 젊은 취향의 즐길 거리가 밀집되어 있어 특히 10~20대가 즐겨 찾는다. 시먼역과 MRT로 한 정거장 거리에 있는 룽산쓰역에는 타이베이에서 가장 오래된 사원인 룽산쓰와 화시제예스, 보피랴오리스제취 등의 관광 명소가 있어 여행자들의 발걸음이 이어진다. 이 일대를 일컬어 완화(萬華)라고 부르는데 타이베이의 발상지와도 같은 의미 깊은 곳으로 오래된 거리와 상점을 엿볼 수 있다.

CHECK

여행 포인트		
관광		★★★★
미식		★★★
쇼핑		★★★

이것만은 꼭 해보기
- ☐ 룽산쓰에서 신에게 원하는 소원 빌기
- ☐ 타이베이 최초의 극장인 시먼훙러우 둘러보기
- ☐ 24시간 대형 마트 까르푸에서 기념품 쇼핑하기

| BEST COURSE |

시먼딩 & 룽산쓰 추천 코스

| 총 소요 시간 |
6~7시간

시먼딩은 타이베이 여행자들에게 중요한 지역으로 중저가 숙소들이 모여 있고 최대 번화가를 이루고 있어 이 일대에 머무는 이들이 많다. 시먼딩을 중심으로 룽산쓰 일대와 MRT 샤오난먼역 부근까지 함께 둘러볼 수 있다.

여행 예산	
교통비	MRT NT$16~
입장료	없음
식 비	아쫑멘셴 NT$60~
	화시제예스 NT$50~
합 계	NT$126~

START

 시먼훙러우 西門紅樓 p.116

1908년에 지어진 타이베이 최초의 극장으로 시먼딩의 랜드마크 역할을 하고 있다. 붉은 벽돌로 지어진 이국적인 건축물은 현재 복합 문화 공간으로 운영되고 있다.

시먼훙러우에서 길을 건너 MRT 시먼(西門)역 6번 출구 쪽으로 가면 시먼딩 거리가 시작된다. 도보 2분

시먼훙러우

 시먼딩 西門町 p.116

타이베이를 대표하는 번화가로 늘 활기가 넘친다. 중저가 쇼핑몰과 맛집, 카페가 즐비하니 가벼운 마음으로 거리 곳곳을 누벼보자.

MRT 시먼역 6번 출구에서 한중제(漢中街)를 따라 걷다가 화장품 가게 더페이스샵(The Face Shop)에서 우회전하면 나이키(Nike) 매장 맞은편에 있다. 도보 2분

시먼딩

30분 | **아쭝몐셴** 阿宗麵線 p.120

시먼딩에서 '곱창국수 가게'라는 이름으로 더 유명하다. 부드러운 국수와 쫄깃한 곱창 맛이 별미다.

MRT + 도보 10분

↓

1시간 | **룽산쓰** 龍山寺 p.114

1738년 청나라 때 푸젠성 이주민들이 세운 것으로, 타이베이에서 가장 오래된 사원이다. 중국의 고전적인 건축양식이 아름답고 화려한 조각도 인상적이다.

룽산쓰 앞에서 광저우제(廣州街)를 따라 동쪽으로 도보 2분

룽산쓰

↓

30분 | **보피랴오리스제취** 剝皮寮歷史街區 p.115

청나라 때부터 이어져 온 옛 거리로 현재까지 과거의 모습을 그대로 보존하고 있다. 오래된 거리에서 아날로그 감성과 향수를 느껴보자.

룽산쓰를 지나 구이린루(桂林路)를 따라 도보 8분

보피랴오리스제취

↓

1시간 | **화시제예스** 華西街夜市 p.115

예전에는 뱀과 자라 등 자양 강장에 좋은 보양식이 많기로 유명했던 야시장. 먹거리가 풍부하며 발 마사지 전문점도 즐비하다. 야시장 구경 후 시원하게 마사지를 받아보자.

구이린루(桂林路)를 따라 도보 10분

화시제예스

↓

1시간 | **까르푸** Carrefour p.123

24시간 문을 여는 대형 마트. 늦은 시간에도 부담 없이 쇼핑을 즐길 수 있다. 밀크티, 망고 젤리, 펑리쑤 등 알뜰한 기념품 쇼핑을 즐겨보자.

까르푸

시먼딩 & 룽산쓰의 관광 명소

룽산쓰
龍山寺 | 용산사

타이베이에서 가장 오래된 사원

1738년에 세워진 룽산쓰는 여행자들이 타이베이에서 필수로 방문하는 관광 명소다. 중국의 고전적인 건축양식을 잘 보여주고 있으며 목조와 석조를 이용한 조각들이 섬세하고 화려하다. 전쟁과 천재지변 등으로 여러 차례 파괴되었다가 1957년에 복원되어 현재의 모습을 유지하고 있다. 정면 입구 좌우에 배치된 한 쌍의 동조용주(銅雕龍柱)는 타이완에서 유일한 청동의 용 기둥으로, 100여 년 전에 만들어진 것이다. 사당의 주신인 관세음보살상은 제2차 세계대전 당시 본당에 폭탄이 떨어졌음에도 전혀 손상되지 않아 지금까지 영험한 불

상으로 알려져 있다. 낮 풍경도 멋지지만 해가 진 후에 조명과 어우러져 더욱 화려한 위용을 자랑한다.

지도 p.92-E
주소 台北市萬華區廣州街211號
전화 02-2302-5162
개방 06:00~21:45
요금 무료
홈페이지 www.lungshan.org.tw
교통 MRT 룽산쓰(龍山寺)역 1번 출구에서 도보 2분

 타이완의 수험 시즌이 다가오면 수많은 입시생과 그 가족들이 학문의 신 문창제군(文昌帝君)을 찾아와 합격을 기원한다. 또 달밤에 남녀의 인연을 이어준다는 월로신군(月老神君)도 모시고 있어 짝을 찾고자 하는 이들의 발걸음도 이어진다. 룽산쓰의 입구 중에서 '龍門(룽먼)'으로 들어가고, '虎門(후먼)'으로 나와야 소원이 이루어진다고 한다.

보피랴오리스제취
剝皮寮歷史街區 | 박피료 역사거리

오래된 골목에서 만나는 올드 타이완

룽산쓰에서 가까운 거리에 위치한 보피랴오리스제취는 1930년대 올드 타이베이라고도 불리는 완화(萬華) 지역의 옛 모습을 엿볼 수 있는 곳이다. 약 100년 전까지는 맹갑(艋舺)이라는 이름으로 불리며 단수이강 일대에서 가장 번화한 항구도시였다. 그 역사적인 보존 가치를 인정한 타이베이시의 복원 사업으로 2009년 보피랴오리스제취로 다시 태어났다. 100m 남짓한 거리에는 오래된 건축물이 길게 이어져 있는데 타이완의 전통적인 건축양식과 바로크 건축양식이 절묘한 조화를 이루고 있

다. 거리 곳곳에 재미있는 벽화도 그려져 있고 종종 다양한 전시회가 열려 산책하듯 가볍게 둘러보기 좋다. 타이완판 〈친구〉라고 불리는 영화 〈맹갑(艋舺, Monga)〉의 촬영지로 더 유명해졌다.

지도 p.92-E
주소 台北市萬華區廣州街和康定街
전화 02-2336-2798
개방 09:00~18:00 **휴무** 월요일
요금 무료
교통 MRT 룽산쓰(龍山寺)역 1번 출구에서 룽산쓰를 바라보고 오른쪽으로 도보 2분

화시제예스
華西街夜市 | 화서가 야시장

보양식으로 이름을 날렸던 명물 야시장

룽산쓰 가까이에 위치하며 타이베이에서 가장 오래된 야시장이다. 흔한 먹거리도 많지만 예로부터 보양식으로 유명했던 곳답게 뱀, 자라, 토끼 등 놀랄 만한 요리를 파는 가게가 많다. 젊은 세대보다는 중장년층이 즐겨 찾는다. 발 마사지 가게도 많아 하루의 피로를 푸는 코스로도 좋다.

지도 p.92-E
주소 台北市萬華區華西街
영업 17:00~24:00(가게마다 다름)
교통 MRT 룽산쓰(龍山寺)역 1번 출구에서 룽산쓰를 지나 구이린루(桂林路)를 따라 도보 8분

시먼훙러우
西門紅樓 | 서문홍루

타이베이 최초의 극장

일제강점기인 1908년에 지어졌다. 붉은 벽돌로 만든 외관이 8면으로 되어 있어 '팔각 극장'이라고도 불린다. MRT 시먼역에서 나오면 가장 먼저 눈에 들어올 정도로 인상적인 건축미를 자랑한다. 과거 경극과 오페라를 상영하며 전성기를 누렸고 1950년대 이후 영화관으로 운영되기도 했다. 1997년 타이베이시가 3급 고적으로 지정한 후 현재는 소형 예술 공연장으로 이용되고 있다. 1층에서는 다양한 주제로 전시회가 열리며, 2층에 공연장이 있다. 100주년을 맞은 2008년부터는 '과거의 시장'이라는 콘셉트를 적용시켜 '창이스류궁팡(創意16工房)'이라는 이름으로 모인 공방들이 독창적인 상품들을 판매하고 있다. 주말에는 극장 앞 야외 공간에서 소품들을 파는 작은 시장이 열린다.

지도 p.94-D
주소 台北市萬華區成都路10號
전화 02-2311-9380
개방 화~금요일 11:00~20:00, 토·일요일 11:00~22:00
휴무 월요일 **요금** 무료
홈페이지 www.redhouse.org.tw
교통 MRT 시먼(西門)역 1번 출구에서 바로

시먼딩
西門町 | 서문정

타이베이를 대표하는 번화가

시먼딩은 타이베이의 명동이라 불리는 번화가로 타이베이의 젊은이들이 많이 모여 활기가 넘친다. MRT 시먼역 6번 출구로 나오면 각종 쇼핑몰과 상점, 식당, 호텔 등이 밀집되어 있다. 타이베이 최초의 보행자 거리이며 극장이 많아서 '영화의 거리'라고도 불렸다. 저렴한 가격에 쇼핑과 식도락을 즐기기 좋고, 각종 편의시설과 중저가 숙소가 집중되어 있어 여행자가 많이 몰린다.

지도 p.94-D
교통 MRT 시먼(西門)역 6번 출구에서 바로

충퉁푸
總統府 | 총통부

일제강점기에 지어진 건축물

1919년 르네상스 후기 양식으로 지어진 건물로 붉은 벽돌과 흰 벽돌의 조화가 화려하다. 총 5층 규모이며 중앙에 우뚝 솟은 탑의 높이는 60m에 달한다. 일제강점기에는 총독부로 사용되다가 현재는 15대 차이잉원(蔡英文) 총통이 집무하는 총통부로 사용되고 있다. 실제 집무를 보는 곳이라 건물 앞의 위병이 엄격하게 지키고 있다. 신년 및 쌍십절과 같은 국가 경축 기간에는 다채로운 조명과 장식으로 꾸며지고 퍼레이드도 열린다. 거대한 광장과 넓은 대로, 그 뒤로 위풍당당하게 서 있는 이국적인 건축양식이 아름다운 조화를 이루어 여행자들에게는 촬영 스폿으로도 인기 있다. 월~금요일 오전 9시부터 11시 30분까지 건물 내부를 일부 개방하며 관람 시 사전 예약은 필수다.

지도 p.93-G
주소 台北市中正區重慶南路一段122號
전화 02-2311-3731
개방 09:00~11:30
휴무 토·일요일, 공휴일
요금 무료
홈페이지 www.president.gov.tw
교통 MRT 시먼(西門)역 3번 출구에서 바오칭루(寶慶路)를 따라 걷다가 보아이루(博愛路)로 우회전한다. 도보 5분

중산탕
中山堂 | 중산당

국가 2급 고적으로 지정된 역사적인 장소

1936년 건축된 4층 건물로 히로히토(裕仁)의 천황 등극을 기념하기 위해 지어졌다. 이 건물이 들어서기 전에는 타이베이 공회당(台北公會堂)이라는 이름의 타이완 총통부 청사가 있었다. 1945년 태평양 전쟁에 패한 일본이 타이완에서 철수하게 되면서 당시 마지막 일본 총독이었던 안도 리키치(安藤利吉)가 바로 이곳에서 항복 문서에 사인했다. 일제강점기 시대가 막을 내리는 순간 마지막 무대가 되었던 역사적인 장소이다. 1992년에 국가 2급 고적으로 지정되었으며 현재는 다양한 문화 전시, 예술 공연과 교류가 이뤄지는 복합 문화 공간으로 이용되고 있다. 건물 내에는 안도 리키치의 동상이 있으며 3층에는 '타이베이수위안(台北書院)'이라는 이름의 문화 살롱이 있다.

지도 p.92-B
주소 台北市中正區延平南路98號
전화 02-2381-3137
개방 09:00~17:00
요금 무료
홈페이지 www.zsh.taipei.gov.tw
교통 MRT 시먼(西門)역 5번 출구에서 옌핑난루(延平南路)를 따라 도보 3분

타이베이즈우위안
台北植物園 | 타이베이 식물원

100년이 넘는 역사의 식물원

2만 4,000평이 넘는 거대한 규모의 식물원으로 타이완의 식물에 대한 연구, 수집, 전시 등을 목적으로 만들어졌으며 2,000여 종의 식물이 있다. 식물원 중심에는 청조 시대에 지어진 역사적인 건축물 부정쓰원우관(布政使司文物館)이 있어 같이 둘러보기 좋다. 이국적인 열대 식물들 사이로 연못과 다리가 고즈넉하게 자리하고 있으며 나비, 조류 등도 볼 수 있다. 식물원은 아침 일찍 문을 여니 이른 아침에 들러 상쾌한 산책으로 여행을 시작해 보자.

지도 p.92-J
주소 台北市中正區南海路53號
전화 02-2303-9978
개방 06:00~20:00
요금 무료
홈페이지 tpbg.tfri.gov.tw
교통 MRT 샤오난먼(小南門)역 3번 출구에서 좌회전해 도보 10분. 궈리리스보우관 뒤편에 있다.

궈리리스보우관
國立歷史博物館 | 국립역사박물관

타이완 최초의 역사박물관

1955년에 창설된 타이완 최초의 역사박물관으로 6만 점 이상의 유물을 보유하고 있다. 명나라와 청나라의 건축양식을 살려 지은 동양적인 외관이 무척 근사하며 연꽃이 가득 핀 연못에 둘러싸여 있다. 3~4개월 단위로 전시가 바뀌는데 인도의 고대 문명 예술전, 병마용 진나라 특별전, 반 고흐 특별전 등 수준 높은 전시가 다양하게 열린다. 전시에 따라 입장료가 달라지므로 상세한 전시 관련 정보는 홈페이지를 참고하자.

지도 p.93-K
주소 台北市中正區南海路49號
전화 02-2361-0270
개방 10:00~18:00
(2023년 현재 보수 공사로 임시 휴무) **휴무** 월요일
요금 성인 NT$30, 학생 NT$15
홈페이지 www.nmh.gov.tw
교통 MRT 샤오난먼(小南門)역 3번 출구에서 좌회전해 도보 10분

Plus+Spot
린자화위안
林家花園

고전적인 중국식 정원

타이완에서 가장 고전적인 중국식 정원을 볼 수 있는 곳으로 총면적이 6,000평에 달한다. 이름 그대로 '임씨 가문의 집과 정원'인데 청나라 때 중국 푸젠성에서 이주해 온 임씨들이 동치제와 광서제 시대에 걸쳐 조성하였으며 당시 중국에서 건너온 최고의 장인들에 의해 만들어졌다고 한다. 정원의 거대한 규모와 건축 수준에서 당시 대단한 부를 누렸던 집안이었음을 짐작할 수 있다. 울창한 나무와 아름다운 꽃들, 목조로 화려하게 꾸며진 서재 누각과 안채는 과거의 영광을 떠올리게 한다. 오래된 고택과 정원 사이를 거닐고 있노라면 마치 옛날 영화 속의 한 장면에 들어온 듯한 신비로움이 느껴진다. 구석구석 미로처럼 연결된 정원은 아름답게 꾸며져 있어 사진을 찍는 재미도 있다.

지도 p.8-F
주소 新北市板橋區西門街9號
전화 02-2965-3061
개방 09:00~17:00 **요금** 성인 NT$80
휴무 매월 첫째 월요일
홈페이지 www.linfamily.ntpc.gov.tw
교통 MRT 푸중(府中)역 2·3번 출구에서 시장을 지나 도보 10분

시먼딩 & 룽산쓰의 맛집

아쭝몐셴
阿宗麵線

추천

한 번쯤 맛봐야 할 명물 맛집

1975년 작은 노점으로 시작해 지금은 시먼딩에서 손님이 가장 많은 곳으로 사랑받는 곱창국숫집. 제대로 된 테이블 하나 없지만 곱창국수를 맛보려는 사람들로 긴 줄이 이어진다. 기계가 아닌 손으로 직접 뽑은 면발, 곱창의 쫄깃하면서도 부드러운 식감, 가다랑어 육수의 끈적끈적하면서도 진한 맛이 자꾸 생각날 만큼 중독성 있다. 젓가락도 필요 없이 숟가락으로 후루룩 떠먹으면 되니 간편하다. 곱창이라는 재료를 사용하여 호불호가 갈리기도 하지만 가격도 저렴하니 과감하게 한번 도전해 볼 것을 추천한다.

지도 p.94-D
주소 台北市萬華區峨眉街8-1號
전화 02-2388-8808
영업 월~목요일 09:00~22:30, 금~일요일 09:00~23:00
요금 국수 소(小) NT$60, 대(大) NT$75
교통 MRT 시먼(西門)역 6번 출구에서 한중제(漢中街)를 따라 걷다가 화장품 가게 더페이스샵(The Face Shop)에서 우회전하면 나이키(Nike) 매장 맞은편에 있다. 도보 2분

싼슝메이
三兄妹

시먼딩의 소문난 빙수 가게

시먼딩을 찾는 한국 여행자들이 필수 코스로 찾는 곳. 타이베이 3대 빙숫집 가운데 가격은 가장 저렴하면서도 빙수의 맛은 뒤지지 않아 사람들의 발길이 꾸준히 이어진다. 가장 인기 있는 메뉴는 탱글탱글한 망고와 아이스크림이 올라간 망고 빙수(芒果雪花冰+冰淇淋)이며, 그 밖에 팥이 듬뿍 올라간 땅콩 빙수(紅豆純花生雪花冰), 딸기와 키위, 망고를 올린 빙수(3P雪花冰), 바나나를 올린 초코 빙수(香蕉＋純巧克力雪花冰)도 맛있다.

망고 빙수

지도 p.94-B
주소 台北市萬華區漢中街23號
전화 02-2381-2650
영업 11:00~23:00
요금 망고 빙수 NT$210~, 빙수 NT$130~
교통 MRT 시먼(西門)역 6번 출구에서 한중제(漢中街)를 따라 도보 6분

뉴뎬
牛店

추천

시먼딩 최고의 뉴러우멘 맛집

시먼딩에서 뉴러우멘을 먹고 싶다면 고민할 것 없이 이곳으로 가자. 두툼한 소고기와 쇠심이 듬뿍 들어간 뉴러우멘을 원한다면 만한뉴러우멘(滿漢牛肉麵), 기본에 충실한 맛을 원한다면 뉴러우멘(牛肉麵)을 추천한다. 진하면서도 깔끔한 국물 맛이 일품이며 면발도 쫄깃쫄깃해서 식감이 좋다. 테이블 위에 놓인 쌈장처럼 보이는 소스를 국물에 넣어 먹으면 더 칼칼한 맛을 즐길 수 있다. 공간이 넓지 않은 편이라 식사 시간에는 기다림을 감수해야 한다. 한국어 메뉴판이 있어 주문도 어렵지 않다.

만한뉴러우멘(滿漢牛肉麵)

지도 p.94-C
주소 台北市萬華區昆明街91號
영업 11:30～14:30, 17:00～19:30
휴무 월요일
요금 뉴러우멘 NT$200～
교통 MRT 시먼(西門)역 6번 출구에서 청두루(成都路)를 따라 걷다가 쿤밍제(昆明街)로 좌회전한다. 도보 6분

마라훠궈
馬辣火鍋

추천

인기 절정의 무제한 훠궈 레스토랑

시먼딩에서 특히 인기 있는 훠궈 전문점으로 무제한 뷔페식이다. 한국 여행자에게도 잘 알려진 맛집이라 한국어 메뉴판도 준비되어 있다. 육수는 2가지를 선택할 수 있는데 마라 육수와 채소 육수가 가장 인기다. 해산물, 고기, 채소, 어묵 등은 직접 가져다 먹으면 되고, 고기와 수제 완자는 QR코드로 무한 리필이 가능하다. 과일, 음료수, 아이스크림 등 디저트도 포함되어 있으니 실컷 먹어보자. 식사 제한 시간은 2시간이다. 워낙 인기가 높아 미리 예약하고 갈 것을 추천한다.

지도 p.94-C
주소 台北市萬華區西寧南路157號
전화 02-2314-6528
영업 11:30～03:30
요금 점심(11:30～16:00) NT$698～, 저녁(16:00～03:30)·주말·공휴일 NT$798～(+SC 10%)
홈페이지 www.mala-1.com.tw
교통 MRT 시먼(西門)역 6번 출구에서 한중제(漢中街)를 따라 도보 4분

싼웨이스탕
三味食堂

특대 사이즈의 연어초밥으로 유명한 식당

여행자들 사이에서 이미 입소문이 자자한 곳. 저렴한 가격에 신선한 해산물 요리를 맛볼 수 있어 인기가 높다. 대표 메뉴는 연어초밥(鮭魚手握壽司)으로 사이즈가 어마어마하게 크다. 초밥 외에도 덮밥, 생선회, 꼬치 등 다양한 메뉴가 있다. 맛보다는 초밥 크기와 저렴한 가격에 중점을 둔 곳이니 맛에 대한 큰 기대는 접을 것. 워낙 많은 사람들이 찾는 곳이라 1~2시간 대기는 감수해야 한다.

생선회(生魚片)

연어초밥(鮭魚手握壽司)

지도 p.92-E
주소 台北市萬華區貴陽街二段116號
전화 02-2389-2211
영업 11:20~14:30, 17:10~21:00
휴무 월요일 또는 일요일(달마다 다름)
요금 연어초밥 NT$190~, 돈부리 NT$130
교통 MRT 시먼(西門)역 1번 출구에서 도보 10분

전촨웨이
真川味

저렴하게 즐기는 쓰촨요리

쓰촨요리로 여행자들 사이에서 인기가 높은 '키키 레스토랑'의 저렴한 버전이라고 불리는 시먼딩의 맛집이다. 왁자지껄한 분위기 속에서 맛있는 쓰촨요리를 저렴하게 즐길 수 있다. 사진과 함께 한글 메뉴가 있어 주문도 쉽다. 매콤한 맛의 새우 요리 궁바오샤런(宮保蝦仁), 파볶음 요리 창잉터우(蒼蠅頭), 연두부튀김 라오피넌러우(老皮嫩肉)는 꼭 맛봐야 하는 메뉴. 점심보다는 저녁에 시원한 맥주와 함께 만찬을 즐기기 좋은 곳이다.

지도 p.94-C
주소 台北市萬華區康定路25巷42號之1號
전화 02-2311-9908
영업 11:00~14:00, 17:00~21:00
요금 마파두부 NT$140, 맥주 NT$80~
교통 MRT 시먼(西門)역 1번 출구에서 도보 5분

85℃ 카페
85℃ Cafe

소금 커피로 유명해진 체인 카페

한국 여행자들 사이에서 가게 이름보다 '소금 커피'로 더 유명한 카페. 타이완 전역에 있는 체인 브랜드인데 이곳은 룽산쓰와 가까워 찾아가기 쉽다. 커피와 디저트 메뉴가 다양하며 가격까지 저렴해 부담 없이 즐길 수 있다. 그 중에서도 소금 커피라 불리는 하이옌카페이(海岩咖啡, Sea Salt Coffee)가 단연 인기. 커피 위에 올린 하얀 폼밀크에 소금을 넣어 짭조름하면서도 크림치즈와 같은 고소한 맛이 절묘하게 어우러진다.

지도 p.92-E
주소 台北市萬華區廣州街150號
전화 02-2336-7992
영업 06:00~23:30
요금 아메리카노 NT$45~
홈페이지 www.85cafe.com
교통 MRT 룽산쓰(龍山寺)역 1번 출구에서 도보 2분. 룽산쓰 대각선 방향에 있다.

시먼딩 & 룽산쓰의 쇼핑

까르푸
Carrefour | 家樂福

24시간 문을 여는 대형 마켓

우리에게도 잘 알려진 대형 슈퍼마켓. MRT 시먼역과 가까운 데다 24시간 영업하기 때문에 여행자들이 소소한 기념품을 사기에 최적이다. 3시 15분(3點1刻) 밀크티, 미스터 브라운 밀크티(Mr. Brown Milk Tea), 달리 치약, 망고 젤리, 펑리쑤, 열대과일, 식자재, 생활용품 등 다양한 아이템을 총망라하고 있다. 스시 익스프레스(Sushi Express), 스얼궈(石二鍋), 북촌 두부집 등 레스토랑도 입점해 있다.

지도 p.92-F
주소 台北市萬華區桂林路1號
전화 02-2388-9887
영업 24시간
홈페이지 www.carrefour.com.tw
교통 MRT 시먼(西門)역 1번 출구에서 중화루이돤(中華路一段)을 따라 도보 7분

올림피아
Olympia | 世運食品

수상 경력이 있는 챔피언 펑리쑤

타이베이시에서 주최한 펑리쑤 경연에서 1등을 수상한 베이커리. 빨간색 포장지 안에 들어 있는 펑리쑤는 은은한 버터 향과 파인애플의 새콤함이 적당하게 조화를 이루어 펑리쑤계의 모범 답안 같은 맛이다(12개 NT$ 480). 길쭉한 모양의 투펑리쑤(土鳳梨酥)는 파인애플 맛이 더 강하며(1개 NT$45) 통밀로 만든 펑리쑤와 달걀노른자를 넣은 펑리쑤도 있다. 그 밖에 갓 구운 빵을 비롯해 출출할 때 먹기 좋은 딤섬, 루웨이 등 타이완의 간식거리를 다양하게 갖추고 있어 호기심을 자극한다. 시먼딩에서 조식을 제공하지 않는 숙소에 머문다면 이곳에서 아침 식사를 해결해도 좋겠다.

지도 p.94-C
주소 台北市萬華區成都路78號
전화 02-2331-4578
영업 09:30~21:00
홈페이지 www.olympiafoods.com.tw
교통 MRT 시먼(西門)역 6번 출구에서 청두루(成都路)를 따라 도보 4분

타이베이 Area 2

타이베이처잔 주변
台北車站

타이베이처잔(台北車站)은 타이베이를 찾는 여행자라면 반드시 거치게 되는 교통 중심지다. MRT 역을 비롯해 타이완의 각 지역을 연결하는 기차역과 버스 터미널이 모여 있고 숙소를 비롯해 쇼핑몰, 레스토랑 등 상권이 형성되어 있다. 타이베이처잔 맞은편은 우리의 노량진처럼 수험생들이 다니는 학원이 몰려 있어 저렴한 식당이 많다. 남쪽의 MRT 타이다이위안(台大醫院)역 일대에는 얼얼바허핑궁위안, 궈리타이완보우관 등 관광 명소가 모여 있고 동쪽의 MRT 중샤오신성(忠孝新生)역 방향에는 화산1914원화창이찬예위안취가 있어 역사와 문화에 관심 많은 여행자들의 발걸음이 이어진다.

CHECK

여행 포인트		
관광		★★★
미식		★★★
쇼핑		★★

이것만은 꼭 해보기
- ☐ 타이베이처잔에서 기차나 버스를 타고 근교로 하루 여행 떠나기
- ☐ 화산1914원화창이찬예위안취 탐방하기
- ☐ 푸항더우장에서 현지인처럼 아침 식사 즐기기

BEST COURSE

타이베이처잔 주변 추천 코스

| 총 소요 시간 |
| 6~7시간 |

기차, 버스, MRT가 모두 모인 타이베이처잔은 타이베이를 여행한다면 반드시 한 번은 지나게 되는 곳이다. 지하도로 거미줄처럼 복잡하게 얽혀 있으니 출구 표시를 잘 보며 이동해야 한다. 시먼딩, 중산과 가까우므로 함께 묶어서 여행하는 것도 좋다.

여 행 예 산

교통비	MRT NT$16~
입장료	궈리타이완보우관 NT$30
	얼얼바지녠관 NT$20
식 비	푸항더우장 NT$100~
	딤호완 NT$300~
합 계	NT$466~

START

1시간 **푸항더우장** 阜杭豆漿 p.135

타이완 사람들의 평범한 아침 식사를 경험할 수 있는 곳. 부드러운 더우장(豆漿)에 바오빙유탸오(薄餅油條)를 먹어보자.

중샤오동루이돤(忠孝東路一段)을 따라 도보 8분

푸항더우장

1시간 **화산1914원화촹이찬예위안취**

華山1914文化創意產業園區 p.136

오래된 양조장의 외관은 그대로 유지하면서 내부는 젊은 감각의 카페, 레스토랑, 문화 상점 등으로 꾸민 특별한 공간이다.

MRT 15분 또는 택시 3분

화산1914원화촹이찬예위안취

1시간 **브리즈 타이베이 스테이션**
Breeze Taipei Station p.129
타이베이처잔과 연결되는 쇼핑몰로 쇼핑과 식도락을 논스톱으로 즐길 수 있다.

지하도를 따라 도보 5분

브리즈 타이베이 스테이션

1시간 **팀호완** Tim Ho Wan p.133
홍콩에서 최고 인기를 누리고 있는 딤섬 레스토랑의 타이완 분점. 홍콩 스타일의 탐스러운 딤섬으로 점심 식사를 즐겨보자.

상양루(襄陽路)를 따라 도보 7분

팀호완

1시간 **궈리타이완보우관** 國立臺灣博物館 p.130
웅장한 그리스 건축양식이 돋보이는 박물관으로 타이완의 문화, 역사, 원주민 등에 대해 폭넓게 전시하고 있다.

도보 2분

궈리타이완보우관

30분 **얼얼바허핑궁위안** 二二八和平公園 p.130
궈리타이완보우관에서 이어지는 푸른 공원. 박물관 관람 후 여유롭게 공원 산책을 즐기자.

도보 2분

얼얼바허핑궁위안

1시간 **얼얼바지녠관** 二二八紀念館 p.131
정부 관료의 폭압에 맞서 2월 28일 전국적으로 일어난 타이완 시민들의 항쟁을 기념하고 추모하는 박물관이다.

얼얼바지녠관

타이베이 교통의 허브
타이베이처잔
Taipei Main Station

타이완 전역을 이어주는 기차역이자 타이베이 시내 교통의 중추인 MRT 역과 연결된다. 또한 예류, 지룽 등 타이베이 근교뿐 아니라 타이완의 주요 지역을 연결하는 시외버스 터미널이 모여 있다. 그런 까닭에 '타이베이 메인 스테이션', '타이베이 기차역', '타이베이처잔' 등의 다양한 이름으로 불린다. 기차역, 각 버스 터미널, 쇼핑몰, 호텔 등은 거대한 지하도를 통해 도보로 이동할 수 있다. 연결 통로가 복잡하게 얽혀 있지만 출구와 표지판을 잘 따라가면 어렵지 않게 목적지에 찾아갈 수 있다. 일반 기차와 고속철도는 지하 2층 플랫폼에서 출발하며, 티켓은 1층 매표소와 자동발매기에서 구매한다. 기차 출발 시간과 탑승구를 전광판에서 확인한 후 플랫폼으로 이동하자. 타이베이 버스 터미널(台北轉運站)은 Y1·Y3번 출구에서 연결되고 타이베이역(台北車站) 동3문(東三門) 버스 정류장은 M1번 또는 M3번 출구에서 연결된다.

지도 p.128　**주소** 台北市中正區北平西路3號
홈페이지 www.railway.gov.tw　**교통** MRT 타이베이처잔(台北車站)역에서 바로

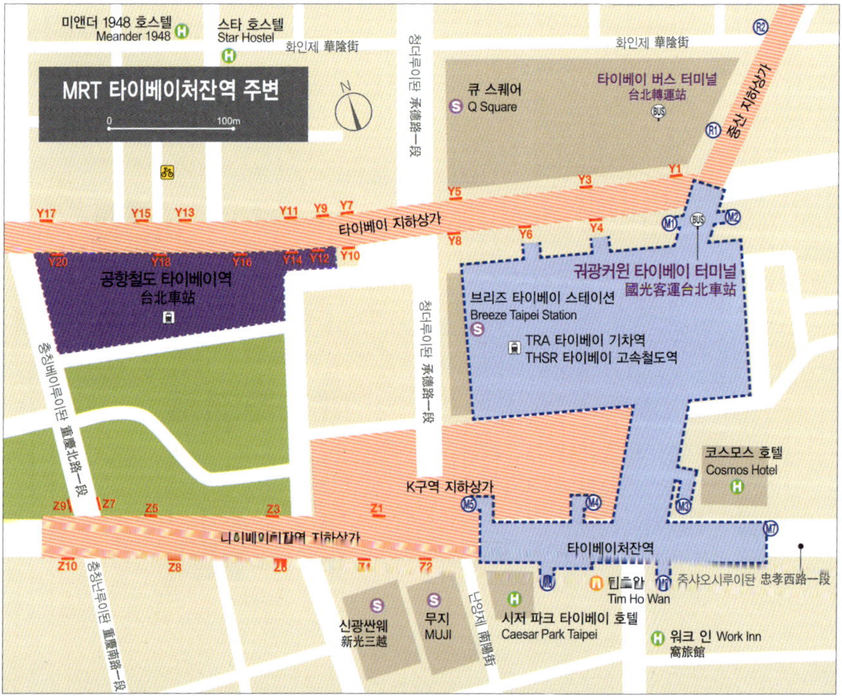

큐 스퀘어
Q Square | 京站時尚廣場

타이베이처잔 북쪽에 위치한 쇼핑몰로 지하도를 통해 바로 연결되며 같은 건물에 타이베이 버스 터미널(台北轉運站)이 있어 각 지역으로 이동하기 전에 들러 쇼핑이나 식도락을 즐기기 좋다. 지하 3층은 세계 각국 요리들을 맛볼 수 있는 미식 광장으로 푸드코트, 레스토랑과 카페, 슈퍼마켓 등이 있다. 지하 2층부터 3층까지 패션 잡화와 화장품 브랜드들이 입점해 있으며 4층 전문 식당가에는 유명 뷔페 레스토

랑 샹스텐탕(饗食天堂), 일본식 스키야키 전문점 모모 파라다이스(Mo-Mo-Paradise)가 있다.

지도 p.128
주소 台北市大同區承德路一段1號
전화 02-2182-8888
영업 11:00~21:30
홈페이지 www.qsquare.com.tw
교통 MRT 타이베이처잔(台北車站)역 Y5번 출구에서 팔레드신 호텔(Palais de Chine Hotel) 방향으로 도보 3분

브리즈 타이베이 스테이션
Breeze Taipei Station | 微風台北車站

타이베이 기차역 2층과 연결된 쇼핑몰로 기차를 예약하고 시간이 남았을 때 둘러보기 좋다. 2층으로 올라가면 이탈리아, 태국, 일본 요리와 디저트까지 고루 갖추고 있는 푸드코트가 나온다. 누가 크래커로 유명한 이즈쉬안(一之軒)이 있으며, 일본 도큐핸즈(Tokyu Hands)의 타이완 버전인 핸즈 타이룽(Hands Tailung)에서는 생활 잡화를 비롯해 다양한 아이디어 상품을 구경할 수 있다.

지도 p.128
주소 台北市中正區北平西路3號
전화 02-6632-8999
영업 10:00~22:00
홈페이지 www.breezecenter.com
교통 MRT 타이베이처잔(台北車站)역 M3번과 M4번 출구 사이에 이어진 통로를 따라가면 타이베이 기차역(台北火車站)으로 연결되는 표지판이 보인다. 타이베이 기차역 지하 1층~지상 2층에 있다.

타이베이처잔 주변의 관광 명소

궈리타이완보우관
國立臺灣博物館 | 국립 타이완 박물관 ★★

타이완의 역사와 문화를 총망라

일제강점기인 1908년에 세워진 타이완 총독부 박물관이 그 전신으로 당시 타이완의 산업과 건설에 대한 소개를 목적으로 지어졌다. 제2차 세계대전이 끝난 후 국립박물관으로 문을 열었으며 타이완에서 가장 오래된 박물관이기도 하다. 웅장한 돔과 그리스 신전을 연상시키는 르네상스 양식의 건물이 인상적이다. 타이완의 역사와 문화, 자연환경 등 타이완의 기초 정보들을 이해하기 쉽게 전시하고 있어 타이완 여행의 시작점으로 삼기 좋다.

지도 p.93-G
주소 台北市中正區襄陽路2號
전화 02-2382-2566
개방 09:30~17:00
휴무 월요일
요금 성인 NT$30, 어린이 NT$15
홈페이지 www.ntm.gov.tw
교통 MRT 타이베이처잔(台北車站)역 M8번 출구에서 왼쪽으로 도보 10분

얼얼바허핑궁위안
二二八和平公園 | 228 평화공원 ★★

타이완의 가슴 아픈 근대사를 품은 공원

타이베이 도심 한가운데 있는 얼얼바허핑궁위안은 타이베이 시민들의 쉼터이자 1947년 2월 28일에 일어난 2.28 사건의 민중 집회가 열렸던 현장이기도 하다. 1908년에 완성되어 100년이 넘는 역사를 간직한 공원 내에는 얼얼바지녠관과 궈리타이완보우관이 있다. 아침이면 타이완 사람들이 태극권을 하는 모습을 흔히 볼 수 있으며 고즈넉한 연못 주위로 새들이 지저귀고 귀여운 청설모도 종종 나타나곤 한다. 중국의 전통 누각에서 바라보는 풍경이 무척 운치 있다.

지도 p.93-G
주소 台北市中正區凱達格蘭大道3號
개방 24시간
요금 무료
교통 MRT 타이다이위안(台大醫院)역 1·4번 출구에서 바로

얼얼바지녠관
二二八紀念館 | 228 기념관

2.28 사건을 추모하는 기념관

'얼얼바'는 '228'의 중국식 발음으로 1947년 2월 28일에 일어난 타이완 역사상 가장 비극적인 사건을 가리킨다. 1947년 2월 27일 노점에서 한 노파가 국민당 정부의 독점 품목이었던 담배를 팔고 있었다. 면세 품목인 담배를 파는 노파를 단속하는 과정에서 관료들이 무자비하게 폭행했고, 이 모습을 보고 항의하는 시민들을 무력으로 탄압했다. 이미 정부에 대한 불만이 극에 달했던 시기였기에 이 사건이 불씨가 되어 다음 날인 2월 28일 전국적인 민중 봉기가 일어났다. 국민당 경찰과 장제스 휘하 군인들은 시위에 참여한 시민들을 향해 총을 쏴 죽이고, 많은 이들을 잡아가 감옥에 가두었다. 이 당시 희생자는 무려 2만 명 정도로 추산되며, 아직까지도 진실 규명이 명확하게 이루어지지 않고 있다. 얼얼바지녠관은 일제강점기에 라디오 방송국으로 사용되었던 건물을 개조하여 만들었으며 2.28 사건이 일어난 배경과 과정을 사진과 영상으로 상세하게 안내하고 있다. 당시에 총을 맞아 구멍이 뚫린 옷과 책, 판매했던 담배, 배포된 전단지 등에서 참혹했던 현장을 짐작해 볼 수 있다.

지도 p.93-G
주소 台北市凱達格蘭大道3號
전화 02-2389-7228
개방 10:00~17:00
휴무 월요일
요금 성인 NT$20, 어린이 NT$10
홈페이지 228memorialmuseum.gov.taipei
교통 MRT 타이다이위안(台大醫院)역 1번 출구에서 바로

타이베이궈지이수춘
台北國際藝術村 | 타이베이 국제예술촌

지도 p.93-D
주소 台北市中正區北平東路7號
전화 02-3393-7377
개방 11:00~18:00
휴무 월요일 **요금** 무료
홈페이지 www.artistvillage.org
교통 MRT 산다오쓰(善導寺)역 1번 출구로 나와 걷다가 텐진제(天津街)로 우회전한다. 도보 4분

국제 아티스트 빌리지

과거에 철도 공사 사무실로 사용하던 4층 건물이 예술가 마을로 재탄생했다. 젊고 재능 있는 아티스트들의 후원과 교류를 목적으로 운영하고 있으며 그들에게 작업 공간도 제공하고 있다. 1층에는 갤러리와 빌리지 카페(Village Cafe)가 있다. 다양한 예술 전시와 공연이 수시로 열리는데 자세한 전시 정보는 홈페이지를 참고하자.

베이먼
北門 | 북문

지도 p.92-B
주소 台北市中正區忠孝西路
개방 24시간
교통 MRT 베이먼(北門)역 2번 출구에서 타이베이처잔(台北車站)역 방향으로 도보 5분

국가 1급 고적으로 지정된 성곽

타이베이에는 1884년 청나라 때 세워진 5개의 문인 둥먼(景福門 경복문), 시먼(寶成門 보성문), 난먼(麗正門 여정문), 샤오난먼(重熙門 중희문), 베이먼(承恩門 승은문)이 있다. 그 가운데 베이먼은 아직까지 건축양식을 보존하고 있는 귀한 유적 중 하나이다. 베이먼은 일찍이 다다오청(大稻埕) 일대를 연결하는 중요한 통로 역할을 했다. 2층 규모의 문은 견고한 요새와 같으며, 2층 앞뒷면은 창구명만 남겨 감시에 유리하도록 설계되었다. 1970년대 후반 고가도로 건설로 인해 철거 위기에 놓였으나 문화유산 보존에 대한 관심이 고조되면서 본모습 그대로 남게 되었다.

타이베이처잔 주변의 맛집

팀호완
Tim Ho Wan | 添好運   추천

홍콩의 미슐랭 딤섬 레스토랑

홍콩의 유명 딤섬 레스토랑인 팀호완이 타이완에 진출했다. 메뉴판은 영어와 사진으로 되어 있고, '사대천왕'이라는 이름의 대표 메뉴 4가지가 적혀 있어 뭘 먹을까 고민하는 사람들의 선택을 도와준다. 쑤피쥐차사오바오(酥皮焗叉燒包)는 바삭한 빵 안에 고기소가 들어 있는데, 달콤한 빵과 진한 풍미의 고기 맛이 일품이다. 주왕셴샤창(韭王鮮蝦腸)은 부드러운 쌀 전병 안에 새우를 넣고 달짝지근한 간장 소스를 뿌린 것이며, 칭제모밍샤자오(青芥末明蝦餃)는 새우 딤섬을 바삭하게 튀긴 후 와사비 소스를 뿌린 것이다. 폭신한 카스텔라 같은 샹화마라이가오(香滑馬來糕)는 디저트로 먹기 좋다. 신이 지역의 퉁이스다이 백화점(統一時代百貨)과 신광싼웨 신이신톈디(信義新天地) A8관에도 분점이 있다.

지도 p.93-C
주소 台北市中正區忠孝西路一段36號
전화 02-2370-7078
영업 10:00~22:00
요금 딤섬 NT$128~, 죽 NT$118~
홈페이지 www.timhowan.com.tw
교통 MRT 타이베이처잔(台北車站)역 M6번 출구에서 바로

새우가 들어간 샤자오(晶瑩鮮蝦餃)

팀호완의 대표 메뉴 쑤피쥐차사오바오

부추와 새우를 넣은 주왕셴샤

류산둥뉴러우몐
劉山東牛肉麵

가격 대비 최고의 뉴러우몐

골목 안에 숨어 있는 데다 허름한 분위기 때문에 여행자보다는 현지인들이 주로 찾는 곳이다. 이만한 가격에 맛있는 뉴러우몐을 먹을 수 있는 곳을 찾기란 쉽지 않아 마니아층이 두텁다. 맑은 국물을 원하면 칭둔뉴러우몐(淸燉牛肉麵), 얼큰한 국물을 원하면 훙사오뉴러우몐(紅燒牛肉麵)을 취향껏 주문하면 되는데, 칭둔뉴러우몐이 더 인기 있다. 우동처럼 통통한 면발 위에 두툼한 고기를 얹어 내오며, 절인 배추 쏸차이(酸菜)를 곁들이면 맛있게 즐길 수 있다.

지도 p.93-C
주소 台北市中正區開封街一段14巷2號
전화 02-2311-3581
영업 08:00~20:00
휴무 일요일
요금 뉴러우몐 NT$160~
교통 MRT 타이베이처잔(台北車站)역 Z6번 출구에서 도보 2분

칭둔뉴러우몐

쑤항
蘇杭

상하이 요리 전문점

원탁 테이블에서 여럿이 함께 식사를 즐기기 좋은 상하이 요리 전문 레스토랑이다. 관광객보다 현지인들 사이에서 맛집으로 유명한 곳으로 분위기가 깔끔하면서 맛과 가격도 만족스럽다. 인기 메뉴는 둥포러우(東坡肉)로 부드러운 맛이 일품. 과바오(刈包)라고 하는 촉촉한 빵에 파와 고수를 넣어 싸서 먹으면 더 풍미가 산다. 샤오룽탕바오(小龍湯包), 중국식 닭튀김 궁바오지딩(宮保雞丁) 등도 맛있다.

지도 p.93-D
주소 台北市中正區濟南路一段2-1號
전화 02-2396-3186
영업 11:30~14:00, 17:30~21:00
요금 둥포러우 NT$440, 샤오룽탕바오 NT$110
홈페이지 www.suhung.com.tw
교통 MRT 타이베이처잔(台北車站)역 M8번 출구에서 도보 8분

둥포러우

푸항더우장
阜杭豆漿

현지인들의 아침 식사

아침마다 긴 줄이 계단까지 타고 내려오는 인기 맛집으로, 저렴한 가격에 현지인들의 아침을 생생하게 경험할 수 있다. 이 집의 간판 메뉴는 타이완 사람들이 즐겨 먹는 더우장(豆漿)으로 뜨거운 것과 차가운 것 중에서 고를 수 있다. 간이 되어 있는 따뜻한 더우장(鹹豆漿)은 순두부처럼 짭조름하면서 고소한 맛이 매력적이고, 차가운 더우장(甜豆漿)은 두유처럼 부드럽고 달콤하다. 그 밖에 밀가루 반죽을 길게 튀겨 낸 바오빙유탸오(薄餅油條), 담백한 빵 안에 달걀과 유탸오(油條)를 넣은 타이완식 샌드위치 허우빙자단유탸오(厚餅夾蛋油條), 타이완식 주먹밥 판퇀(飯糰) 등이 있다.

지도 p.93-D
주소 台北市中正區忠孝東路一段108號
전화 02-2392-2175
영업 05:30~12:30
휴무 월요일
요금 1인당 NT$100~
교통 MRT 산다오쓰(善導寺)역 5번 출구에서 왼쪽의 화산스창(華山市場) 2층에 있다. 건물을 따라 좌회전하면 입구가 보인다. 도보 1분

주문하는 즉시 그릇에 담아 준다.

아침으로 먹기 좋은 따뜻한 셴더우장(鹹豆漿)

푸저우스쭈후자오빙
福州世祖胡椒餅

하나만 먹어도 든든한 후추빵

라오허제예스에서 가장 유명한 샤오츠 가게로 꼽히는 푸저우스쭈후자오빙이 타이베이처잔 근처에 분점을 냈다. 후자오빙(胡椒餅)은 일명 후추빵으로, 화덕에 구워 겉은 바삭하고 속은 고기와 채소를 후추에 버무려 육즙이 가득하다. 성인 남자 주먹만 한 크기라 간식으로 든든하게 먹기 좋다.

지도 p.93-C
주소 台北市中正區重慶南路一段13號
전화 02-2311-5098
영업 11:00~19:00
휴무 일요일
요금 1개 NT$45
교통 MRT 타이베이처잔(台北車站)역 Z8번 출구에서 도보 2분

낡은 양조장의 무한 변신
화산1914원화창이찬예위안취
華山1914文化創意產業園區

화산1914원화창이찬예위안취(Huashan 1914 Creative Park)는 1914년에 지어진 양조장으로 타이완 근대 산업에 중요한 역할을 했던 곳이다. 양조장이 이전한 후 비어 있던 낡은 건물을 그대로 보존하면서 젊고 감각적인 에너지를 채워 문화 예술 복합 단지로 거듭났다. 개성 넘치는 아이템을 파는 상점, 분위기 있는 카페와 레스토랑, 갤러리 등이 모여 있으며, 수시로 다양한 공연과 행사가 열린다. 오래된 건축물은 그대로 보존하되 트렌디한 감성을 덧입혀 젊은이들의 데이트 장소로 각광 받고 있으며, 웨딩 사진이나 화보 촬영지로도 인기가 높다. 타이베이 도심 한복판에 위치해 있어 접근성이 좋으니 산책하듯 둘러보고, 커피나 맥주 한 잔 마시며 쉬어 가자.

지도 p.90-F **주소** 台北市中正區八德路一段1號
전화 02-2358-1914 **개방** 09:30~21:00 **요금** 무료
홈페이지 www.huashan1914.com **교통** MRT 중샤오신성(忠孝新生)역 1번 출구에서 도보 3분

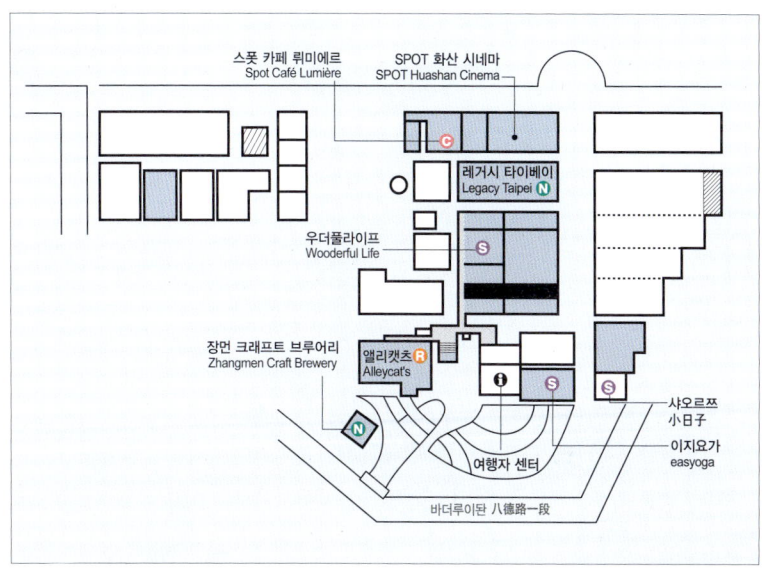

우더풀라이프 Wooderful Life

타이완 여행 기념품으로 사랑받고 있는 오르골 브랜드 우더풀라이프 매장이다. 다른 지점보다 종류가 훨씬 다양하며 오르골을 만드는데 필요한 나무 아이템을 종류별로 갖추고 있어 원하는 디자인으로 직접 제작하는 재미도 느낄 수 있다.

위치 中4B館
전화 02-2341-6905
영업 11:00~21:00

스폿 카페 뤼미에르 Spot Café Lumière

스폿 화산 시네마 입구 근처에 위치한 카페로 잠시 쉬어가며 커피와 디저트를 마시기 좋은 곳이다. 한 끼 식사로 충분한 브런치 메뉴들도 갖추고 있다.

위치 SPOT 화산 시네마 옆
전화 02-2394-0670
영업 월~목요일 11:30~18:30, 금~일요일 11:30~20:00

레거시 타이베이 Legacy Taipei

1933년 세워진 재제주 작업장을 핫한 라이브 하우스로 변신시켰다. 타이베이에서 꽤 유명한 라이브 하우스로 신나는 음악을 들으며 기분 전환할 수 있는 공간이다. 공연 일정은 홈페이지를 참조하자.

위치 中5A館
전화 02-2395-6660
홈페이지 www.legacy.com.tw/page/topic

타이베이 Area 3

중산
中山

중산 지역은 타이베이를 대표할 만한 관광 명소가 없어 초보 여행자에게는 생소할 수 있다. 하지만 타이베이를 여러 번 방문했거나 미식과 스타일리시한 분위기를 원한다면 반드시 가봐야 할 지역이다. 일제강점기에 경제의 중심지였으며 1950년대에는 미군 고문단의 주둔지이기도 했다. 그로 인해 신이(信義) 상권이 뜨기 전까지 타이베이에서 가장 값비싼 호텔과 레스토랑이 모여 있는 동네였으며 지금도 그 명맥을 이어오고 있다. 길게 뻗은 중산베이루(中山北路)를 따라 가로수가 우거져 있으며 골목마다 예쁜 카페와 부티크, 미용실 등이 숨어 있어 다른 지역과는 사뭇 다른 분위기를 느낄 수 있다.

CHECK

여행 포인트		
	관광	★★★
	미식	★★★★
	쇼핑	★★★

이것만은 꼭 해보기	
	☐ 닝샤예스에서 야시장 구경하기
	☐ 오래된 거리인 디화제 산책하기
	☐ 타이베이당다이이수관에서 예술 작품 감상하기

BEST COURSE

중산 추천 코스

|총 소요 시간|
7~8시간

중산은 특별한 관광 명소보다는 현지인들이 즐겨 찾는 '핫플'이 많은 동네다. 중산베이루(中山北路)를 따라 럭셔리 호텔, 명품 브랜드의 플래그십 스토어, 고급 음식점이 즐비한 반면 MRT 중산(中山)역 4번 출구에서 솽롄(雙連)역으로 이어지는 거리에는 젊은 층이 좋아하는 아기자기한 숍들이 줄줄이 이어진다.

여행 예산	
교통비	택시 NT$200~
입장료	타이베이당다이이수관 NT$100
식 비	멜란지 카페 NT$250~
	징딩러우 NT$400~
	닝샤예스 NT$100~
합 계	NT$1,050~

START

1시간 · **디화제** 迪化街 p.154
18세기 말부터 형성된 상업 지역으로 중국식과 서양식이 섞인 독특한 건물과 현지인들의 생생한 일상을 구경할 수 있다.

디화제

택시 7분

1시간 · **타이베이당다이이수관** 台北當代藝術館 p.142
1919년에 지어진 초등학교 건물을 미술관으로 개조했다. 현대 미술을 중심으로 다양한 전시를 열고 있다.

타이베이당다이이수관

MRT 중산(中山)역 방향으로 도보 7분

1시간 **멜란지 카페** Melange Café p.150

중산 지역에서 오랫동안 사랑받아 온 카페로 진한 커피와 달콤한 와플을 먹으며 잠시 쉬어 가기 좋다.

MRT 쑹롄(雙連)역 방향으로 도보 4분

멜란지 카페

30분 **중산 거리 산책** p.138

중산역에서 쑹롄역으로 이어지는 거리에는 크고 작은 잡화점, 카페 등 개성 넘치는 상점들이 줄지어 서 있다. 가볍게 산책하듯 둘러보며 중산 거리를 구경해 보자.

민성시루(民生西路) 방향으로 도보 5분

중산 거리

1시간 **빙짠** 冰讚 p.149

타이베이 최고의 망고 빙수를 맛볼 수 있는 곳. 입에서 사르르 녹는 망고 빙수로 더위를 식혀보자.

민성시루(民生西路) 방향으로 도보 7분

빙짠

1시간 **닝샤예스** 寧夏夜市 p.146

타이베이 시내 한복판에 있는 야시장으로 야식을 먹으며 구경하기에 제격이다.

닝샤예스

중산의 관광 명소

타이베이당다이이수관
台北當代藝術館 | 타이베이 당대예술관

타이완 현대 미술 산책

1919년 일제강점기에 젠청(建成) 초등학교로 세워져 이후 시정부 사무실로 쓰였고, 시정부가 신이 지역으로 이전한 후 2001년 미술관으로 문을 열었다. 식민지 시대의 건축물이라 시에서 고적으로 지정하였다. 현대 미술과 관련된 회화, 조각, 영상 등의 다양한 전시를 실제 교실로 사용되던 공간에서 감상할 수 있다. MRT 중산역에서 미술관으로 가는 길에 셴싱이수궁위안(線形藝術公園)이 있는데, 유쾌한 조형물들이 곳곳에 놓여 있어 눈길을 끈다.

지도 p.95-E
주소 台北市大同區103長安西路39號
전화 02-2552-3721
개방 10:00~18:00
휴무 월요일 **요금** NT$100
홈페이지 www.mocataipei.org.tw
교통 MRT 중산(中山)역 1번 출구로 나와 걷다가 85℃ 카페에서 우회전한다. 도보 5분

SPOT 타이베이 필름하우스
SPOT光點台北電影館

영화 마니아를 위한 문화 공간

중산 거리 중심에 위치하고 있는 SPOT 타이베이 필름하우스는 100년 가까이 미국 영사관 건물로 사용되었다. 낡은 관저를 영화 <비정성시>의 허우샤오셴 감독이 예술 영화 전용 극장으로 재탄생시켰으며 1997년 국가 3급 고적으로 지정되었다. 외벽이 전부 하얀색에 유럽풍 건축양식으로 지어져 이국적인 분위기를 풍긴다. 실내에는 88석 규모의 작은 영화관이 있고, 카페와 상점도 운영하고 있다. 1층 카페 뤼미에르(Café Lumière)는 과거 대사관의 응접실로 사용되던 공간이다. 싱그러운 정원의 테라스가 아름다워 간단한 식사나 커피를 즐기며 쉬어 가기 좋다.

지도 p.90-F
주소 台北市中山區中山北路二段18號
전화 02-2511-7786
개방 10:00~24:00
홈페이지 www.spot.org.tw
교통 MRT 중산(中山)역 3번 출구에서 도보 4분

싱톈궁
行天宮 | 행천궁

성공과 부를 기원하는 도교 사원

《삼국지》에 등장하는 관우를 관성제군(關聖帝君)이라 하여 주신으로 모시고 있는 사원. 삼국시대의 명장인 관우는 의리의 신이자 재무 관리에도 탁월한 상업의 신으로 알려져 있다. 관우를 좋아하고 따르는 사람이 많아 싱톈궁은 타이완 북부에서 방문객이 가장 많은 사원으로 꼽힌다. 여느 사원과 다른 점은 헌금을 넣는 공덕함이 없고, 공양은 재물로 받지 않는다는 것. 사당 내부에는 하늘색 도복을 입은 효노생들이 여럿 있는데, 이들은 경문을 송독하고 향을 피워 앞날을 빌어주는 등 관광객들을 돕는다. 사원 한편에서는 빨간색 즈자오(擲筊)를 던져 점을 쳐볼 수 있다. 싱톈궁이 워낙 영검하기로 유명한 만큼 사원 주변으로 점집들이 빼곡히 모여 있다.

지도 p.90-B
주소 台北市中山區民權東路二段109號
전화 02-2502-7924
개방 04:00~22:00
홈페이지 www.ht.org.tw
교통 MRT 싱톈궁(行天宮)역 3번 출구에서 도보 5분

> ### 즈자오(擲筊) 던지기
>
> 타이완의 사원에서는 초승달 모양의 빨간색 조각을 쉽게 볼 수 있는데 이것을 '즈자오'라고 부른다. 신에게 대답을 듣기 위한 의식으로 두 손바닥 가운데 즈자오를 놓고 신에게 소원을 말한 다음 땅에 떨어뜨리면 이때 나오는 모양에 따라 해석할 수 있다.

성자오(聖筊)
한쪽은 정면(평면), 다른 한쪽은 반대쪽 면이 나오는 것으로 신이 동의했다는 뜻.

인자오(陰筊)
양쪽 모두 반대쪽 면이 나오는 것으로 신이 동의하지 않았다는 뜻.

샤오자오(笑筊)
양쪽 모두 정면(평면)이 나오는 것으로 답을 정확하게 알 수 없다는 뜻.

타이베이 아이
Taipei EYE | 臺北戲棚

타이베이를 대표하는 전통 예술 공연

1915년 어느 사업가가 일본인 소유의 단수이 극장을 사들여 '타이완 소설 극장(Taiwan Novel Hall)'으로 문을 열었다가 현재는 중산 지역의 타이니 빌딩(台泥大樓)에서 전통 문화를 계승하고 있다. 화려하게 분장한 연기자들의 섬세한 경극 공연을 감상할 수 있다. 4개 국어(중국어, 일본어, 영어, 한국어)로 자막을 제공하며, 공연이 끝나면 배우들과 기념 촬영도

할 수 있다. 공연 프로그램은 정기적으로 달라지며 프로그램 내용과 티켓 예약은 홈페이지에서 가능하다.

지도 p.90-F
주소 台北市中山區中山北路二段113號
전화 02-2568-2677
공연 월·수·금요일 20:00~21:00, 토요일 20:00~21:30(2023년 현재 임시 휴무)
홈페이지 www.taipeieye.com
교통 MRT 민취안시루(民權西路站)역 4번 출구에서 도보 7분

린류신지녠어우시보우관
林柳新紀念偶戲博物館
린류신 인형극박물관

인형극에 관한 모든 것

세계 각국에서 모은 5,000여 점의 인형극 관련 전시물을 감상할 수 있는 박물관. 총 4층 규모로 1층에서는 인형을 만드는 제작 과정을 볼 수 있다. 2층에는 타이완을 비롯한 아시아 각국 인형들이 전시되어 있는데 그 수가 워낙 많고 다채로워 하나하나 보는 것만으로도 흥미롭다. 그 밖에 인형극 무대 장치에 관한 소품을 전시한 공간과 분장실 등이 있으며 4층의 나더우(納豆) 극장에서는 인형극 공연이 열린다. 타이완 전통 인형극인 '부다이시(布袋戲)'를 제작하는 극단과 현대 스타일의 창의 연극 극단이 있다.

지도 p.90-E
주소 台北市大同區西寧北路79號
전화 02-2556-8909
개방 10:00~17:00(2023년 현재 임시 휴무)
휴무 월요일 **요금** 성인 NT$80, 어린이 NT$50
홈페이지 www.taipeipuppet.com
교통 MRT 솽롄(雙連)역 1번 출구에서 도보 15분

Plus+Spot

루저우리자이구지
蘆洲李宅古蹟

고택의 아름다운 모습

1857년에 지어진 건축물을 복원해 2006년 일반에게 공개했다. 좁은 입구를 따라 들어가면 잘 가꿔진 정원과 그 너머로 고전미가 흐르는 고택의 모습이 보인다. 크게 9개 구역으로 나뉘며 3개의 입구와 60개의 방, 120개의 문이 있는 대저택이다. 가족들이 늘어남에 따라 증축을 거듭해 1903년 지금의 모습으로 완성되었다고 한다. 오래전의 주거 형태와 생활 양식이 잘 보존되어 있어 시간 여행을 온 듯한 착각을 불러일으킨다. 풍수지리학적으로도 탁월한 위치에 자리 잡고 있으며 고택 바로 뒤에는 고층 아파트가 있어 과거와 현재가 공존하는 독특한 풍경을 보여준다.

지도 p.9-C
주소 新北市蘆洲區中正路243巷19號
전화 02-2283-8896
개방 09:00~17:00
휴무 월요일
요금 성인 NT$100, 어린이 NT$60
홈페이지 www.luchoulee.org.tw
교통 MRT 싼민가오중(三民高中)역 1번 출구 또는 루저우(蘆洲)역 1번 출구에서 도보 10분. 쿵중 대학(空中大學) 맞은편에 있다.

중산의 맛집

닝샤예스
寧夏夜市 | 영하 야시장   추천

타이베이 시내 한복판에 있는 시장

닝샤예스의 최대 장점은 타이베이 시내 한복판에 있다는 것. 외곽의 야시장을 찾아가기 어려운 여행자들에게 더없이 좋은 위치를 자랑한다. 규모는 스린예스나 라오허제예스에 비해 아담하지만 먹을거리가 다양한 편이라 야식을 즐기기에 부족함이 없다. 350m가량 이어지는 거리에는 샤오츠를 파는 노점들이 대부분이다. 타이스샹창(臺式香腸), 지파이(雞排), 처우더우푸(臭豆腐), 꼬치구이 등 타이완을 대표하는 군것질거리가 가득하다.

지도 p.90-E
주소 台北市大同區寧夏路
영업 17:00~01:00
교통 MRT 솽롄(雙連)역 1번 출구에서 민성시루(民生西路)를 따라 도보 10분

넛샤예스's Pick

퉁녠무과뉴나이 童年木瓜牛奶

열대과일이 풍부한 타이완에서는 과일과 우유를 함께 갈아서 마시는데 그중에서도 인기가 높은 과일이 바로 파파야다. 파파야 특유의 달콤한 향과 부드러운 맛이 우유와 잘 어울린다. 비타민 C와 카로티노이드가 풍부해 특히 여름철 더위에 지쳤을 때 마시면 좋다. 수박, 바나나로 만든 우유도 있으며 가격은 NT$70부터.

전화 0930-387-281
영업 17:00~24:00

류위쯔단황위빙 劉芋仔蛋黃芋餅

단황위빙(蛋黃芋餅)과 샹쑤위완(香酥芋丸)을 파는 가게. 간판 메뉴는 단황위빙으로 달걀노른자와 토란(芋頭)을 섞은 반죽에 러우쑹(肉鬆)이라는 말린 고기와 간이 된 달걀노른자를 넣어 튀겨 준다. 달콤함과 짭짤한 맛의 조화가 탁월하며 따뜻할 때 먹어야 더 맛있다. 샹쑤위완은 토란만 넣고 튀긴 것으로 담백한 맛이 특징이다.

영업 17:00~01:00

칭와샤단 青蛙下蛋

칭와샤단은 '개구리가 낳은 알(青蛙下蛋)'이라는 뜻으로 간판에 개구리 그림이 그려져 있다. 인기 메뉴는 쫀득한 젤리에 레몬 시럽을 넣은 타이완 음료인 아이위자닝멍(愛玉加檸檬). 새콤하면서도 부드러운 맛이 특징이며, 더위에 지쳤을 때 특효약이다.

영업 17:00~01:00

새콤한 맛의 아이위자닝멍(愛玉加檸檬)

페이첸우
肥前屋

일본식 장어덮밥이 맛있는 곳

일본 나가사키 출신의 주인장이 40년 가까이 운영하고 있는 장어덮밥집. 대표 메뉴는 일본식 장어덮밥(鰻魚飯)으로 대(大), 소(小) 중에서 크기만 고르면 된다. 윤기가 흐르는 밥과 달콤한 소스를 발라 구운 장어가 입에서 살살 녹을 정도로 맛있다. 불고기와 비슷한 야키니쿠정식(燒肉定食), 굴튀김정식(炸牡蠣定食)도 인기 메뉴이며 달걀말이(玉子燒)도 부드럽고 맛있다. 매일 새벽 시장에서 받는 질 좋은 장어만을 취급하며 수급한 재료는 당일에만 사용하는 것이 맛의 비결이라고. 식사 시간에는 많이 붐빈다.

인기 메뉴 No.1 장어덮밥(鰻魚飯)

지도 p.95-F
주소 台北市中山區中山北路一段121巷13-2號
전화 02-2561-7859
영업 11:00~14:30, 17:00~21:00
휴무 월요일
요금 장어덮밥(小) NT$250
교통 MRT 중산(中山)역 2번 출구에서 난징시루(南京西路)를 따라 걷다가 사거리에서 우회전한다. 두 번째 블록에서 좌회전해 걸으면 왼쪽에 있다. 도보 6분

징딩러우
京鼎樓

우롱차샤오룽바오로 유명한 맛집

일본 여행자들 사이에서 유명한 딤섬 레스토랑. 타이완의 명차인 우롱차와 샤오룽바오를 결합시킨 우롱차샤오룽바오(烏龍茶小籠包)가 간판 메뉴로, 만두피에도 우롱차를 섞어 초록빛을 띤다. 샤오룽바오(小籠包)는 물론 새우를 넣은 샤런정자오(蝦仁蒸餃), 왕만두처럼 큼직한 탕바오(汤包)도 인기가 많다. 뜨끈한 국물이 생각난다면 완탕이 들어간 훈툰탕(餛飩湯)을 추천하며 새우를 넣은 볶음밥인 샤런단차오판(蝦仁蛋炒飯)과 곁들이면 푸짐한 식사가 완성된다.

지도 p.95-D
주소 台北市中山區長春路47號
전화 02-2523-6639
영업 11:00~14:30, 17:00~21:30
휴무 월요일
요금 샤오룽바오 NT$140~, 우롱차샤오룽바오 NT$165(+SC 10%)
홈페이지 www.jindinrou.com.tw
교통 MRT 중산(中山)역 3번 출구에서 난징시루(南京西路)를 따라 걷다가 사거리에서 좌회전한다. 창춘루(長春路)에서 우회전해 걸으면 왼쪽에 있다. 도보 15분

우롱차샤오룽바오(烏龍茶小籠包)

샤오룽바오(小籠包)

톈추차이관
天廚菜館 | Celestial **추천**

1971년에 문을 연 베이징카오야 전문점

국제 미식상을 수상한 베이징카오야 전문점. 이란 지역에서 자란 오리를 사용하며 노릇노릇하게 구운 껍질과 살코기를 따로 내준다. 베이징카오야 메뉴는 3종류로, 이츠(一吃)는 베이징카오야만 나오고, 얼츠(二吃)는 베이징카오야와 오리탕, 싼츠(三吃)는 베이징카오야와 오리탕, 볶음 요리가 나온다. 얇은 밀전병을 깔고 오리고기와 파를 얹어 돌돌 말아 소스에 찍어 먹는데, 오리의 고소한 맛과 파의 알싸한 맛, 소스의 달콤한 맛이 어우러져 환상적이다.

일행이 4명 이상이면 볶음밥에 두부 요리(鍋塌豆腐)나 고기볶음 요리(青椒肉絲)를 추가해서 만찬을 즐겨보자. 남은 음식은 포장도 가능하다. 베이징카오야를 주문할 때 다른 요리도 미리 주문해 둘 것을 권한다.

지도 p.95-D
주소 台北市中山區南京西路1號
전화 02-2563-2380
영업 11:00~14:00, 17:00~21:00
휴무 월요일
요금 베이징카오야 NT$1,800~
교통 MRT 중산(中山)역 3번 출구에서 도보 3분. 다이소 3~4층에 있다.

빙짠
冰讚

가격 대비 최고의 망고 빙수

일본 여행자들 사이에서는 이미 잘 알려진 빙수 가게로 저렴한 가격에 최고의 망고 빙수를 즐길 수 있다. 추천 메뉴는 망궈쉐화빙(芒果雪花冰)으로 눈꽃처럼 곱게 간 얼음 위에 망고를 올리고 연유를 듬뿍 뿌려 낸다. 망고와 수박을 함께 올린 솽핀수이궈쉐화빙(雙拼水果雪花冰)도 맛있다. 제철 과일이 날 때만 영업을 해 4월부터 10월까지만 문을 연다.

솽핀수이궈쉐화빙(雙拼水果雪花冰)

지도 p.95-A
주소 台北市大同區承德路二段139巷
전화 02-2550-6769
영업 11:00~22:30(4~10월)
요금 망고 빙수 NT$130~
교통 MRT 솽렌(雙連)역 2번 출구에서 도보 2분. 세븐일레븐 편의점에서 우회전해 왼쪽에 있다.

스미스 & 슈
smith & hsu

시크한 스타일의 다예관

서양의 '스미스(smith)'와 동양의 '슈(hsu)'의 만남을 의미하는 이름처럼 동서양의 스타일이 혼합된 멋스러운 다예관. 주문할 때 찻잎이 담긴 샘플링 40여 개를 내주는데 직접 향을 맡아보고 차를 선택하는 시스템이다. 또한 차에 곁들이는 스콘이나 애프터눈 티도 주문 가능하며 다기와 질 좋은 차도 판매한다.

지도 p.95-F
주소 台北中山區市南京東路一段36號
전화 02-2562-5565
영업 10:00~22:00
요금 티 NT$220~, 애프터눈 티 세트 NT$1,280 (+SC 10%)
홈페이지 www.smithandhsu.com
교통 MRT 중산(中山)역 3번 출구에서 난징시루(南京西路)를 따라 걷다가 오쿠라 프레스티지 타이베이 호텔(Okura Prestige Taipei Hotel)을 지나면 바로 보인다. 도보 6분

푸다산둥정자오다왕
福大山東蒸餃大王

저렴하지만 속이 꽉 찬 만두

소박하지만 속이 꽉 찬 만두를 파는 가게. 대표 메뉴인 정자오(蒸餃)는 찐만두, 수이자오쯔(水餃子)는 물만두, 젠자오(煎餃)는 군만두이다. 메뉴에는 없지만 단골들이 좋아하는 훙유차오서우(紅油抄手)는 매콤한 소스로 버무린 완탕인데 색다른 맛을 느낄 수 있다. 자장면과 비슷한 맛의 샹구자장멘(香菇炸醬麵)과 담백한 국물에 완탕을 넣은 산둥다훈툰(山東大餛飩)도 맛있다.

지도 p.95-F
주소 台北市中山區中山北路一段140巷11號
전화 02-2541-3195
영업 11:30~20:30
휴무 월요일
요금 정자오 NT$100, 산둥다훈툰 NT$90
교통 MRT 중산(中山)역 2번 출구에서 도보 3분

멜란지 카페
Melange Café | 米朗琪咖啡館

와플이 맛있는 카페

카페가 많은 이 일대에서 10년 넘게 사랑받아 온 카페. 와플을 비롯해 다양한 디저트로 여성들에게 사랑받고 있다. 그중에서도 인기 메뉴는 딸기와 커스터드 크림이 듬뿍 올라간 와플로 더치커피와 함께 먹으면 좋다. 샌드위치나 토스트 메뉴는 아침 식사로 제격이다. 인기가 많아지면서 바로 옆에 2호점을 열었다.

지도 p.95-C
주소 台北市中山區中山北路二段16巷23號
전화 02-2567-3787
영업 월~목요일 09:30~17:00, 토~일요일 09:30~18:00
요금 와플 NT$160~, 커피 NT$160
홈페이지 www.melangecafe.com.tw
교통 MRT 중산(中山)역 4번 출구에서 도보 2분

중산의 쇼핑

지어우무리우
舊目立屋

멋스러운 그릇이 가득한 보물창고

중산 골목길 안에 위치한 자그마한 소품 숍이다. 규모는 작은 편이지만 감성이 묻어나는 식기, 생활용품 등이 빼곡하게 가득 차 있다. 아이템에 따라 가격대 차이가 있지만 대체로 합리적이며 다양한 아이템을 구비하고 있어 선택의 폭이 넓다. 투박하면서도 멋스러운 도자기 그릇과 컵이 많아서 평소 식기류에 관심이 많은 이들이라면 반드시 가볼 것.

지도 p.95-C
주소 台北市大同區赤峰街49巷2號1號樓之4
전화 02-2558-3777
영업 11:30~19:30
홈페이지 www.lovelytaiwan.org.tw
교통 MRT 중산(中山)역 5번 출구에서 도보 4분

0416 x 1024

개성 있는 로컬 디자이너 숍

신진 디자이너가 제작한 재기발랄한 소품을 판매하는 가게. 유쾌한 일러스트를 활용한 의류, 가방, 잡화, 문구류 등을 만날 수 있어 젊은 층에게 인기를 끌고 있다. 귀여운 일러스트와 메시지가 프린트된 티셔츠는 이곳의 베스트셀러 아이템이다. 캐주얼하게 입기 좋으며 가격은 NT$700~900 정도 수준. 파우치, 에코백, 우산 등 아기자기한 아이템은 구경하는 것만으로도 기분 전환이 된다.

지도 p.95-C
주소 台北市中山區中山北路二段20巷18號
전화 02-2521-4867
영업 13:00~22:00
홈페이지 www.hi0416.com
교통 MRT 중산(中山)역 4번 출구로 나와 걷다가 옷 가게 'Muura'에서 우회전하면 오른쪽에 있다. 도보 3분

SNAPPP 시에젠스관
SNAPPP 寫真私館

필름 카메라로 느껴보는 아날로그 감성

〈모구(MOGU)〉라는 매거진을 발간하고 있는 브랜드의 콘셉트 스토어. 한 박자 느린 삶을 추구하는 크리에이터 5명이 모여 만들었다. 1층에서는 의류, 잡화, 잡지 등을 판매하는데 자연을 닮은 색과 귀여운 일러스트 티셔츠, 심플한 디자인의 가방 등 모구만의 색깔을 담은 상품들이 있다. 2층은 편안한 분위기의 카페, 3층은 디자인 사무실로 운영되고 있다.

지도 p.95-C
주소 10353台北市大同區赤峰街28-2號1樓
전화 02-2756-0701
영업 14:00~19:00
교통 MRT 솽롄(雙連)역 1번 출구에서 도보 3분

 미용실에서 샴푸 체험하기

타이완의 미용실에서 이색적인 샴푸 체험을 할 수 있어 여행자들 사이에서 인기다. 샴푸대에 눕지 않고 앉은 자리에서 두피 마사지와 함께 샴푸를 해준다. 시원하게 두피 케어를 받을 수 있고 여행 중에 색다른 체험을 할 수 있어 여성 여행자들에게 반응이 좋다. 가격은 업소마다 다르지만 NT$300~600 수준으로 샴푸(洗髮)라고 적힌 헤어숍을 발견하면 한번 시도해 보자.

IS 헤어 살롱 IS Hair Salon
지도 p.94-D
주소 台北市萬華區漢中街119號2樓
전화 02-2371-5966
영업 11:00~20:30
교통 MRT 시먼(西門)역 6번 출구에서 도보 1분

티엔씨파 天禧髮
지도 p.93-C
주소 台北市中正區重慶南路一段43號4號樓之2 전화 02-2331-6088
영업 10:00~19:00
교통 MRT 타이베이처잔(台北車站)역 Z10번 출구에서 도보 4분

샤오치성훠다오쥐
小器生活道具

단아한 멋이 느껴지는 잡화점

도예가들이 만든 도자기는 물론 생활 소품과 패브릭 제품들을 파는 예쁜 잡화점. 일본 작가들이 제작한 그릇이 많은 편이며 소박하면서도 멋스러움이 묻어나는 아이템을 판매한다. 특히 흔히 볼 수 없는 디자인 상품이 많아 희소성이 있다. 도자기 제품과 다기, 식기 등에 관심이 많은 여행자라면 반드시 들러볼 것을 추천한다.

지도 p.95-C
주소 台北市大同區赤峰街29號
전화 02-2552-7039
영업 12:00~21:00
교통 MRT 중산(中山)역 4번 출구에서 도보 2분

르야오번푸
日藥本舖

일본 브랜드 제품을 판매하는 드러그스토어

타이완 내에서 인지도가 높은 드러그스토어 체인이다. 일본 브랜드의 상품을 중심으로 판매하는 것이 특징으로 한국에 미출시된 일본 상품들을 구매하기 좋은 곳이다. 일본의 인기 화장품, 약, 과자, 캐릭터 상품 등을 다양하게 갖추고 있으며 여행자들 사이에서 잘 알려진 동전 파스, 위장약 카베진, 염색약 등을 쇼핑하기 좋다.

지도 p.95-E
주소 台北市大同區南京西路46號
전화 02-2550-9918
영업 09:00~22:00
교통 MRT 중산(中山)역 6번 출구에서 도보 1분

타이베이에서 가장 오래된 거리
디화제 迪化街

디화제는 18세기 말에 중국 푸젠성(福建省)에서 건너온 이민족들이 모여 살던 곳이다. 단수이강을 통해 물자를 운송하면서 19세기 중반 무역을 하는 상점들이 모여 시장을 형성했고, 다다오청(大稻埕)이라고 이름 불렸다. 20세기 초 일제강점기에는 타이완 전역에서 생산된 건어물과 한약, 차, 원단 등을 파는 상점들이 모여들면서 타이완의 중요한 상업 지구가 되었다. 디화제는 18~19세기에 지어진 바로크 양식의 건축물을 그대로 보존하고 있다. 거리에 들어서면 마치 타임머신을 타고 과거로 시간 여행을 온 것 같은 착각이 든다. 최근에는 공정 무역 상점, 트렌디한 카페와 디자인 브랜드의 사무실이 하나둘 들어서면서 과거와 현재가 공존하면서도 멋스러운 분위기를 뽐내고 있다. 타이완의 과거를 엿보거나 독특한 상점을 발견하는 즐거움을 경험할 수 있는 디화제로 떠나보자.

지도 p.157
주소 台北市大同區迪化街
교통 MRT 솽롄(雙連)역 2번 출구에서 도보 15분 또는 베이먼(北門)역에서 도보 12분. 또는 버스 9 · 14 · 206번을 타고 다다오청(大稻埕) 정류장에서 하차

샤하이청황먀오
霞海城隍廟 | 하해성황묘

150년이 넘는 세월 동안 이 거리에서 신앙의 중심지가 되어왔다. 주신은 그 지역을 지켜 준다는 성황신(城隍神)인데 도교 사원은 다신교에 속하기 때문에 사당 내에 성황부인(城隍夫人), 월하노인(月下老人), 팔사관(八司官), 문무판관(文武判官), 마사신(馬使爺), 의용공(義勇公) 등 많은 신을 모시고 있다. 그중에서도 짝을 찾아준다는 중매의 신 월하노인의 전설로 유명해 결혼을 원하는 남녀들이 많이 찾아온다. 이곳에서 의식을 올린 후 1년 안에 짝을 찾아 결혼한 사람이 상당수 있을 정도로 효험이 있다고 한다.

지도 p.157
주소 台北市大同區迪化街一段61號
개방 07:00~19:00
교통 디화제(迪化街), 융러스창(永樂市場) 옆에 있다.

융러스창
永樂市場 | 영락시장

샤하이청황먀오 가까이에 있는 시장. 1층에는 식료품을 파는 상점이, 2층에는 온갖 종류의 원단을 파는 상점이 모여 있다. 3층에서는 의류와 침구 등을 판매하는데, 옷을 직접 제작해주는 수선 가게들이 많아 중국식 드레스나 타이완의 원주민 하카(客家)의 전통 의상을 만들 수 있다.

지도 p.157
주소 台北市大同區迪化街一段21號
영업 10:00~18:00 **휴무** 일요일
교통 디화제(迪化街), 샤하이청황먀오(霞海城隍廟) 옆에 있다.

민이청 아트야드
民藝埕 ArtYard

1층에서는 타이완 전통 도자기 작품을 비롯하여 타이완의 정서를 담은 타이커란(台客藍, Hakka Blue), 일본 유명 디자이너 야나기 소리(柳宗理)의 도자기 생활용품을 구경할 수 있다.

지도 p.157
주소 台北市大同區迪化街一段67號
전화 02-2552-1367
영업 10:00~18:30
홈페이지 www.artyard.tw

장지화룽상항
江記華隆商行

30년 넘는 역사를 간직한 육포 전문점. 가장 잘 팔리는 육포는 샹추이싱런주러우즈(香脆杏仁豬肉紙)로 0.02cm 두께의 아주 얇은 돼지고기 육포에 잘게 부순 아몬드가 들어 있어 씹는 맛이 좋다. 가격은 230g에 NT$280.

지도 p.157
주소 台北市大同區迪化街一段311號
전화 02-2552-8327
영업 월~토요일 08:00~19:00, 일요일 08:00~18:00
홈페이지 www.chiang-ji.com
교통 디화제(迪化街), 리팅샹(李亭香) 바로 옆에 있다.

린펑이상항
林豊益商行

100여 년의 역사를 간직한 오래된 상점으로 딤섬 통, 나무로 만든 식기, 바구니 등 생활 소품은 구매해 볼 만하다. 제품에서 나는 진한 나무 향기가 저가 상품과는 다른 품질임을 짐작게 한다.

지도 p.157
주소 台北市大同區迪化街一段214號
전화 02-2557-8734
영업 09:00~18:00
교통 디화제(迪化街), 바이성탕(百勝堂)에서 도보 3분

바이성탕
百勝堂

재스민, 캐모마일 등의 허브티는 물론 블루베리, 오렌지, 레몬, 용과 등 과일 차를 판매한다. NT$50, NT$100 단위로 조금씩 구매할 수 있다.

지도 p.157
주소 台北市大同區迪化街一段122號
전화 02-2550-4080
영업 09:00~20:00
교통 디화제(迪化街)와 민성시루(民生西路)가 만나는 교차점에 있다.

리팅샹
李亭香 🛍️

펑리쑤를 비롯한 타이완의 전통 과자들로 유명하다. 거북이 모양의 핑안구이(平安龜), 부드러운 맛의 샤오파오푸(小泡芙), 달걀노른자가 들어 있는 단황쑤(蛋黃酥) 등이 대표 상품.

지도 p.157
주소 台北市大同區迪化街一段309號
전화 02-2557-8716
영업 10:00~19:00
홈페이지 lee-cake.com
교통 디화제(迪化街), 린펑이상항(林豐益商行)에서 북쪽으로 300m 거리에 있다.

다다오청마터우
大稻埕碼頭 📷

근처에 개성 넘치는 푸드 트럭들이 모여 있어 술, 요리와 함께 강변의 낭만을 즐기기 좋다. 특히 노을이 아름다운 곳이라 해 질 무렵에 맞춰 가면 근사한 일몰을 감상할 수 있다.

지도 p.157
주소 台北市大同區民生西路
전화 02-2552-8386
영업 월~금요일 16:00~22:00, 토·일요일 12:00~22:00
교통 디화제(迪化街)에서 단수이강 변 방향으로 도보 5분

타이베이 Area 4

융캉제 & 궁관
永康街 & 公館

융캉제 일대는 과거 일본 문관들이 거주하던 동네로, 현재는 한적한 주택가와 융캉궁위안 주변에 상권이 형성되면서 우리나라의 삼청동과 같이 맛과 멋을 즐길 수 있는 곳으로 거듭났다. 타이베이를 대표하는 맛집인 딘타이펑 본점을 비롯해 이름난 레스토랑과 멋스러운 카페, 고즈넉한 다예관, 개성 넘치는 상점들이 곳곳에 자리하고 있어 타박타박 걸으며 산책하는 재미가 있다. 융캉제 동쪽으로는 타이베이를 대표하는 관광지 궈리중정지녠탕이 있으며, 융캉제 남쪽으로는 타이완 사범대학 근처에 형성된 스다예스와 국립 타이완 대학 근처에 형성된 궁관예스가 길게 뻗어 있다.

CHECK

여행 포인트		
관광		★★★
미식		★★★★
쇼핑		★★★

이것만은 꼭 해보기
- ☐ 웅장한 궈리중정지녠탕 관람하기
- ☐ 딘타이펑 본점에서 샤오룽바오 맛보기
- ☐ 난먼스창에서 전통 먹을거리 즐기기

BEST COURSE

융캉제 & 궁관 추천 코스

| 총 소요 시간 |
| 7~8시간 |

융캉제는 딘타이펑 본점, 스무시 등 타이베이의 유명 맛집이 모여 있다. 골목마다 멋진 다예관, 카페도 숨어 있어 어디로 갈까 고르는 즐거움도 느낄 수 있다. 남쪽의 국립 타이완 사범대학 방향으로는 스다예스, 궁관예스가 있어 저녁에 야시장까지 구경하면 하루 코스가 완성된다.

여 행 예 산

교통비	MRT NT$16~
입장료	없음
식 비	딘타이펑 NT$400~
	스무시 NT$250~
	텐진총좌빙 NT$50~
	칭텐치류 NT$200~
	스다예스 NT$100~
합 계	NT$1,016~

START

1시간 난먼스창 南門市場 p.165
타이완의 전통 먹을거리를 맛보기 좋은 재래시장으로 펑리쑤, 말린 과일, 어란 등을 파는 상점들도 많아 기념품을 구매하기 좋다.

뤄쓰푸루이돤(羅斯福路一段)을 따라 도보 7분

난먼스창

1시간 궈리중정지녠탕 國立中正紀念堂 p.162
타이완 초대 총통 장제스를 기념하는 광장이다. 매일 오전 10시부터 오후 5시까지 매시 정각마다 열리는 위병 교대식을 놓치지 말자.

MRT + 도보 7분

궈리중정지녠탕

1시간 딘타이펑 鼎泰豐 p.166
타이완을 대표하는 딘타이펑의 본점. 탐스러운 샤오룽바오를 비롯해 볶음밥, 국수 등을 푸짐하게 즐겨보자.

융캉제(永康街)를 따라 도보 2분

| 1시간 | **스무시** 思慕昔 p.168
융캉제에서 꼭 맛봐야 하는 빙수의 성지. 달콤한 망고를 듬뿍 올린 빙수를 먹으며 디저트 타임을 갖자.

대각선으로 도보 1분

| 30분 | **톈진충좌빙** 天津蔥抓餅 p.167
긴 줄이 이어지는 충좌빙 맛집. 우리나라의 호떡과 생김새가 비슷하지만 더 쫄깃하고 맛있다.

융캉제류샹(永康街6巷) 골목 안으로 도보 1분

톈진충좌빙

| 30분 | **라이 하오** 來好 p.175
타이완의 지역 특산품을 비롯해 다기, 문구류, 간식 등 타이완의 색이 담긴 기념품을 구매하기 좋다.

칭톈제(青田街) 방향으로 도보 10분

라이 하오

| 1시간 | **칭톈치류** 青田七六 p.172
오래된 일본식 고택이 운치 있는 카페로 변신했다. 차 한잔의 여유를 즐기며 쉬었다가 야시장으로 이동하자.

칭톈제(青田街)에서 남쪽으로 도보 8분

칭톈치류

| 1시간 | **스다예스** 師大夜市 p.170
국립 타이완 사범대학 인근에 형성된 야시장으로 맛깔스러운 먹을거리는 물론 의류, 잡화 등을 판매하는 상점도 많아 구경하는 재미가 쏠쏠하다.

스다예스

융캉제 & 궁관의 관광 명소

궈리중정지녠탕
國立中正紀念堂 | 국립중정기념당

장제스 초대 총통을 기념하는 광장

1975년 장제스(蔣介石) 총통이 서거한 후 그를 추모하기 위해 기부금을 모아 1980년 25만 m²에 이르는 광대한 부지에 세웠다. 넓은 공원 좌우로 국가희극원과 국가음악청이 있으며, 그 사이에 70m 높이의 대리석으로 만든 2층 구조의 중정지녠탕이 있다. 89개 계단을 올라가면 높이 6.3m, 무게 25톤에 달하는 거대한 장제스 동상이 서 있고, 근위병이 동상 주변을 지키고 있다. 동상 아래층에는 그의 집무실을 재현해 놓은 전시관이 있는데, 직접 사용했던 물건과 책 등을 관람할 수 있다. 매일 오전 10시부터 오후 5시까지 매시 정각마다 위병교대식이 열린다. '자유광장(自由廣場)'이라고 적힌 웅장한 정문은 타이베이를 상징하는 한 장면으로 꼽힌다.

지도 p.93-L
주소 台北市中正區中山南路21號
전화 02-2343-1100
개방 09:00~18:00
요금 무료
홈페이지 www.cksmh.gov.tw
교통 MRT 중정지녠탕(中正紀念堂)역 5번 출구에서 바로

자오허딩원우스지
昭和町文物市集 | 소화정문물시장

세월이 켜켜이 쌓인 골동품 시장

일제강점기에 붙여진 '소화정(昭和町)'이라는 이름을 그대로 사용하고 있는 골동품 시장. 오래된 물건들을 파는 골동품 가게들이 모여 하나의 상가를 이루고 있다. 룽안스창(龍安市場) 안에 위치하고 있으며 손때 묻은 물건들과 고가구, 낡은 잡동사니들이 가득하다. 융캉제를 산책하면서 가볍게 지나가기 좋은 시장이다.

지도 p.101-E
주소 台北市大安區永康街60號
영업 13:00~22:00
교통 MRT 둥먼(東門)역 5번 출구에서 융캉제(永康街)를 따라 도보 10분

다안썬린궁위안
大安森林公園 | 대안삼림공원

타이베이 도심 속의 오아시스

8만 평에 달하는 큰 규모의 공원으로, 도심 한가운데 자리 잡고 있어 타이베이 시민들의 쉼터 역할을 하고 있다. 타이완에서 큰 사랑을 받았던 드라마 〈유성화원(流星花園)〉의 촬영지로도 유명하다. 공원 안에는 산책로와 광장, 놀이 시설, 공연장 등이 있다. 입구 쪽에는 유바이크 대여소가 있으니 자전거를 타고 둘러보는 것도 좋다.

지도 p.90-J
주소 台北市大安區新生南路二段1號

전화 02-2700-3830
개방 24시간
교통 MRT 다안썬린궁위안(大安森林公園)역 2·3·4·5번 출구에서 바로

바오짱옌궈지이수춘
寶藏巖國際藝術村
Treasure Hill Art Village

낡은 달동네에 예술을 입히다

MRT 궁관(公館)역 근처에 위치한 예술촌. 바오짱옌(寶藏巖) 사원 주변의 달동네에 국내외 아티스트가 살면서 예술 창작 작업과 전시를 위한 문화 공간으로 변신했다. 과거에는 중국 공산당에 쫓겨 타이완으로 건너온 하급 군인들이 모여 살던 무허가 촌락이었다고 한다. 타이베이시는 2006년부터 4년간 보수 공사를 통해 바오짱옌 예술특구를 만들었다. 현재는 14개의 스튜디오와 전시 공간을 비롯해 예술가 30여 명의 작업실과 20여 가구의 집이 공존하며 특별한 문화 명소로 거듭나고 있다. 정부의 적극적인 지원으로 해외 아티스트들도 예술촌에 머물며 작업에 참여하고 있으며, 자신의 작업실을 개방해 일반인의 출입을 허용하는 아티스트들도 있다. 또한 언덕 위에 자리하고 있어 시가지의 풍경도 감상할 수 있다. 애틱 호스텔(Attic Hostel)이라는 이름의 숙소도 운영 중이니 하루쯤 머무는 것도 좋겠다.

지도 p.9-G
주소 台北市中正區汀州路三段230巷14弄2號
전화 02-2364-5313
개방 11:00~22:00(전시는 18:00까지)
휴무 월요일
홈페이지 www.artistvillage.org
교통 MRT 궁관(公館)역 1번 출구에서 도보 10분. 주차장 옆 왼쪽 길을 따라 올라가면 바오짱옌(寶藏巖) 사원 너머에 있다.

타이베이의 속살을 엿보는
로컬 시장 탐방

여행지에서 현지 분위기를 가장 생생하게 접할 수 있는 곳은 단연 시장일 것이다. 타이베이 사람들의 일상을 엿볼 수 있는 시장을 산책하며 로컬 음식을 맛보고, 색다른 분위기도 느껴보자.

둥먼스창
東門市場 | 동문시장

1928년부터 80년 넘게 운영되고 있는 재래시장으로 다양한 식자재와 반찬을 파는 노점들이 오밀조밀 모여 있다. 저렴한 가격에 진짜 로컬 음식을 맛볼 수 있는 소박한 식당들이 많다. 융캉제 맞은편에 있으니 가볍게 한 바퀴 둘러보고 융캉제로 넘어가자.

지도 p.101-A
주소 台北市中正區信義路二段81號
전화 02-2321-8209
영업 07:00~14:00
휴무 월요일
교통 MRT 둥먼(東門)역 2번 출구에서 바로

둥먼스창's Pick

둥먼싱지 東門興記

홍콩 배우 임청하(林靑霞)의 단골집으로 유명세를 탄 만둣집. 바로 먹을 수 있게 쪄놓은 딤섬들이 종류별로 진열되어 있으며, 수제 냉동 만두도 판매한다. 가격은 1팩에 NT$100 정도다. 오동통한 새우가 들어간 딤섬(水晶蝦餃)과 창펀(腸粉)이라 불리는 납작한 딤섬이 맛있다.

전화 02-2341-2214
영업 화~토요일 08:00~18:00, 일요일 08:00~14:30 **휴무** 월요일

장지둥먼더우화 江記東門豆花

타이완 사람들이 즐겨 먹는 더우화(豆花)를 맛볼 수 있는 곳이다. 작지만 내공 있는 더우화 가게로 따뜻한 더우화와 시원한 더우화 중에 고를 수 있다. 부드러운 더우화의 식감과 고소한 땅콩이 어우러진 건강한 맛을 느낄 수 있다. 가격은 한 그릇에 NT$40.

전화 0968-109-709
영업 07:30~15:00
휴무 월·목요일

난먼스창
南門市場 | 남문시장

보통 재래시장은 야외인 경우가 많은데, 난먼스창은 실내에 제법 깔끔하게 운영되고 있다. 1층에는 전통 먹을거리를 파는 가게와 펑리쑤, 말린 과일, 어란 등 기념품을 파는 상점이 있다. 우리나라의 송편 같은 쭝쯔(粽子)나 만두인 바오쯔(包子)는 낱개로 판매해 간식으로 먹기 좋다. 지하에는 해산물과 육류, 채소 등을 파는 가게, 2층에는 잡화 매장과 식당 등이 모여 있다. 궈리중정지녠탕과 가깝다.

지도 p.93-K
주소 台北市中正區羅斯福路一段8號
전화 02-2321-8069
영업 07:00~18:00
휴무 월요일
홈페이지 www.nanmenmarket.org.tw
교통 MRT 중정지녠탕(中正紀念堂)역 2번 출구에서 바로

솽롄자오스
雙連朝市 | 쌍롄 아침시장

MRT 솽롄역 주변에는 매일 아침마다 장이 선다. 약 300m 길이로 시장이 이어지는데 규모는 크지 않지만 타이베이 시내에 위치하고 있어 접근성이 좋다. 마트보다 저렴하게 제철 과일을 구매할 수 있는 것이 장점. 시장 중간에 원창궁(文昌宮)이라는 절이 있어 이른 아침부터 기도하는 현지인들의 모습도 볼 수 있다.

지도 p.95-A
주소 台北市中山區民生西路45巷
영업 07:00~14:30(가게마다 다름)
교통 MRT 솽롄(雙連)역 1번 출구에서 바로

융캉제 & 궁관의 맛집

딘타이펑
Din Tai Fung | 鼎泰豐 **추천**

타이완을 대표하는 세계적인 맛집

타이완에서 가장 유명한 맛집을 꼽으라면 단연 딘타이펑을 꼽을 수 있다. 전 세계에 분점이 있는 딤섬 레스토랑으로 그 본점이 융캉제에 있다. 타이베이 시내에도 여러 분점이 있지만 본점에서 식사를 즐기려는 사람들로 항상 북적인다. 타이베이 101, 중샤오푸싱의 SOGO 백화점 등 총 8곳에 분점이 있다.

지도 p.101-B
주소 台北市大安區信義路二段194號
전화 02-2321-8928
영업 월~금요일 11:00~20:30, 토 · 일요일 10:30~20:30
요금 샤오룽바오(5개) NT$125~, 볶음밥 NT$220~
홈페이지 www.dintaifung.com.tw
교통 MRT 둥먼(東門)역 5번 출구에서 도보 1분

딘타이펑의 추천 메뉴

샤오룽바오 小籠包
딘타이펑의 간판 메뉴로, 얇은 만두피 안에 고소하고 진한 육즙을 듬뿍 품고 있는 딤섬

파이구단판 排骨蛋飯
갈빗살튀김을 얹은 달걀볶음밥

샤런샤오마이 蝦仁燒賣
새우와 돼지고기를 넣은 딤섬

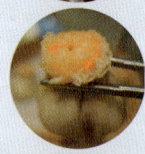

샤런단차오판 蝦仁蛋炒飯
새우를 듬뿍 넣은 볶음밥

샤러우정자오 蝦肉蒸餃
우리의 군만두처럼 바삭하게 구운 딤섬

라웨이황과 辣味黃瓜
딤섬으로 느끼해진 입 안을 개운하게 해주는 아삭한 오이김치

가오지
高記

딘타이펑과 쌍벽을 이루는 상하이 요리 전문점

설립자 가오쓰메이(高四妹)가 16살 때 상하이에 가서 샤오룽바오 대가에게 비법을 전수받고 돌아와 1949년 융캉제에 문을 열었다. 인기 메뉴는 뜨거운 철판에 담겨 나오는 찐빵처럼 봉긋한 군만두 상하이톄궈성젠바오(上海鐵鍋生煎包)와 입에서 사르르 녹는 부드러운 식감의 푸귀둥포러우(富貴東坡肉). 딘타이펑에 비해 대기 시간이 짧은 편이지만 이왕이면 미리 예약하는 것이 좋다.

지도 p.101-B
주소 台北市大安區新生南路一段167號
전화 02-2325-7839
영업 월~금요일 10:00~20:30, 토~일요일 08:30~20:30
요금 샤오룽바오 NT$220, 둥포러우 NT$620
홈페이지 www.kao-chi.com
교통 MRT 둥먼(東門)역 6번 출구에서 도보 5분

상하이톄궈성젠바오(上海鐵鍋生煎包)

융캉뉴러우멘
永康牛肉麵 추천

50년 넘게 사랑받아 온 뉴러우멘

얼큰한 훙사오뉴러우멘(紅燒牛肉麵)과 담백한 칭둔뉴러우멘(清燉牛肉麵)이 맛있는 집. 절인 배추인 쏸차이(酸菜)를 국수에 넣어 먹으면 더욱 풍미가 살아난다. 오랫동안 푹 곤 두툼한 고기는 입에서 살살 녹을 정도로 부드럽게 씹히는데, 특히 다른 뉴러우멘 가게에 비해 고기를 훨씬 많이 올려 준다. 펀정파이구(粉蒸排骨)는 대나무 통에 돼지갈비, 고구마 등을 넣고 찐 찹쌀밥으로 뉴러우멘과 함께 먹으면 궁합이 잘 맞는다.

지도 p.101-A
주소 台北市大安區金山南路二段31巷17號
전화 02-2351-1051
영업 11:00~20:50
요금 뉴러우멘 NT$260~
교통 MRT 둥먼(東門)역 5번 출구에서 도보 5분. 진화 초등학교(金華國小) 맞은편에 있다.

톈진충좌빙
天津蔥抓餅 추천

줄 서서 먹는 충좌빙 가게

타이완 사람들이 즐겨 먹는 충좌빙(蔥抓餅)을 파는 가게. 찰진 반죽을 여러 번 치대어 철판에 구워 내는데 여기에 파가 들어가 우리의 야채호떡과 비슷한 느낌이다. 기본 충좌빙에 달걀을 추가하려면 자지단(加雞蛋), 달걀과 햄을 추가하려면 훠투이자단(火腿加蛋)을 주문하면 된다.

지도 p.101-A
주소 台北市大安區永康街6巷1號
전화 02-2321-3768
영업 09:00~22:30
요금 충좌빙 NT$30~
교통 MRT 둥먼(東門)역 5번 출구에서 도보 3분. 스무시 맞은편에 있다.

둥먼자오쯔관
東門餃子館

타이완의 집밥 같은 맛

만두 노점상에서 시작해 60여 년의 역사를 이어온 곳이다. 탱탱한 새우를 넣고 찐 만두(鮮蝦蒸餃), 노릇노릇하게 구운 만두(豬肉鍋貼), 우리의 부침개와 같은 충유빙(蔥油餅) 등 소박한 요리들을 맛볼 수 있

다. 새우볶음밥(蝦仁蛋炒飯)이나 매콤한 마파두부(麻婆豆腐)는 한 끼 식사로 든든하며, 훠궈도 인기 있다. 1층 한쪽에는 반찬들을 작은 그릇에 담아 진열해 놓았는데 원하는 것을 직접 가져다 먹으면 된다. 단 반찬은 별도로 계산된다.

지도 p.101-A
주소 台北市大安區金山南路二段31巷37號
전화 02-2341-1685
영업 월~금요일 11:00~14:30, 17:00~21:00, 토·일요일 11:00~15:00, 17:00~21:00
요금 만두 NT$90~, 훠궈 NT$500~
홈페이지 www.dongmen.com.tw
교통 MRT 둥먼(東門)역 5번 출구에서 톈진충좌빙(天津蔥抓餅)을 끼고 우회전한다. 도보 3분

스무시
Smoothie House | 思慕昔

타이베이 망고 빙수 1번지

타이베이에서 인기로는 따라올 곳이 없는 망고 빙수 가게다. 탱글탱글한 망고와 망고 아이스크림이 올려진 차오지쉐라오망궈쉐화빙(超級雪酪芒果雪花冰)을 추천한다. 딸기, 키위, 리치, 녹차 빙수도 있다.

지도 p.101-D
주소 台北市大安區永康街15號
전화 02-2341-8555
영업 11:30~21:30
요금 망고 빙수 NT$250~, 빙수 NT$190~
홈페이지 www.smoothiehouse.com
교통 MRT 둥먼(東門)역 5번 출구에서 도보 3분

스얼궈
石二鍋

혼자 먹어도 부담 없는 훠궈 바

바처럼 긴 테이블에 1인용의 특수 훠궈 장치가 설치되어 있어 나홀로 여행자도 부담 없이 훠궈를 즐길 수 있는 체인 레스토랑. 이 지점은 한국 여행

자들이 제법 찾는 매장이라 한국어 메뉴판도 제공한다. 먼저 육수 종류를 고른 후 고기, 국수, 밥 중 원하는 것을 선택하면 되는데 소고기가 가장 무난하다. 기본적으로 채소와 어묵, 버섯, 단호박 등이 제공되며, 테이블에 놓인 여러 가지 소스 중에서 입맛에 맞는 것을 골라 먹으면 된다.

지도 p.101-A
주소 台北市大安區信義路二段72號
전화 02-2358-2776
영업 11:30~21:30 **요금** 훠궈 NT$238~
홈페이지 www.12hotpot.com.tw
교통 MRT 둥먼(東門)역 3번 출구에서 신이루얼돤(信義路二段)을 따라 도보 2분

소이프레소
Soypresso | 二吉軒豆乳

건강한 맛의 타이완 디저트

타이완 사람들이 즐겨 먹는 콩으로 만든 디저트 더우화(豆花)와 더우루(豆乳)를 감각적으로 재해석한 카페이다. 인테리어가 예쁘고 테이크아웃 용기도 귀여워 젊은 층에게 특히 인기 있다. 입맛에 맞게 토핑을 넣을 수 있는 더우화는 부드럽고 달콤하면서도 건강한 맛이라 남녀노소 모두 좋아한다. 타이완식 두유인 더우루는 흑임자(Black Sesame), 말차(Matcha) 맛이 인기다. 2층 구조로 위에는 편안한 좌석이 마련되어 쉬어 가기에도 좋다.

지도 p.101-C
주소 台北市大安區金華街223-13號
전화 02-2396-7200
영업 10:00~21:00
요금 더우루 NT$50~
교통 MRT 둥먼(東門)역 5번 출구에서 융캉제(永康街)를 따라 도보 6분

하오궁다오진지위안
好公道金雞園

착한 가격의 샤오룽바오

딘타이펑이 관광객들에게 유명하다면 이곳은 현지인들에게 소문난 맛집이다. 1층 입구 쪽 찜통에서 쉴 새 없이 만두를 쪄 내며, 2층으로 올라가면 좌석이 마련되어 있다. 간판 메뉴는 육즙을 가득 품은 샤오룽바오(小籠包)이며 새우를 넣은 샤런사오마이(蝦仁燒売)도 맛있다. 새우를 넣은 죽(蝦仁粥)은 아침 식사로 먹기 좋다. 가격이 저렴해 학생들이 즐겨 찾는다.

지도 p.101-C
주소 台北市大安區永康街28-1號
전화 02-2341-6980
영업 09:00~21:00
휴무 수요일
요금 샤오룽바오 NT$160, 뉴러우멘 NT$160
교통 MRT 둥먼(東門)역 5번 출구에서 융캉제(永康街)를 따라 도보 6분

다인주스
大隱酒食

심야 식당을 닮은 소박한 맛집

나이 지긋한 주인장이 운영하는 이곳은 향수를 자극하는 독특한 분위기로 타이완의 각종 매체에 소개되었다. 오후 늦게 문을 열고, 규모가 아주 작지만 맛있는 안주에 술 한잔 곁들이기에 좋다. 신선한 해산물 요리가 많으며 일본, 광둥 요리 등도 선보인다. 테이블당 기본으로 메뉴 2개 이상을 주문해야 한다.

지도 p.101-C
주소 台北市大安區永康街65號
전화 02-2343-2275
영업 17:00~23:30 **요금** 1인당 NT$500~(+SC 10%)
교통 MRT 둥먼(東門)역 5번 출구에서 융캉제(永康街)를 따라 도보 10분

스다예스
師大夜市 | 사대 야시장

국립 타이완 사범대학 부근의 야시장

다른 야시장에 비해 젊고 밝은 분위기가 특징이다. 대학가에 있는 덕분에 20대를 겨냥한 의류, 액세서리, 화장품 가게와 카페 등이 골목마다 이어지며 저녁이면 노점 식당들이 문을 열어 불야성을 이룬다. 그중 가장 유명한 샤오츠는 루웨이(滷味)와 철판 스테이크, 버터곰보빵 등이다.

지도 p.90-J
주소 台北市大安區師大路
영업 16:00~24:00
교통 MRT 타이뎬다라우(台電大樓)역 3번 출구에서 스다루(師大路)를 따라 도보 5분. 국립 타이완 사범대학 맞은편에 있다.

스다예스's PICK

다타이베이핑자루웨이 大台北平價滷味

스다예스에서 꼭 맛봐야 할 명물 중의 하나는 바로 루웨이. 매장 한쪽에 수십여 가지의 재료가 수북하게 쌓여 있는데 바구니와 집게를 들고 원하는 재료를 골라 담아 건네면 짭조름한 특제 소스에 넣고 푹 끓인 후 접시에 담아 준다. 가게 안에서 먹고 가려면 바로 옆 음료 가게에서 NT$20 이상의 음료를 주문해야 한다.

전화 02-3365-1863 **영업** 16:00~01:30

하오하오웨이강스보뤄바오 好好味港式菠蘿包

홍콩식 버터곰보빵(港式菠蘿包)을 파는 상점으로 항상 긴 줄이 서 있다. 3종류의 곰보빵 중 빙휘보뤄유(冰火菠蘿油)를 강력 추천한다. 따끈따끈한 곰보빵에 두툼한 버터를 끼워 주는데 버터가 사르르 녹으면서 짭조름하고 고소한 풍미가 어우러져 아주 맛있다. 가격은 NT$35부터.

전화 02-2368-8898 **영업** 12:00~21:30

쉬지성젠바오 許記生煎包

30년 역사를 이어온 만두 가게. 커다란 솥에 만두를 넣어 바닥 면은 굽고 윗부분은 찌는 형태의 성젠바오(生煎包)를 파는 곳이다. 육즙을 가득 품은 만두의 촉촉함과 바삭함을 동시에 느낄 수 있다.

전화 0910-083-685 **영업** 15:30~23:00

궁관예스
公館夜市 | 공관 야시장

알뜰 쇼핑이 가능한 시장
국립 타이완 대학과 이웃하고 있어 항상 활기가 넘친다. 포장마차와 같은 노점들도 있지만 식당, 카페, 상점이 많아서 꼭 밤에 가지 않아도 야시장의 분위기를 느낄 수 있는 것이 장점이다. 의류, 소품, 스포츠용품, 화장품 등을 파는 가게들이 많고 가격도 저렴한 편이다.

지도 p.9-G
주소 台北市中正區羅斯福路四段
영업 16:00~01:00
교통 MRT 궁관(公館)역 4번 출구에서 도보 2분

궁관예스's PICK

천싼딩 陳三鼎

이곳의 버블티 칭와좡나이(青蛙撞奶)를 맛보기 위해 궁관예스에 오는 사람들이 있을 정도로 유명한 가게. 인기의 비결은 특제 비법으로 만든 타피오카로 흑설탕의 달콤한 맛과 쫀득쫀득한 식감이 감동 그 자체다. 가격은 NT$50.

전화 02-2367-7781
영업 11:30~22:00 **휴무** 월요일

중순 重順

쓰촨요리 맛집. 추천 메뉴로는 오동통한 새우를 튀겨 매콤한 소스에 버무린 궁바오샤런(宮保蝦仁), 보들보들한 연두부를 튀긴 라오피넌러우(老皮嫩肉), 말린 두부와 양배추, 돼지고기

를 함께 볶은 후이궈러우(回鍋肉) 등이 있다. 콩 줄기와 고기를 볶은 간볜쓰지더우(干扁四季豆)는 밥반찬으로 먹기 좋다.

영업 월~금요일 11:00~14:00, 17:00~21:00, 토·일요일 11:00~14:30, 17:00~21:00
요금 1인당 NT$300~

항저우샤오룽탕바오
杭州小籠湯包 추천

궈리중정지녠탕과 가까운 맛집
비교적 저렴한 가격에 맛있는 딤섬을 골라 먹을 수 있는 딤섬 전문점. 대표 메뉴는 샤오룽탕바오(小籠湯包), 게살이 꽉 찬 셰황탕바오(蟹黃湯包), 한쪽 면만 바삭하게 구운 싼셴궈톄(三鮮鍋貼)이다. 귀여운 단호박 모양의 난과가오(南瓜糕)는 팥이 든 딤섬인데 디저트로 먹기 좋다.

지도 p.93-L **주소** 台北市大安區杭州南路二段19號
전화 02-2393-1757
영업 11:00~14:30, 16:30~21:00
요금 샤오룽바오 NT$160
홈페이지 www.thebestxiaolongbao.com
교통 MRT 중정지녠탕(中正紀念堂)역 3번 출구에서 도보 10분

융캉제 & 궁관의 카페와 다예관

칭톈치류
青田七六

오래된 일본식 고택을 개조한 찻집

융캉제를 따라 걷다 보면 칭톈제(青田街)라는 거리가 나온다. 일제강점기에 일본 고급 관료와 대학교수들이 거주했던 거리로, 분주한 융캉제와는 달리 한적하고 차분한 분위기다. 이 집은 80년 이상 된 일본식 고택을 개조해 전시 공간 겸 카페로 운영하고 있다. 고즈넉한 카페에서 차를 마시며 여유로운 시간을 보내기 좋다. 차 외에 가벼운 식사 메뉴도 갖추고 있다.

지도 p.101-F
주소 台北市大安區青田街7巷6號
전화 02-2391-6676
영업 런치 11:30~14:00, 애프터눈 티 14:30~17:00, 디너 17:30~21:00
휴무 매월 첫째 월요일
요금 커피 NT$100~, 차 NT$180~(+SC 10%)
홈페이지 www.geo76.tw
교통 MRT 둥먼(東門)역 5번 출구에서 융캉제(永康街)를 따라 도보 12분

카페 리베로
Caffè Libero | 小自由

빈티지한 살롱 분위기의 카페

1970년대 건물을 카페로 꾸며놓았다. 실내에는 고풍스러운 앤티크 가구들이 놓여 있고, 옛날 나무 바닥을 그대로 사용하고 있어 마치 오래된 살롱에 들어온 것 같은 기분이 든다. 낮에는 향긋한 커피 한잔을, 저녁에는 칵테일이나 위스키를 즐기기에 완벽한 공간이다. 융캉제에서 스다예스로 넘어가는 중간에 있다.

지도 p.101-D
주소 台北市大安區金華街243巷1號
전화 02-2356-7129
영업 11:00~24:00
요금 1인당 NT$200~
교통 MRT 둥먼(東門)역 5번 출구에서 도보 8분

요우샨차팡
遊山茶訪

타이완의 명차를 만나다

19세기부터 동정산(凍頂山)에서 우롱차를 만들기 시작해 100년이 넘는 역사를 자랑하는 명차 브랜드로 차를 좋아하는 이들에게는 꽤 유명한 곳이다. 다예관에서 친절한 설명을 들으며 직접 시음을 하고 차를 고를 수 있다. 제품 종류는 전통적인 우롱차부터 초보가 마시기 쉬운 블렌딩 차까지 다양하며 선물용으로도 좋다.

지도 p.101-A
주소 台北市大安區永康街6巷9號
영업 10:00~20:30
교통 MRT 동먼(東門)역 5번 출구에서 도보 2분

스톱 바이 티 하우스
Stop By Tea House | 串門子茶館

특별한 공간에서 즐기는 티타임

인테리어 디자이너 출신의 주인이 전통 다예관의 분위기에 모던한 감각을 덧입혀 멋진 공간을 탄생시켰다. 독특한 인테리어가 시선을 압도하며 지하에는 차를 마실 수 있는 좌석이 마련되어 있다. 차와 곁들이기 좋은 중국식 디저트도 다양하다. 차와 다기, 의류, 잡화 등을 판매하는 숍도 운영하고 있어 구경만으로도 즐겁다.

지도 p.101-C
주소 台北市大安區麗水街13巷9號
전화 02-2356-3767
영업 13:00~21:00
요금 차 NT$250~
교통 MRT 동먼(東門)역 5번 출구에서 융캉제(永康街)를 따라 도보 6분

쯔텅루
紫藤廬

해군 기숙사를 개조한 다예관

일제강점기에 해군 기숙사로 사용하던 건물을 개조해 다예관으로 문을 열었다. 정원에는 자색 등나무가 우거져 아름다움을 더하며, 실내는 고가구와 서예 작품, 다다미 방으로 꾸며져 있다. 고산우롱차(高山烏龍茶), 푸얼차(普洱茶), 룽징차(龍井茶) 등 다양한 명차를 마실 수 있다. 직원이 정성껏 차를 우리는 동안 마시는 방법에 대해 설명해 준다.

지도 p.90-J
주소 台北市大安區新生南路三段16巷1號
전화 02-2363-7375 **영업** 월·수·목요일 11:30~18:30, 금~일요일 11:30~21:30
휴무 화요일 **요금** 우롱차 NT$420~
홈페이지 www.wistariateahouse.com
교통 MRT 타이덴다러우(台電大樓)역 2번 출구에서 도보 10분

융캉제 & 궁관의 쇼핑

이즈쉬안
一之軒

누가 크래커로 인기몰이 중

한국 여행자 사이에서 펑리쑤만큼 뜨거운 인기를 누리고 있는 누가 크래커를 판매하는 가게. 바삭한 크래커 사이에 쫀득한 누가가 들어 있는데 단맛과 짠맛의 조화가 절묘하다. 종류는 크랜베리 누가 크래커와 채소 누가 크래커가 있으며, 2가지 맛을 섞어서 살 수도 있다. 가격은 1박스(10개)에 NT$135~. 낱개로도 판매하니 일단 하나 사서 맛을 보고 마음에 드는 것으로 구매하자. 타이베이에 10여 개의 분점이 있다.

지도 p.101-B
주소 台北市大安區信義路二段226號
전화 02-3322-5566
영업 07:00~21:00
홈페이지 www.ijysheng.com.tw
교통 MRT 둥먼(東門)역 5번 출구에서 도보 3분

선메리
Sunmerry | 聖瑪莉

한입 사이즈 펑리쑤로 유명한 제과점

타이베이 시내에 여러 지점이 있지만 융캉제 초입에 있는 이 지점이 가장 유명하다. 펑리쑤는 물론 타로 케이크, 에그 타르트도 맛있기로 소문이 났다. 특히 진한 버터 향과 상큼한 파인애플 앙금의 맛이 잘 어울리는 펑리쑤가 인기 있다. 가격은 12개에 NT$200.

지도 p.101-A
주소 台北市大安區信義路二段186號
전화 02-2392-0224
영업 07:30~21:30
홈페이지 www.sunmerry.com.tw
교통 MRT 둥먼(東門)역 5번 출구에서 도보 1분

미미
蜜密

누가 크래커의 시초

'미미 누가 크래커'라는 이름으로 잘 알려진 가게이며, 타이베이 누가 크래커 열풍을 일으킨 곳이기도 하다. 시장 앞 노점에서 시작했으나 인기에 힘입어 현재는 번듯한 가게를 열었다. 누가 크래커는 달콤하면서도 짭조름한 맛의 조화가 일품으로, 가격은 12개에 NT$220.

지도 p.101-A
주소 台北市大安區金山南路二段21號
전화 02-2351-8853
영업 09:00~13:00
휴무 월요일
교통 MRT 둥먼(東門)역 3번 출구에서 도보 2분

일롱
Eilong | 宜龍茶器

지도 p.101-D
주소 台北市大安區永康街31巷16號
전화 02-2343-2311
영업 11:00~19:00
교통 MRT 둥먼(東門)역 5번 출구에서 도보 3분. 융캉공원(永康公園)을 지나 왼쪽으로 가면 나온다.

타이완의 아름다운 다기 브랜드

명차로 유명한 타이완에서 다기를 구매하고 싶다면 이곳으로 가보자. 타이완의 대표적인 다기 브랜드로 최근에는 한국에서도 인기가 높아지고 있다. 모던한 디자인의 다기부터 전통적인 아름다움이 느껴지는 다기까지 폭넓게 갖추고 있다. 디자인과 퀄리티에 비하면 가격도 NT$700~2,000 정도로 부담스럽지 않은 수준이다. 지인들을 위한 선물을 구매하기에 좋다.

라이 하오
LAI HAO | 來好

타이완의 감성이 듬뿍 담긴 선물 가게

타이완의 지역 특산품부터 질 좋은 차와 간식거리, 타이완의 아이콘들을 담은 엽서 등 다양한 타이완 기념품을 판매하는 숍. 중국의 강족(羌族)이 한 땀 한 땀 정성껏 손바느질해서 만든 패브릭 제품, 도자기로 유명한 도시 잉거(鶯歌)에서 들여온 멋진 다기도 있다. 1층에는 주로 수공예품을 전시, 판매하며 지하에서도 아기자기한 아이템을 구경할 수 있다.

지도 p.101-A
주소 台北市大安區永康街6巷11號
전화 02-3322-6136
영업 10:00~21:30
교통 MRT 둥먼(東門)역 5번 출구에서 도보 2분

라뜰리에 로터스
L'Atelier Lotus

누가 크래커의 신흥 강자

미미 크래커와 함께 융캉제에서 누가 크래커 매장의 양대 산맥으로 꼽히는 곳. 르 꼬르동 블루 출신의 실력 있는 파티시에가 만드는 누가 크래커로 인기몰이 중이다. 매장 안에서 직접 누가 크래커를 만드는 모습을 엿볼 수 있어 더 믿음이 간다. 다른 곳보다 누가 양이 더 많고 단맛이 강한 편. 매일 9시부터 선착순 판매하며 가격은 1박스에 NT$180 정도다. 포장도 고급스러워 선물용으로도 안성맞춤이다.

지도 p.101-C
주소 台北市大安區永康街31巷10號
영업 토~화요일 09:00~22:00, 목~금요일 09:00~23:00
휴무 수요일
교통 MRT 둥먼(東門)역 5번 출구에서 융캉제(永康街)를 따라 도보 5분. 융캉궁위안을 지나면 바로 보인다.

타이베이 Area 5

신이 & 둥취
信義 & 東區

신이 지역은 계획적으로 설계된 신흥 상권으로 타이베이 시정부를 비롯해 타이베이 101, 타이베이 세계무역센터 등 타이베이를 대표하는 굵직한 랜드마크들이 모여 있다. 최근에는 고급 백화점들이 이 일대에 속속 들어서면서 쇼핑의 격전지로 거듭났으며 고급 호텔과 레스토랑, 화려한 나이트라이프를 즐길 수 있는 클럽도 즐비하다. 흔히 둥취(東區)라고 불리는 지역은 MRT 중샤오푸싱(忠孝復興)역과 중샤오둔화(忠孝敦化)역 일대에 형성된 상권으로 백화점과 쇼핑몰이 밀집해 있고, 골목마다 트렌디한 의류와 잡화를 파는 상점과 카페가 이어진다. 우리의 신사동 가로수길처럼 타이베이의 유행을 선도하는 핫 플레이스로 개성 넘치는 타이완의 젊은이들을 볼 수 있다.

CHECK

여행 포인트		
	관광	★★★★
	미식	★★★★
	쇼핑	★★★★

이것만은 꼭 해보기
- ☐ 타이베이 101에서 전망 감상하기
- ☐ 궈푸지녠관에서 근위병 교대식 관람하기
- ☐ 맛있고 멋있는 둥취 골목 탐방하기

BEST COURSE

신이 & 둥취 추천 코스

| 총 소요 시간 |
| 7~8시간 |

신이 지역은 타이베이에서 가장 도시적인 면모를 느낄 수 있는 신흥 상권으로 타이베이 101을 비롯해 고급 백화점, 쇼핑몰이 밀집되어 있다. 궈푸지녠관, 쑹산원창위안취와 묶어서 둘러봐도 좋으며, 체력이 허락한다면 샹산에 올라 전망을 감상하는 것도 놓치지 말자.

여행 예산

교통비	MRT NT$16~
입장료	타이베이 101 관징타이 NT$600
식 비	키키 NT$500~
합 계	NT$1,116~

START

1시간 **둥취** 東區 p.198

트렌디한 가게들이 모여 있는 둥취 거리를 거닐면서 쇼핑과 식도락을 즐겨보자.

옌지제(延吉街)를 따라 도보 10분

둥취

1시간 **쑹산원창위안취** 松山文創園區 **산책** p.187

오래된 담배 공장을 개조해서 만든 색다른 공간. 멋스러운 카페와 상점도 구경할 수 있으니 가볍게 산책하듯 둘러보자.

MRT 스정푸(市政府)역 방향으로 도보 10분

쑹산원창위안취

1시간 **키키** KIKI p.188

한국 여행자들 사이에서 인기가 높은 쓰촨(四川)요리 전문점. 매콤한 맛의 요리들을 맛보자.

도보 5분

키키

1시간 **궈푸지녠관** 國父紀念館 p.184

타이완의 국부인 쑨원을 기념하기 위해 건립한 기념관으로 동상 앞에서 매시 정각에 시작하는 근위병 교대식을 놓치지 말자.

택시 6분 또는 도보 12분

궈푸지녠관

1시간 **에이티티 포 펀 ATT 4 FUN** p.195

신이 지역에서 가장 젊고 활기 넘치는 쇼핑몰. 핫한 브랜드와 맛집, 클럽이 모여 있어 젊은 층에게 인기가 높다.

스카이워크를 따라 도보 5분

에이티티 포 펀

1시간 **타이베이 101** 台北 101 p.180

타이베이를 넘어 타이완을 상징하는 랜드마크. 타이베이 도심의 전경을 파노라마로 감상할 수 있는 전망대는 꼭 가보자.

MRT 타이베이 101/스마오(台北 101/世貿)역 2번 출구에서 아디다스(Adidas) 농구장이 보이면 좌회전해 도보 2분

타이베이 101

1시간 **쓰쓰난춘** 四四南村 p.185

과거 이주민들이 거주하던 낡은 촌락에 상점, 카페가 들어서면서 신이 지역의 이색 명소로 사랑받고 있다.

MRT + 도보 15분

쓰쓰난춘

1시간 **샹산** 象山 p.186

해발 183m의 산으로 계단을 따라 올라가면 최고의 야경을 감상할 수 있다.

샹산

신이 & 둥취의 관광 명소

타이베이 101
台北 101

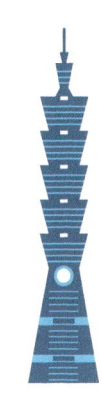

타이완을 상징하는 아이콘

2010년 1월까지 세계에서 가장 높은 빌딩으로 기네스북에 올랐던, 타이완을 대표하는 상징이다. 정식 명칭은 '타이베이진룽다러우(台北金融大樓)'로, 508m 높이에 지하 1층, 지상 101층 규모이며 상당수의 층은 금융회사의 사무실로 사용되고 있다. 이 빌딩은 타이완의 유명 건축가 리쭈위안의 설계로 약 7년에 걸쳐 완성되었고, 대나무 죽순 또는 한자 '팔(八)' 자와 비슷한 건축미를 뽐내고 있다. 중화권에서 숫자 '8'은 번영, 성장, 발전을 뜻하는 '發(발)'자와 발음이 비슷해 좋은 숫자로 통하는데 그 의미를 담아 8층씩 묶어서 8단으로 건물을 올렸다고 한다. 지하 1층부터 지상 6층까지는 쇼핑몰로 운영되고 있는데, 명품 브랜드는 물론 유명 레스토랑과 푸드코트 등을 갖추어 관광, 식도락, 쇼핑을 한꺼번에 즐기는 멀티플레이스로 사랑받고 있다. 특히 지하 1층에는 딘타이펑, 텐런밍차, 신둥양 등 여행자들에게 인기 있는 매장이 집중돼 있으며, 2층에는 에이티티 포 펀, 신광싼웨 백화점 등과 연결되는 스카이워크가 마련돼 있어 우천 시에도 편하게 이동이 가능하다.

지도 p.100-E
주소 台北市信義區信義路五段7號
전화 02-8101-7777
개방 월~목 · 일요일 11:00~21:30, 금 · 토요일 11:00~22:00
홈페이지 www.taipei-101.com.tw
교통 MRT 타이베이 101/스마오(台北 101/世貿)역 4번 출구에서 바로

전망을 즐길 수 있는 스폿

89층

타이베이 101 관징타이
台北 101 觀景台 | Taipei 101 Observatory

타이베이의 도심 전망을 파노라마 뷰로 감상할 수 있는 전망대. 5층 매표소에서 89층 전망대까지 382m의 높이를 시속 60.6km로 불과 37초 만에 올라가는 엘리베이터는 기네스북에도 이름을 올렸다. 89층 전망대에서는 날씨가 맑은 날이면 지룽(基隆)과 미라마 쇼핑몰의 대관람차까지 바라다보이며, 저녁에는 야경을 감상하기에 좋다. 한국어 음성 안내기를 갖추고 있어 각 구간의 상세한 설명도 들을 수 있다. 비상계단을 통해 91층으로 올라가면 통유리 창이 아닌 탁 트인 야외 스카이 덱에서 전망을 즐길 수 있다. 단 날씨가 좋은 날에만 개방한다. 88층에는 타이베이 101의 무게중심을 잡아주는 댐퍼(Damper)가 있다. 무게 660톤, 지름 5.5m의 거대한 황금색 추는 강한 태풍과 지진에 버티는 역할을 한다. 타이베이 101을 효율적으로 즐기는 순서는 89층에서 전망을 감상한 후 91층 야외 전망대에 올라갔다가 계단을 통해 88층으로 내려가 댐퍼를 관람하고 기념품 숍을 통과한 후 엘리베이터를 타고 내려오면 된다.

개방 09:00~22:00(매표 마감은 21:15)
요금 성인 NT$600, 어린이 NT$540

85층

85TD

타이베이 101의 85층에 위치하고 있어 환상적인 전망과 고급스러운 분위기 속에서 미식을 즐길 수 있는 레스토랑이다. 타이완 각지에서 생산되는 최상급 재료로 중화요리를 선보인다. 런치 세트는 NT$1,980, 디너는 NT$3,380부터 시작한다. 점심에는 딤섬 메뉴도 선보이며 워낙 인기가 많은 곳이라 방문 전 예약은 필수다.

전화 전화 02-8101-0085
영업 12:00~14:30, 18:00~22:00
요금 런치 세트 NT$1,980, 디너 NT$3,380~(+SC 10%)
홈페이지 www.85td-101.com

88층

심플 카파 솔라
Simple Kaffa Sola

아찔한 전망을 감상하며 커피를 즐길 수 있는 곳으로 2023년에 새롭게 문을 열었다. 뷰만 좋은 것이 아니라 커피도 수준급. 2016년 월드 바리스타 챔피언십에서 우승한 바리스타의 커피를 맛볼 수 있다. 100% 예약제로 운영되며 창가 좌석의 경우 미니멈 차지(2인 테이블 NT$1,500, 4인 테이블 NT$2,000)가 있다. 먼저 2층으로 간 후 안내데스크에서 직원의 안내를 받고 88층으로 이동하면 된다.

전화 02-8101-0085
영업 12:00~14:30, 18:00~22:00
요금 아메리카노 NT$180, 카페라테 NT$200(+SC 10%)

타이베이 101 지하 1층 즐기기

딘타이펑
Din Tai Fung | 鼎泰豊

MRT 4번 출구와 연결되는 지하 입구 오른쪽에 자리해 찾기 쉬우며, 전망대를 감상한 후 식사를 하려는 사람들로 항상 붐벼 대기는 필수. 하지만 매장 규모가 워낙 커서 테이블 회전이 빠른 편이다. 진한 육즙을 품은 샤오룽바오(小籠包)와 새우가 들어간 샤런샤오마이(蝦仁燒賣), 돼지갈비튀김을 얹은 볶음밥 파이구단판(排骨蛋飯) 등이 맛있다. 한국어 메뉴판을 갖추고 있어 주문이 편리하다.

전화 02-8101-7799
영업 11:00~20:30
홈페이지 www.dintaifung.com.tw

슈가 & 스파이스
Sugar & Spice | 糖村

현지인들이 좋아하는 간식인 누가(Nougat, 牛軋糖)가 맛 좋기로 유명한 전문점. 다양한 맛이 있는데, 그중 아몬드가 들어 있는 파스뉴야탕(法式牛軋糖) 맛이 가장 인기 있다. 비닐 팩과 박스에 담긴 선물용 패키지 중에 고를 수 있다. 워낙 마니아가 많아 몇 박스씩 사 간다.

전화 02-8101-7758
영업 11:00~21:30
홈페이지 www.sugar.com.tw

서니 힐스
Sunny Hills

펑리쑤로 유명한 서니 힐스를 타이베이 101에서도 만날 수 있다. 본점보다는 작은 규모지만 접근성이 좋아 시간이 부족한 여행자라면 이곳에서 구입하는 것을 추천한다. 2개부터 6개, 15개 등 다양한 세트가 있고 귀여운 에코백에 담아줘서 선물용으로도 좋다.

전화 02-8101-7667
영업 11:00~21:30
홈페이지 www.sunnyhillslife.com

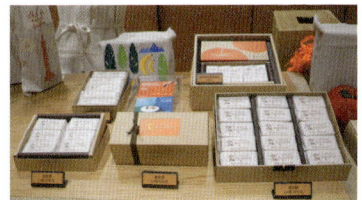

미아 시봉
Mia C'bon

타이베이 101 지하에 위치한 프리미엄 마켓으로 타이완의 주요 식재료를 비롯해 유럽, 일본, 한국 수입 제품들까지 폭넓게 갖추고 있다. 여행자가 사기 좋은 펑리쑤와 타이완 차, 과자 등 고루 갖추고 있으니 따로 마트 갈 시간이 없다면 이곳에서 쇼핑을 즐겨보자.

전화 02-8101-8701
영업 09:00~21:30

야오양차항
嶢陽茶行

1842년에 설립되어 6대째 이어져 내려오는 전통 있는 차 브랜드다. 인기 상품으로는 아리산우롱차, 둥팡메이런차, 톄관인차, 아리산진관차 등이 있다. 차의 품질이 뛰어나며 꽃무늬의 틴 케이스는 여성들에게 특히 인기 있다.

전화 02-8101-7653
영업 11:00~21:30
홈페이지 www.geowyongtea.com.tw

신둥양
新東陽

타이완의 특산 주전부리를 구매할 수 있는 숍으로, 타이완 전역에 체인을 두고 있다. 펑리쑤를 비롯해 중국 과자, 사탕, 육포, 견과류, 말린 과일 등 다양한 상품을 갖추고 있는데 가격도 적당하고 박스 패키지에 담긴 제품이 많아 선물용으로 구매하기 좋다.

전화 02-8101-8380
영업 11:00~21:30
홈페이지 www.hty.com.tw

궈푸지녠관
國父紀念館 | 국부기념관

타이완의 국부 쑨원을 기리는 기념관

쑨원(孫文)은 1911년 중국 민주주의 혁명인 신해혁명(辛亥革命)을 일으킨 인물로 민족·민권·민생의 삼민주의를 정립했으며 지배자가 국가의 모든 권력을 장악하는 전제정치(專制政治)에서 벗어나 중화민국을 수립하고 초대 임시 총통을 지냈다. 중국의 마오쩌둥과 타이완의 장제스가 정신적 스승으로 삼았던 인물이며 타이완 국민들에게 무한한 존경을 받고 있다. 궈푸지녠관은 쑨원을 기리기 위해 세운 기념관으로, 1972년 5월 16일에 완공되었다. 건물 정면에는 높이 5.8m에 달하는 크기의 위풍당당한 쑨원 좌상이 있으며, 11만 m²의 화려한 정원이 건물 둘레를 감싸고 있다. 쑨원의 호인 중산(中山)을 따라 중산궁위안이라고도 부르는데 산책을 즐기기에 좋고 이 공원에서 바라보이는 타이베이 101의 풍경이 멋지다. 동상 앞에서는 매시 정각에 근위병 교대식이 진행된다.

지도 p.96-F
주소 台北市信義區仁愛路四段505號
전화 02-2758-800
개방 09:00~18:00
휴무 음력설 연휴
요금 무료
홈페이지 www.yatsen.gov.tw
교통 MRT 궈푸지녠관(國父紀念館)역 4번 출구에서 도보 2분

쓰쓰난춘
四四南村 | 사사남촌

낡은 촌락의 대변신

타이완은 버려져 가는 낡은 곳에 젊고 신선한 감각을 불어넣어 과거와 현재가 공존하는 멋진 공간으로 탈바꿈시키는 데 일가견이 있는 것 같다. 이곳 또한 1948년

중국의 내전을 피하기 위해 칭다오(青島)에서 넘어온 이주민들이 거주하던 촌락이었다. 1999년 철거될 위기에 처했으나 타이베이 문화계 인사들의 노력으로 과거의 건축물을 보존하면서 개성을 덧입힌 문화 공원으로 다시 태어났다. 약 4,000평 부지에 건물 4동으로 구성되어 있으며, 쥐안춘원우관(眷村文物館), 굿초(good cho's) 등의 인기 명소가 자리해 사람들을 불러 모으고 있다. 타이베이에서 가장 도시적인 모습을 갖춘 신이 지역에 색이 바랜 잿빛 건물이 존재한다는 점이 이색적이면서 그 의미가 깊다. 빈티지한 분위기 덕분에 화보나 웨딩 촬영 장소로 많이 애용된다.

지도 p.100-E
주소 台北市信義區松勤街50號
전화 02-2723-9777
개방 09:00~16:00
휴무 월요일
요금 무료
교통 MRT 타이베이 101/스마오(台北 101/世貿)역 2번 출구에서 아디다스(Adidas) 농구장이 보이면 좌회전한다. 도보 8분

샹산
象山 | 샹산

지도 p.91-L
주소 台北市信義區松仁路
교통 MRT 샹산(象山)역 2번 출구로 나와 걷다가 왼쪽의 오르막길을 올라가서 오른쪽으로 가면 샹산으로 올라가는 계단이 나온다. 도보 10분

타이베이 야경을 감상할 수 있는 뷰포인트

샹산은 해발 183m의 산으로, 산의 생김새가 코끼리와 닮았다고 하여 이름 붙여졌다. 타이베이 101에서 가까우며, 정상에서는 타이베이 시내의 전망이 시원스럽게 펼쳐진다. 낮의 청명함도 좋지만 밤에 보는 야경은 황홀함 그 자체다. 전망이 탁월한 데다 무료로 즐길 수 있어 여행자들 사이에서 야경 포인트로 인기 있다. 계단이 많아 날씨가 더운 날엔 오를 때 힘이 들 수도 있지만 백만 불짜리 야경을 감상하며 시원한 음료나 맥주를 마신다면 여행 중 짜릿한 경험이 될 것이다.

타이베이탄쒀관
台北探索館 | Discovery Center of Taipei

지도 p.100-C
주소 台北市信義區市府路1號
전화 02-2720-8889
개방 09:00~17:00
휴무 월요일
요금 무료
홈페이지 www.discovery.taipei.gov.tw
교통 MRT 스정푸(市政府)역에서 지룽루이돤(基隆路一段)을 따라 도보 7분. 타이베이 시정부(台北市政府) 안에 있다.

타이베이의 역사와 문화 미리보기

타이베이의 역사와 문화를 소개하는 무료 전시관. 4층부터 1층으로 차례로 내려오면서 관람하는 것이 효율적이다. 1층 타이베이 인샹청(台北印象廳)에서는 37인치 스크린을 통해 타이베이를 주제로 한 영상을 보여준다. 2층 특전청(特展廳)에서는 타이베이의 최근 동향이나 이슈들을 쉽고 재미있게 이해할 수 있으며 비정기적으로 특별 전시가 열린다. 3층 청스탐색청(城市探索廳)에서는 타이베이를 관통하는 6개의 핵심 도로를 관찰할 수 있다. 4층 시공대화청(時空對話廳)에서는 타이베이의 현재와 과거를 파악할 수 있는 자료들을 전시하고 있다.

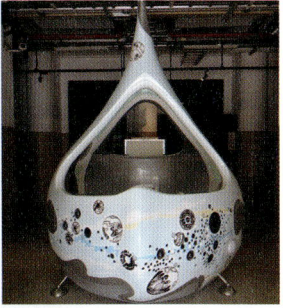

쑹산원촹위안취
松山文創園區 | Songshan Cultural and Creative Park ★

담배 공장이 문화 복합 공간으로 대변신

1937년 일제강점기에 설립된 쑹산 담배 공장이 1998년 문을 닫은 후 방치되어 있었다. 2001년 타이베이시는 이곳을 시립 고적으로 지정하고 문화 예술 복합 공간으로 재탄생시켰다. 내부에는 타이완 디자인 뮤지엄(Taiwan Design Museum)과 서점 겸 복합 쇼핑몰인 에스라이트 스펙트럼(Eslite Spectrum)이 있어 쇼핑과 식도락을 즐기기 좋다. 작은 호수를 끼고 있는 공원도 마련되어 있다.

지도 p.96-F
주소 台北市信義區光復南路133號
전화 02-2765-1388
개방 08:00~22:00
요금 무료
홈페이지 www.songshanculturalpark.org
교통 MRT 궈푸지녠관(國父紀念館)역 5번 출구에서 도보 9분

 주말 시장이 열리는 젠궈난루 建國南路

고가도로 아래 500m 거리에 남쪽은 젠궈 휴일 꽃 시장(建國假日花市)이, 북쪽은 젠궈 휴일 옥 시장(建國假日玉市)이 이어진다. 꽃 시장에서는 타이완 각지의 화훼 농가에서 산지 직송한 꽃, 화분, 묘목 등을 판매한다. 옥 시장에는 옥을 비롯해 다기, 골동품을 파는 상점들이 모여 있는데, 아시아에서도 손꼽히는 규모이다. 여행하면서 선뜻 구매하기는 어려운 제품을 팔고 있지만 재미 삼아 둘러보기 좋다.

지도 p.90-J
영업 토·일요일 09:00~18:00
교통 MRT 다안썬린궁위안(大安森林公園)역 4번 출구에서 고가도로 방향으로 도보 5분

신이 & 둥취의 맛집

키키
KIKI

추천

인기 절정의 쓰촨요리 전문점

한국인 여행자들 사이에서 입소문이 자자한 쓰촨(四川)요리 전문점이다. 분위기가 깔끔하고 음식이 한국인 입맛에 잘 맞아 인기가 많다. 간판 메뉴인 창잉터우(蒼蠅頭)는
돼지고기와 파, 고추를 잘게 다져 소스와 함께 볶은 요리로 따끈한 밥에 올려 먹으면 짭조름하면서 아주 맛있다. 부드러운 두부튀김 요리 라오피넌러우(老皮嫩肉), 닭튀김과 고추를 버무린 라쯔지딩(辣子雞丁), 새우튀김에 파인애플과 소스를 곁들인 펑리샤추(鳳梨蝦球)도 인기 메뉴.

지도 p.100-A
주소 台北市信義區松高路11號誠品生活商場4樓
전화 02-2722-0388
영업 11:00~15:00, 17:15~22:00
요금 1인당 NT$500~
교통 스정푸(市政府)역 2번 출구에서 도보 3분. W 호텔 맞은편 청핀수뎬 4층

키키의 추천 메뉴

창잉터우 蒼蠅頭
돼지고기와 파, 고추를 잘게 다져 소스와 함께 볶은 요리로 하얀 쌀밥 위에 올려 먹으면 맛있다.

펑리샤치우 鳳梨蝦球
바삭하게 튀긴 새우에 파인애플의 달콤함이 더해진 요리

라오피넌러우 老皮嫩肉
키키의 인기 메뉴. 부드러운 두부를 튀긴 요리로 입에서 살살 녹는 맛이 일품이다.

궁바오지딩 宮保雞丁
매콤한 쓰촨식 닭튀김 요리로 맥주와 곁들여 먹기 좋다.

홍자오사오위 紅椒燒魚
큼직한 도미튀김에 매콤한 소스를 뿌린 요리

마포더우푸 麻婆豆腐
쓰촨식 마파두부 요리로 밥과 함께 비벼 먹으면 맛있다.

두샤오웨
度小月

타이난 명물 국수의 원조

단짜이멘(擔仔麵)은 '루러우(卤肉)'라는 다진 돼지고기에 버섯, 채소 등을 중국식 된장으로 양념해 볶은 고명과 새우를 얹어 내는 소박한 국수. 단짜이멘은 타이난의 명물 국수로 이곳은 그 원조 격인 가게다. 1890년대 작은 노점에서 시작해 4대에 걸쳐 대를 잇고 있다. 양이 보통 국수의 절반 정도로 적은 편이니 다른 메뉴와 함께 즐겨보자. 오징어를 다져 튀긴 자화즈완(炸花枝丸), 새우튀김(黃金蝦捲) 등도 맛있다.

지도 p.99-G
주소 台北市大安區忠孝東路四段216巷8弄12號
전화 02-2773-1244
영업 11:00~15:00, 16:30~21:00
요금 단짜이멘 NT$50, 쭈촨러우짜오판 NT$35(+SC 10%)
홈페이지 www.noodle1895.com
교통 MRT 중샤오둔화(忠孝敦化)역 3번 출구에서 도보 3분

굿 초
good cho's | 好丘

쓰쓰난춘에 자리한 핫 플레이스

타이베이의 복합 문화 공간인 쓰쓰난춘(四四南村) 안에 자리한 곳으로, 공정 무역 숍과 카페를 함께 운영한다. 카페에서는 20여 종류의 베이글과 샌드위치, 타이완 가정식, 브런치 메뉴 등을 판매한다. 특히 바나나 초콜릿 베이글, 포멜로 파인애플 베이글이 인기 만점. 타이완 농가에서 재배한 채소로 만들어 지역 경제 발전에 기여하는 착한 카페다.

지도 p.100-E
주소 台北市信義區松勤街54號
전화 02-2758-2609
영업 11:00~18:00
요금 식사 NT$280~, 베이글 NT$45~
교통 MRT 타이베이 101/스마오(台北 101/世貿)역 2번 출구로 나와 걷다가 아디다스(Adidas) 농구장이 보이면 좌회전한다. 도보 8분

옌
YEN

멋진 전망을 품은 세련된 중식당

W 호텔에서 운영하는 중식 레스토랑. 31층에 위치하고 있어 멋진 전망을 즐기며 식사할 수 있다. 광둥요리를 기본으로 퓨전 중국요리들을 선보인다. 점심에는 딤섬과 런치 세트 메뉴가, 저녁에는 베이징카오야와 해산물을 이용한 요리가 인기 있다. 같은 층에 있는 옌 바 (Yen Bar)는 칵테일이나 와인을 마시며 야경을 감상하기 좋은 곳이다.

지도 p.100-A
주소 台北市信義區忠孝東路五段10號
전화 02-7703-8887
영업 06:30~10:00, 12:00~14:30, 18:00~21:30
요금 1인당 NT$1,000~(+SC 10%)
홈페이지 www.yentaipei.com
교통 MRT 스정푸(市政府)역에서 바로 연결되는 W 호텔 31층에 있다.

쓰촨우차오서우
四川吳抄手

한국인 입맛에 잘 맞는 쓰촨요리 전문점

예능 프로그램 〈꽃보다 할배〉에 나온 이후 한국 여행자들 사이에서 꾸준히 인기몰이 중인 쓰촨요리 전문점. 닭튀김과 고추를 매콤하게 볶은 궁바오지딩(宮保雞丁), 입에서 사르르 녹는 부드러운 연두부튀김 라오피넌더우푸(老皮嫩豆腐)는 열에 아홉은 맛있게 먹는 대중적인 메뉴이다. 새우를 다져 큼직하게 튀긴 추이피자사주(脆皮炸蝦珠)와 찹쌀돼지갈비찜인 펀정파이구(粉蒸排骨)도 별미. 훙유차오서우(紅油抄手)는 속이 꽉 찬 완탕에 고추기름을 얹은 요리로 쓰촨요리의 풍미를 제대로 느낄 수 있다. 요리를 반찬 삼아 볶음밥이나 흰쌀밥과 함께 먹으면 좋다. 중국식 원탁 테이블은 손님이 많을 때면 합석해야 한다.

지도 p.100-D
주소 台北市信義區松仁路58號信義遠百A13,4樓
전화 02-8786-2426
영업 11:00~14:30, 17:00~21:00
요금 1인당 NT$400~
교통 MRT 스정푸(市政府)역 3번 출구에서 도보 8분. 파이스턴 백화점 신이(Xinyi) A13 4층에 위치

주지셴빙저우뎬
朱記餡餅粥店

소박하지만 맛있는 한 끼

1973년 중국 출신의 주인이 문을 연 식당으로 중국 둥베이 지방의 음식을 부담 없는 가격에 먹을 수 있다. 본점의 성공으로 타이베이 시내에 10여 곳의 분점이 있다. 인기 메뉴는 군만두와 비슷한 뉴러우셴빙(牛肉餡餅). 그 밖에 조를 넣고 부드럽게 끓인 죽 샤오미저우(小米粥), 밥알이 살아 있는 새우볶음밥 샤런차오판(蝦仁炒飯), 담백한 국물에 새우 완탕이 들어 있는 샤런훈툰탕(蝦仁餛飩湯), 육개장처럼 얼큰한 국물의 훙사오뉴러우몐(紅燒牛肉麵) 등의 메뉴가 있다.

뉴러우셴빙(牛肉餡餅)

지도 p.100-D
주소 台北市信義區松仁路58號信義遠百A13, 4樓
전화 02-8786-4101
영업 11:00~21:30
요금 1인당 NT$200~
홈페이지 www.zhuji.com.tw
교통 MRT 스정푸(市政府)역 3번 출구에서 도보 8분. 파이스턴 백화점 신이(Xinyi) A13 4층에 위치

훙사오뉴러우몐(紅燒牛肉麵)

원딩
問鼎

고품격 훠궈 레스토랑

중국풍의 골동품으로 꾸며 고전적이고 화려한 분위기에서 훠궈를 즐길 수 있는 레스토랑. 뷔페가 아닌, 하나씩 주문하는 방식으로 육수는 마라, 채소, 조개탕 등 8가지 중에서 2가지를 고를 수 있다. 프라임 소고기, 홋카이도산 게 등이 추천 메뉴이며 신선한 버섯, 수제 완자, 종합 해산물 등도 인기다. 1인당 육수 요금은 NT$188, 최소 주문 금액은 1인당 NT$500으로 식사 시간은 최대 2시간이다.

지도 p.99-G
주소 台北市大安區忠孝東路四段210號2樓
전화 02-2731-2107
영업 11:30~24:00
요금 1인당 NT$1,000~(+SC 10%)
홈페이지 www.wending.com.tw
교통 MRT 중샤오둔화(忠孝敦化)역 3번 출구에서 도보 1분

마르코 폴로
Marco Polo

지도 p.91-K
주소 台北市大安區敦化南路二段201號
전화 02-2378-8888
영업 화~금요일 17:00~00:30, 토·일요일 14:00~00:30
휴무 월요일
교통 MRT 류장리(六張犁)역에서 도보 5분. 샹그릴라 파 이스턴 플라자 호텔 38층에 있다.

전망 좋은 라운지 바

샹그릴라 파 이스턴 플라자 호텔 38층에 위치한 라운지. 이곳이 유명한 이유는 멋진 전망 때문이다. 통유리 너머로 바라보이는 타이베이 101의 뷰가 압권이다. 오후의 애프터눈 티타임(14:30~17:00)에는 달콤한 디저트를 맛보며 전망을 감상하고, 저녁에는 칵테일을 한잔하며 야경을 즐기기 좋다. 금·토요일 밤 9시 30분~12시 30분에는 DJ가 음악을 틀어 주어 클럽 분위기로 달아오른다.

차차테
Cha Cha Thé | 采采食茶文化

갤러리 분위기의 고급 다예관

마치 갤러리에 온 듯 고급스러운 분위기의 다예관. 최상급 차와 간단한 식사 메뉴를 갖추고 있다. 대표적인 차로는 아리산우롱차(阿里山烏龍茶)와 둥딩우롱차(凍頂烏龍茶)를 꼽는다. 타이완 명차는 물론 펑리쑤, 제비집 젤리 등 타이완 특산 과자도 구매할 수 있다. 포장이 고급스러워 특별한 선물용으로 제격이다.

지도 p.98-I
주소 台北市大安區復興南路一段219巷23號
전화 02-8773-1818
영업 11:00~22:30
요금 코스 요리 NT$1,280~(+SC 10%)
홈페이지 www.chachathe.com
교통 MRT 중샤오푸싱(忠孝復興)역 3번 출구에서 도보 3분

둥취펀위안
東區粉圓

건강하게 즐기는 타이완 전통 디저트

30여 년 동안 펀위안(粉圓)으로 사랑받고 있는 가게로 시장 안에 위치하고 있다. 펀위안은 팥, 녹두, 타로, 고구마 등 다양한 토핑에 연유 등을 한데 넣어 먹는 음식으로 더우화와 함께 타이완 디저트계의 양대 산맥이라 할 수 있다. 방부제나 첨가물을 전혀 넣지 않았으며 차가운 것과 따뜻한 것이 있다.

지도 p.99-G
주소 台北市大安區忠孝東路四段216巷38號
전화 02-2777-2056
영업 11:00~23:00
요금 1인당 약 NT$90
홈페이지 www.efy.com.tw
교통 MRT 중샤오둔화(忠孝敦化)역 3번 출구에서 도보 4분

카마 커피 로스터스
CAMA COFFEE ROASTERS

아날로그 감성을 품은 힙한 카페

쑹산원촹위안취(松山文創園區) 초입에 위치한 커피로 오래된 건축물을 개조해 카페로 운영 중이다. 스페셜티 커피와 타이완에서 생산된 질 좋은 차를 비롯해 주류, 베이커리, 아침 식사 메뉴 등 종류가 제법 다양하다. 과거와 현재가 공존하는 멋스러운 분위기가 매력적인 공간에서 커피 한잔의 여유를 즐겨보자.

지도 p.96-F
주소 台北市信義區光復南路133號
전화 02-2765-1008
영업 월~목요일 10:00~18:00,
금~일요일 09:30~21:00
요금 커피 NT$160~, 브런치 NT$380~
교통 MRT 궈푸지녠관(國父紀念館)역 5번 출구에서 도보 9분, 쑹산원촹위안취(松山文創園區) 내 위치

황청라오마
皇城老媽

 추천

현지인들이 사랑하는 쓰촨요리 전문점

여행자들에게는 덜 알려졌지만 현지인들에게 이미 인기가 많은 쓰촨요리 전문점이다. 대표 메뉴는 사진과 함께 한국어 설명도 있어 주문도 어렵지 않다. 추천 메뉴는 입에서 살살 녹는 부드러운 연두부 튀김 라오피넌러우(老皮嫩肉), 고추 향이 매콤한 닭고기 요리 궁바오지딩(宮保雞丁) 등이 있다. 여기에 고슬고슬하게 볶은 볶음밥까지 곁들여 먹으면 든든한 한 끼 만찬이 완성된다.

지도 p.99-D
주소 台北市大安區延吉街97巷5號
전화 02-2773-6936
영업 11:30~14:00, 17:30~21:30
휴무 월요일
요금 궁바오지딩 NT$380, 맥주 NT$100~
교통 MRT 궈푸지녠관(國父紀念館)역 1번 출구에서 도보 3분

타이베이 193

신이 & 둥취의 쇼핑

신광싼웨 신이신톈디
新光三越 信義新天地

신이 상권의 주축이 되는 곳

신광싼웨 A4·A8·A9·A11관이 자리한 일대를 '신이신톈디(信義新天地)'라고 부른다. A4관은 여성 의류 브랜드가 다양한 편이며 A8관은 트렌디한 브랜드와 생활 잡화 등이 주를 이룬다. A9관은 프라다, 카르티에, 클로에 등 명품 매장이 집중적으로 모여 있어 명품 쇼핑의 일번지로 통한다. A9관 지하 1층에는 전주나이차의 원조인 춘수이탕(春水堂)이 있으며 A11관 지하의 슈퍼마켓에서는 타이베이 특산품 및 수입 식품을 구매하기 좋다.

지도 p.100-D
주소 台北市信義區松高路12號
전화 02-8789-5599
영업 11:00~21:30
홈페이지 www.skm.com.tw
교통 MRT 스정푸(市政府)역 3번 출구에서 도보 4분. 타이베이 101에서 스카이워크로 연결된다.

에이티티 포 펀
ATT 4 FUN

신이 지역에서 가장 핫한 쇼핑몰

SPA 브랜드와 맛집, 클럽 등이 입점해 있어 젊은 층이 즐겨 찾는 쇼핑몰. SPA 브랜드로는 갭, 유니클로, 자라 홈, 버쉬카, 풀 앤 베어 등이 있어 생활 아이템을 구매하기 좋다. 또한 30여 개의 레스토랑과 카페가 입점해 있는데 그중 6층의 뷔페식 레스토랑 샹스텐팅(饗食天堂)이 유명하다. 7층에는 나이트라이프를 즐기기 좋은 클럽 웨이브(Wave)가 있으며, 10층에는 전망 좋은 레스토랑과 바가 있다.

지도 p.100-D
주소 台北市信義區松壽路12號
전화 02-8780-8111
영업 11:00~22:00(가게마다 다름)
홈페이지 www.att4fun.com.tw
교통 MRT 스정푸(市政府)역 2번 출구에서 도보 10분. 또는 MRT 타이베이 101/스마오(台北 101/世貿)역 4번 출구에서 도보 10분

브리즈 쑹가오
Breeze SONG GAO | 微風松高

가장 최근에 문을 연 쇼핑몰

지하 2층부터 지상 4층까지 운영되고 있는 쇼핑몰. 지하 2층에는 식도락을 즐길 수 있는 식당가, 지하 1층에는 일본 회전 초밥 브랜드 쿠라 스시, 가구 및 인테리어 소품 브랜드 니토리 등이 입점되어 있다. 1~3층에는 신발, 가방, 의류 등 잡화 매장과 인기 SPA 브랜드인 H&M 매장이 큼직하게 있어 합리적인 쇼핑을 즐길 수 있다.

지도 p.100-B
주소 台北市信義區松高路16號
전화 02-6636-9959
영업 일~수요일 11:00~21:30, 목~토요일 11:00~22:00
홈페이지 www.breezecenter.com
교통 MRT 스정푸(市政府)역 3번 출구에서 도보 5분. 험블 하우스 호텔(Humble House Hotel) 옆에 있다.

벨라비타
BELLAVITA

유럽의 저택을 연상시키는 이국적인 건물

럭셔리한 외관부터 남다른 포스가 풍기는 이곳은 내부 인테리어 또한 클래식하고 화려하게 꾸며져 있다. 총 6층 규모로 지하 1층부터 3층은 보테가 베네타, 조르지오 아르마니, 에르메스, 티파니 앤 코, 토즈 등 명품 브랜드가 입점해 있다. 지하 2층에는 카페와 베이커리, 4~6층에는 고급 레스토랑이 있다. 특히 5층에는 프랑스 스타 셰프의 레스토랑 라틀리에 드 조엘 로부숑(L'atelier de Joël Robuchon)이 있어 미식가들이 즐겨 찾는다.

지도 p.100-B
주소 台北市信義區松仁路28號
전화 02-8729-2771
영업 일~목요일 10:30~22:00, 금·토요일 10:30~22:30
홈페이지 www.bellavita.com.tw
교통 MRT 스정푸(市政府)역 3번 출구에서 도보 3분

청핀수뎬
誠品書店

타이완을 대표하는 대형 서점

단순한 서점이 아닌 쇼핑, 다이닝 등이 공존하는 멀티 플레이스다. 총 6층 규모로, 지하 2층에는 의류 브랜드, 지하 1층에는 푸드코트가 있으며 1층에는 아네스베 카페 엘피지(Agnès b. Café L.P.G.)와 인테리어 소품 매장이 있다. 2~3층은 디자인·여행·잡지·패션·음식·컴퓨터·인테리어 전문 서적 외 다양한 분야의 도서를 판매하는 서점으로 운영된다. 4층에는 키키(KIKI) 레스토랑과 오르골로 유명한 우더풀라이프(Wooderful Life) 매장이 있다.

지도 p.100-A
주소 台北市信義區松高路11號
전화 02-8789-3388 **영업** 11:00~22:00
홈페이지 www.eslitecorp.com
교통 MRT 스정푸(市政府)역 2번 출구에서 도보 3분. W 호텔 맞은편에 있다.

우바오춘 베이커리
Wu Pao Chun Bakery | 吳寶春麵店

전설적인 제빵왕의 베이커리

타이완의 월드 챔피언 제빵사 우바오춘(吳寶春)의 베이커리. 유럽 스타일의 담백한 빵에 리치, 망고, 용안 등 타이완에서 생산한 재료로 만든 건강빵이 주를 이룬다.

대표 메뉴는 2010년 프랑스 베이커리 월드컵 챔피언인 리즈메이구이멘바오(荔枝玫瑰麵包)와 2008년 아시아 베이커리 월드컵 챔피언인 주냥구이위안멘바오(酒釀桂圓麵包)이다. 설탕을 넣지 않고 파인애플로만 단맛을 낸 펑리쑤는 1개에 NT$35.

지도 p.97-K
주소 台北市信義區信義路五段124號126號1F
전화 02-2723-5520
영업 10:30~20:00
홈페이지 www.wupaochun.com
교통 MRT 샹산(象山)역 2번 출구에서 도보 1분

타이핑양 SOGO 푸싱관
太平洋 SOGO 復興館

중샤오푸싱 지역의 랜드마크

중샤오푸싱역에서 나오면 두 개의 소고

(SOGO) 백화점이 마주 보고 있다. 녹색 빌딩이 푸싱관(復興館), 흰색 빌딩이 중샤오관(忠孝館)인데, 푸싱관이 좀 더 인기가 많다. 2층에는 버버리, 샤넬, 에르메스, 발렌시아가, 마크 제이콥스 등 명품 브랜드가 있으며, 6층에는 스포츠 브랜드, 7층에는 남성 의류 브랜드 매장이 있다. 지하에는 홍콩 슈퍼마켓 브랜드인 시티 슈퍼(City Super)와 푸드코트가 있으며 딤섬의 성지 뎬수이러우(點水樓)와 딘타이펑(鼎泰豊)도 입점해 있어 쇼핑 후 미식을 즐기기에도 완벽하다.

지도 p.98-E
주소 台北市大安區忠孝東路三段300號
전화 02-2776-5555 **영업** 일~목요일 11:00~21:30, 금·토요일 11:00~22:00
홈페이지 www.sogo.com.tw
교통 MRT 중샤오푸싱(忠孝復興)역 2번 출구에서 바로

페코
PEKOE | 食品雜貨鋪

웰빙 콘셉트의 고급 식품 잡화점

2002년 유명 음식 평론가가 만든 웰빙 식료품 브랜드. 지역 농가에서 생산된 농산물로 만든 건과, 차, 잼, 과자 등을 판매하는데, 식품첨가물이나 방부제를 넣지 않아 믿고 살 수 있다. 패키지도 예뻐서 여성들에게 특히 사랑받고 있으며, 최고급 호텔에 납품할 만큼 인지도가 높다. 매장 안쪽에는 차와 디저트를 즐길 수 있는 공간도 마련돼 있다.

지도 p.98-J
주소 台北市大安區敦化南路一段295巷7號
전화 02-2700-2602
영업 11:00~19:30
휴무 월요일 **홈페이지** www.pekoe.com.tw
교통 MRT 신이안허(信義安和)역 1번 출구에서 도보 7분

타이베이에서 가장 핫한
둥취에서 숨은 보물찾기

둥취(東區)는 타이베이에서 가장 개성 넘치는 동네로 마치 우리의 신사동 세로수길처럼 예쁜 상점과 스타일리시한 카페, 술집이 많다. 타이베이 트렌드세터들의 아지트로 통하며 타이완의 유명 연예인들도 종종 출몰하는 거리다. 골목 구석구석을 걸으면서 나만의 아지트를 찾아보자.

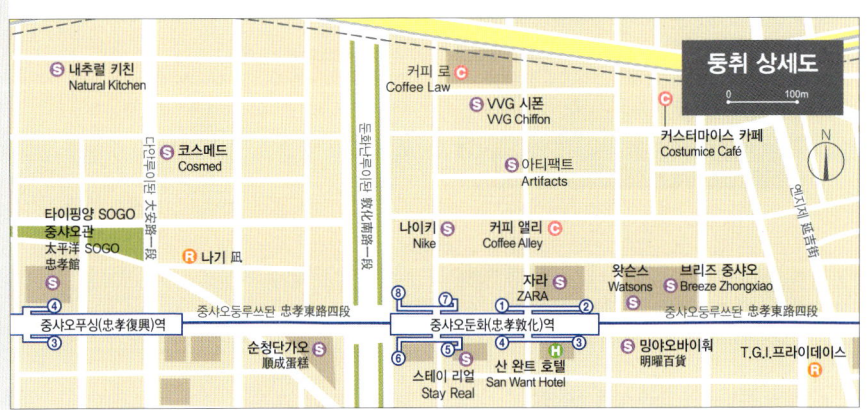

둥취 상세도

스테이 리얼 Stay Real

타이완의 인기 그룹 우웨톈(五月天)의 멤버인 아신(阿信)이 만든 브랜드로 타이완 내에서는 인기가 꽤 높다. 스테이 리얼의 캐릭터를 이용한 펑키한 디자인의 의류, 잡화 등을 판매한다. 같은 골목에 있는 스테이 리얼 카페(Stay Real Café)에서 가벼운 음료와 디저트를 즐기며 쉬어 가자.

주소 台北市大安區忠孝東路四段148號
전화 02-8771-9411
영업 12:00~22:00
교통 MRT 중샤오둔화(忠孝敦化)역 5번 출구에서 도보 1분

커피 로 Coffee Law

미니멀하면서도 감각적인 스타일이 돋보이는 카페로 둥취에서 핫플로 통하는 곳이다. 둥취 산책 후 커피와 함께 디저트를 즐기며 쉬어 가기 좋다. 바닐라 향이 감미로운 바닐라 시드 크림 브륄레, 진한 초콜릿 브라우니가 인기 메뉴.

주소 台北市大安區忠孝東路四段181巷40弄15號1樓
전화 02-2775-3800
영업 08:00~18:00
교통 MRT 중샤오둔화(忠孝敦化)역 7번 출구에서 도보 6분

아티팩트 Artifacts

신진 디자이너의 의류, 디자인 소품 등을 한곳에 모아 파는 멀티 편집 숍. 흔히 볼 수 없는 독특한 스타일의 의류와 소품, 잡화 등을 갖추고 있다. 개성 있는 아이템을 찾는 이들에게 추천한다.

주소 台北市大安區敦化南路一段177巷23號
전화 02-2731-0682 **영업** 12:00~22:00
홈페이지 www.artifacts.com.tw
교통 MRT 중샤오둔화(忠孝敦化)역 7번 출구에서 도보 5분

커스터마이스 카페 Costumice Café

마치 유럽의 어느 카페에 온 듯하며 벽에는 주인장이 찍은 멋진 사진들이 걸려 있다. 남미, 아프리카, 아시아, 타이완 각지에서 공수해 온 원두로 내린 핸드 드립 커피가 맛있다. 저녁이라면 가볍게 맥주나 와인을 마시며 기분을 내기에도 좋은 곳이다.

주소 台北市大安區忠孝東路四段223巷71弄6號
전화 02-2711-8086
영업 일~목요일 12:00~24:00, 금 · 토요일 12:00~01:00
홈페이지 www.costumice.com
교통 MRT 중샤오둔화(忠孝敦化)역 2번 출구에서 도보 5분

내추럴 키친 Natural Kitchen

일본의 인기 잡화점이 타이완에도 진출했다. NT$50이면 아기자기한 소품과 주방용품을 살 수 있어 여성들이 좋아하는 숍이다. 테이블매트, 컵, 그릇, 액자 등 집안을 꾸미기에 좋은 소품을 저렴하게 살 수 있는 기회이니 부담 없이 골라보자.

주소 台北市大安區復興南路一段107巷5弄12號
전화 02-8773-8498
영업 일~목요일 11:00~20:00, 금 · 토요일 11:00~21:00
교통 MRT 중샤오푸싱(忠孝復興)역 4번 출구에서 도보 4분

타이베이 Area 6

쑹산 & 난징둥루
松山 & 南京東路

쑹산 지역은 쑹산 공항과 가까우며, 화려하거나 유명한 볼거리는 없지만 타이베이의 일상생활을 그대로 느낄 수 있는 지역이다. 푸진제(富錦街)는 영화 〈타이베이 카페 스토리〉의 배경이 된 거리로 길게 뻗은 가로수 길을 따라 개성 넘치는 상점, 감각적인 레스토랑과 카페가 드문드문 숨어 있다. 자전거를 타고 여유와 낭만이 느껴지는 거리를 둘러보거나 멋스러운 카페에서 쉬어 가며 시간을 보내자. 난징둥루 일대는 비즈니스 상권으로 1만 5,000명을 수용할 수 있는 공연장 타이베이 아레나(Taipei Arena)와 유명한 펑리쑤 가게, 중급 호텔이 모여 있다.

CHECK

여행 포인트		
관광		★★
미식		★★★
쇼핑		★★★

이것만은 꼭 해보기
- ☐ 치아더, 서니 힐스에서 펑리쑤 쇼핑하기
- ☐ 라오허제예스에서 야식 먹기
- ☐ 마오쿵으로 짧은 여행 다녀오기

BEST COURSE

쑹산 & 난징둥루 추천 코스

| 총 소요 시간 |
| 5~6시간 |

MRT 원후셴(文湖線)을 타면 차밭으로 유명한 마오쿵까지 갈 수 있다. 아침 일찍 마오쿵으로 이동해 관광한 후 오후에는 쑹산, 난징둥루 일대에서 식도락을 즐기는 일정으로 하루를 보내자. 특히 이 일대에는 치아더, 서니 힐스 등 타이베이에서 인기 있는 펑리쑤 가게가 모여 있어 펑리쑤 쇼핑을 하기에도 좋다.

여 행 예 산	
교통비	마오쿵 곤돌라 NT$120 MRT NT$40~
입장료	없음
식 비	궈바솬솬궈 NT$550~ 라오허제예스 NT$100~
합 계	NT$810~

START

1~2시간

마오쿵 貓空 p.210

마오쿵은 차(茶)의 산지로 유명해 도심에서 보기 힘든 싱그러운 자연을 만끽할 수 있다. 아찔한 곤돌라도 타보고 타이베이스리둥우위안도 방문해 보자.

곤돌라 + 도보 5분

마오쿵

1시간

타이베이스리둥우위안 臺北市立動物園 p.212

마오쿵 가까이에 위치하고 있는 아시아 최대 면적의 동물원이다. 판다, 코알라, 캥거루 등을 비롯해 300여 종의 동물들을 볼 수 있다.

MRT + 도보 4분

타이베이스리둥우위안

1시간 **궈바솬솬궈** 鍋爸涮涮鍋 p.207

타이완 사람들이 좋아하는 훠궈로 유명한 맛집. 뷔페식이니 푸짐하게 즐겨보자.

택시 7분

궈바솬솬궈

30분 **치아더** ChiaTe p.209

타이베이에서 가장 유명한 펑리쑤 가게 중 한 곳. 호불호 없이 누구나 좋아하는 맛이라 선물용으로 구매하기 좋다.

MRT + 도보 10분

치아더

1시간 **라오허제예스** 饒河街夜市 p.204

타이베이에서 스린예스와 양대 산맥을 이루는 야시장으로 먹고 즐길 거리가 풍부하다. 야시장 입구에 바다의 여신을 모시는 쑹산츠유궁이 있으니 함께 둘러보자.

라오허제예스

---

 tip **영화 속 그 동네, 푸진제(富錦街) 산책하기**

쑹산 지역에 있는 푸진제는 계륜미(桂綸鎂) 주연의 영화 〈타이베이 카페 스토리〉의 주 배경이 된 거리다. 여행자보다 현지인들이 좋아하는 동네로 멋스러운 카페, 상점이 곳곳에 숨어 있어 걷는 즐거움을 누릴 수 있다. 산책하듯 여유롭게 걷거나 자전거를 타고 둘러보며 푸진제의 매력을 탐색해보자.

교통 MRT 쑹산지창(松山機場)역 3번 출구에서 광푸베이루(光復北路)를 따라 걷다 보면 왼쪽으로 푸진제(富錦街)가 이어진다.

쑹산 & 난징둥루의 관광 명소

라오허제예스
饒河街夜市 | 요우가 야시장

지도 p.103-H
주소 台北市松山區饒河街
영업 17:00~24:00
교통 MRT 쑹산(松山)역 1·2번 출구에서 도보 2분

왁자지껄한 분위기의 야시장

타이베이에서 스린예스 다음으로 큰 야시장으로 1987년에 문을 열었다. 과거 화물을 운반하던 배들이 정박했던 항구였으나 현재는 관광객과 현지인들이 찾는 인기 야시장으로 거듭났다. 일직선으로 약 600m 이어지는 길 양쪽에는 노점과 식당이 즐비하다. 매일 밤 인파가 몰려 야시장의 후끈한 분위기를 제대로 느낄 수 있다. 야시장 입구에는 1753년 건립되었으며 선원들을 수호하는 바다의 신 마조를 모시는 쑹산츠유궁(松山慈祐宮)이 있다.

 라오허제예스의 대표 먹을거리

유명한 먹을거리로는 화덕에 구운 큼직한 후추빵인 푸저우스쭈후자오빙(福州世祖胡椒餅)과 한약재를 넣고 끓인 타이완식 돼지갈비탕인 천둥야오둔파이구(陳董藥燉排骨)가 있다.

수훠지녠즈보우관
樹火紀念紙博物館 | 수훠 종이박물관

타이완에서 유일한 종이 테마 박물관

창춘(長春) 화장지의 창업자 천수훠(陳樹火)가 설립한 박물관. 종이의 기원이 중국에서 비롯되었는데 그에 비해 종이 산업이 전 세계적으로 발전하지 못한 점에 아쉬움을 느껴 1995년 개관했다. 1층에는 도장, 엽서 등을 판매하는 기념품 숍과 전통적인 방법으로 종이를 만드는 소형 제지 공장이 있다. 2층과 3층에는 종이 공예와 역사에 관한 전시실이 있으며, 4층 옥상에는 종이 제작 체험장이 있다. 싱글 티켓 (NT$180)을 구매하면 체험할 수 있다.

지도 p.102-I
주소 台北市中山區長安東路二段68號
전화 02-2507-5535
개방 화~금요일 13:00~16:30, 토요일 09:30~16:30
휴무 일 · 월요일
요금 NT$150
홈페이지 www.suhopaper.org.tw
교통 MRT 쑹장난징(松江南京)역 4번 출구에서 도보 5분. 웰컴 마트(Wellcome Mart) 맞은편에 있다.

미니어처 박물관
Miniatures Museum of Taiwan
袖珍博物館

아시아 최초의 미니어처 박물관

중세 유럽의 풍경, 빅토리아 시대의 건축물과 실내 모습, 일본의 거리, 동화 《걸리버 여행기》를 모티브로 한 작품 등을 1:12부터 1:120 비율로 축소, 전시해 놓은 박물관. 작은 디테일까지 놓치지 않고 섬세하게 표현해 놓아 놀라움을 자아낸다. 전시물마다 스탬프가 있어 도장 찍는 재미도 있다. 규모는 작지만 작품들이 꽤 많아 구경하다 보면 시간 가는 줄 모른다.

지도 p.102-E
주소 台北市中山區建國北路一段96號
전화 02-2515-0583
개방 10:00~18:00
휴무 월요일
요금 성인 NT$250, 어린이 NT$150
홈페이지 www.mmot.com.tw
교통 MRT 쑹장난징(松江南京)역 4번 출구에서 도보 7분

쑹산 & 난징둥루의 맛집

상인수이찬
上引水産

추천

세상 어디에도 없는 특별한 수산 시장

오래된 수산 시장에 고급 마켓 콘셉트를 입혀 센스 넘치는 시장으로 재탄생했다. 산지 직송한 해산물을 파는 시장부터 고급 식자재와 주방용품을 파는 델리 숍, 스시 바 등 10가지의

각기 다른 콘셉트가 한자리에 공존한다. 스시, 덮밥, 게 요리를 부담 없는 가격에 테이크아웃 하거나 본격적인 식사를 할 수 있는 레스토랑도 있으니 취향에 맞게 선택하자. 공간 자체가 주는 생동감과 특별함이 있으니 색다른 수산 시장을 구경하고 싶다면 방문해 보자.

지도 p.102-A
주소 台北市中山區民族東路410巷2弄18號
전화 02-2508-1268
영업 수산 시장 07:00~22:30, 스시 바 외 음식점 10:30~24:00
요금 스시 바 스시 세트 NT$600~, 테이크아웃 스시 NT$200~
홈페이지 www.addicition.com.tw
교통 MRT 중산궈중(中山國中)역에서 택시로 5분. 또는 버스 紅50번을 타고 디얼궈차이스창(第二果菜市場) 정류장에서 하차하거나 542번을 타고 타이베이위스(台北魚市)에서 하차하면 바로 앞에 있다.

텐와이텐
天外天

훠궈와 바비큐를 무제한으로

대중적인 훠궈 체인 레스토랑으로 특히 이 지점은 바비큐까지 무제한으로 즐길 수 있다. 훠궈는 2가지 육수를 고른 후 채소, 해산물, 두부, 어묵 등 다양한 재료를 가져다 먹는 시스템이다. 바비큐는 메뉴판에 있는 소고기, 돼지고기, 닭고기, 해산물 중 원하는 것을 골라 주문하면 직원이 가져다준다. 과일과 하겐다즈 아이스크림 등 디저트도 충실하다.

지도 p.90-B
주소 台北市中山區民權東路一段67號
전화 02-2592-3400
영업 11:00~04:00
요금 점심(평일 11:00~16:00) NT$676, 저녁 NT$659, 주말 NT$756(+SC 10%)
홈페이지 www.tianwaitian.com.tw
교통 MRT 중산궈샤오(中山國小)역 1번 출구에서 도보 1분

궈바솬솬궈
鍋爸涮涮鍋 추천

만족도 높은 훠궈 뷔페

뷔페 스타일로 운영되는 훠궈 레스토랑. 테이블마다 1인용 핫팟이 설치돼 있다. 소고기, 돼지고기, 양고기 등 육류와 해산물, 각종 채소와 버섯, 국수 등이 준비되어 있는  데 재료가 신선하고 종류가 많은 것이 특징이다. 커피와 탄산음료, 주스 등의 음료와 과일, 케이크, 아이스크림 등 디저트도 갖췄다. 융캉제, 시먼딩, 난징푸싱에도 지점이 있다.

지도 p.102-F
주소 台北市松山區南京東路四段50號B1樓
전화 02-2577-4000
영업 11:30~22:00
요금 점심 NT$550, 저녁 및 공휴일 NT$600(+SC 10%)
교통 MRT 타이베이 아레나(台北小巨蛋)역 4번 출구 앞

로쿠초메 카페
六丁目 Cafe

정감 어린 분위기의 카페

쑹산은 여행자들에게 쑹산 공항이 있는 지역 정도로만 알려져 있지만 알고 보면 타이베이에서도 가장 여유가 넘치는 동네다. 쑹산 지역의 골목 안에 자리한 이곳은 일본의 카페를 그대로 옮겨놓은 듯 아기자기한 감성이 느껴진다. 귀여운 라테 아트로 장식된 커피를 마시며 여유를 즐겨보자. 여행 마지막 날 공항으로 가기 전에 서니 힐스에서 펑리쑤 쇼핑 후 들르면 좋다.

지도 p.103-G
주소 台北市松山區新中街6巷7號
전화 02-2761-5510
영업 12:00~21:00
요금 커피 NT$130~
교통 MRT 쑹산지창(松山機場)역에서 택시로 5분. 또는 펑리쑤 전문점 서니 힐스에서 도보 5분

쑹산 & 난징둥루의 쇼핑

이케아
IKEA

스웨덴 가구 브랜드숍

우리나라에도 진출한 이케아는 감각적인 디자인에 거품을 뺀 가격으로 사랑받는 브랜드다. 타이베이에는 MRT 터우첸좡(頭前庄)역과 난징푸싱(南京復興)역에 매장이 있는데 난징푸싱 역 근처의 둔베이점(敦北店)이 시내 중심에 있어 접근성이 좋다. 지하 1층에는 어린이 용품과 문구 등이 있고, 2층은 침구와 조명, 소파 등의 가구, 3층은 주방용품과 액자, 인테리어 소품이 주를 이룬다. 실제 공간처럼 꾸며놓아 구경하는 재미도 있고 아이디어도 얻을 수 있다.

지도 p.102-F
주소 台北市松山區敦化北路100號
전화 02-2716-8900
영업 일~목요일 10:00~21:30, 금·토요일 10:00~22:00
홈페이지 www.ikea.com/tw
교통 MRT 난징푸싱(南京復興)역에서 도보 7분. 모모 백화점 옆에 있다.

리지빙뎬
犁記餅店

100년 전통의 제과점

현지인과 일본 여행자들 사이에서는 꽤 유명한 제과점. 방부제나 식품첨가물을 사용하지 않고 만든다. 펑리쑤는 파인애플 케이크로만 구성된 패키지와 4가지 맛이 혼합된 패키지로 나뉘며, 가격이 다르다. 그 외에도 현지인들이 명절에 즐겨 먹는 뤼더우샤오웨빙(綠豆小月餅), 토란을 넣은 샹위쑤(香芋酥), 달걀노른자를 넣은 단황쑤(蛋黃酥) 등을 판매한다.

지도 p.102-E
주소 台北市中山區長安東路二段67號
전화 02-2506-2255
영업 09:00~21:00
홈페이지 www.taipeileechi.com.tw
교통 MRT 쑹장난징(松江南京)역 4번 출구에서 도보 5분

서니 힐스
Sunny Hills | 微熱山丘

인기 절정의 펑리쑤 브랜드

치아더(ChiaTe)와 양대 산맥을 이루는 펑리쑤 브랜드. 펑리쑤와 파인애플 주스 등을 판매하며 시내에서 다소 떨어져 있음에도 불구하고 일부러 찾아와 몇 박스씩 사 갈 정도로 인기가 많다. 펑리쑤는 타이완산 파인애플로만 만들어 새콤하며 파이는 단단한 편이다. 6개, 10개, 15개 단위로 박스에 담아 판매하는데, 예쁜 에코백에 담아 줘 더욱 특별하다. 유통기한은 2주로 다른 곳에 비해 짧은 편. 모든 방문자에게 펑리쑤 1개와 차를 서비스로 내준다.

지도 p.103-G
주소 台北市松山區民生東路五段36巷4弄1號
전화 02-2760-0508
영업 10:00~20:00
요금 6개 세트 NT$360, 10개 세트 NT$550, 15개 세트 NT$675
홈페이지 www.sunnyhills.com.tw
교통 MRT 쑹산지창(松山機場)역에서 택시로 5분. 또는 12・63・225・248・254・262・505・518・521・612・652・905번 버스를 타고 제서우궈중(介壽國中) 정류장에서 내려 도보 3분. 민성궁위안(民生公園) 앞에 있다.

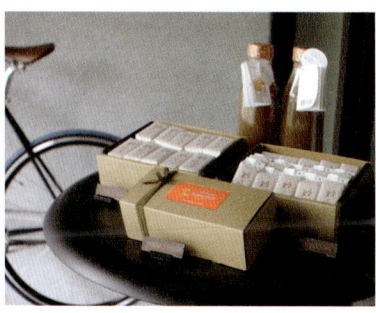

치아더
ChiaTe | 佳德糕餅

타이베이 No.1 펑리쑤 가게

타이베이에서 펑리쑤가 가장 많이 팔리는 제과점으로 1975년에 문을 열었다. 현지인은 물론 여행자들 사이에서도 최고로 손꼽혀 항상 문전성시를 이룬다. 2006년 타이베이시 펑리쑤 대회에서 초대 그랑프리를 받았고, 그 후에도 수차례 수상한 바 있다. 파인애플 외에도 딸기, 크랜베리, 호두 등 펑리쑤 종류가 다양하며, 버터 향이 강하고 식감이 부드럽다. 특히 파인애플 펑리쑤는 워낙 인기가 높아 불티나게 팔리므로 박스로 구매하려면 계산대로 바로 가서 주문하는 것이 좋다.

지도 p.103-G
주소 台北市松山區南京東路五段88號
전화 02-8787-8186
영업 08:30~20:30
요금 펑리쑤 1개 NT$38, 12개 세트 NT$396
홈페이지 www.chiate88.com
교통 MRT 난징싼민(南京三民)역 2번 출구에서 도보 4분

도심 속의 푸른 차밭
마오쿵 貓空

마오쿵은 옛날부터 차 마을로 알려져 있다. 특히 톄관인차(鐵觀音茶) 생산지로 유명해 이 일대에 차와 건강 요리를 즐길 수 있는 다예관이 자연스럽게 자리 잡게 되었다. 타이베이 시내에서 마오쿵으로 가려면 곤돌라를 타고 약 4km에 달하는 구간을 올라가야 한다. 곤돌라 안에서 내려다보는 풍광은 가슴을 탁 트이게 해 준다. 마오쿵에는 산책로가 잘 정비돼 있어 낮에는 숲에서 뿜어내는 피톤치드를 마시며 삼림욕을 하기 좋고, 저녁에는 멋진 야경을 감상하기 좋다. 타이베이스리둥우위안과 즈난궁도 함께 둘러보면서 잠시나마 도심의 번잡함을 잊어보자.

주소 台北市文山區新光路二段8號
교통 MRT 둥우위안(動物園)역 2번 출구에서 곤돌라 표시를 따라가 곤돌라를 타고 마오쿵(貓空)역으로 이동한다.

마오쿵의 관광 명소

마오쿵 곤돌라
Maokong Gondola | 猫空纜車

전화 02-2181-2345
운행 화~목요일 09:00~21:00, 금요일 09:00~22:00, 토요일 08:30~22:00, 일요일 08:30~21:00
휴무 월요일
요금 1구간 NT$70, 2구간 NT$100, 3구간 NT$120 (이지 카드 사용 가능, 주중 결제 시 20% 할인)
홈페이지 www.gondola.taipei
교통 MRT 둥우위안(動物園)역 2번 출구에서 도보 3분

마오쿵을 연결하는 아찔한 교통수단

2007년 운행을 시작한 마오쿵 곤돌라는 둥우위안(動物園)역, 둥우위안난(動物園南)역, 즈난궁(指南宮)역을 거쳐 마오쿵(猫空)역에 도착하며, 20~30분 소요된다. 일반 케이블카와 크리스털 캐빈(Crystal Cabin)으로 나뉘는데 바닥이 훤히 보이는 투명한 크리스털 캐빈은 발아래로 펼쳐지는 숲의 전경을 감상할 수 있어 인기가 많다. 탑승하는 줄이 다르므로 꼭 확인하고 줄을 서야 하며 대기 시간은 일반 곤돌라보다 긴 편이다.

즈난궁
指南宮 | 지남궁

마오쿵 산 중턱에 위치한 도교 사원

타이완을 대표하는 도교 사원으로, 1891년 세워졌으며 당나라 팔대선인 중 한 명인 여동빈(呂洞賓)을 모시고 있다. 도교 사원이지만 120년 가까운 역사 속에서 도교, 불교, 유교가 통합된 점이 특별하다. 해발 285m의 산기슭에 자리하고 있어 주변 풍경이 멋지다. 특히 날씨가 맑은 날에는 단수이까지 보이고, 타이베이 101을 품은 멋진 야경도 감상할 수 있다. 산책로를 따라가면 능소보전(凌霄寶殿), 대웅보전(大雄寶殿)이 나온다. 커플이 함께 가면 여동빈의 질투로 헤어진다는 속설이 있어 커플 여행자들은 방문을 꺼린다고 한다.

지도 p.211
주소 台北市文山區萬壽路115號
전화 02-2939-9922
개방 06:00~20:00
홈페이지 www.chih-nan-temple.org
교통 동우위안(動物園)역에서 곤돌라를 타고 즈난궁(指南宮)역에서 하차

타이베이스리둥우위안
臺北市立動物園 | 타이베이시립동물원

아시아 최대 면적의 동물원

300여 종의 동물들이 서식 중인 동물원으로 좀처럼 보기 힘든 판다, 코알라, 캥거루 등을 볼 수 있어 여행자들도 많이 찾는다. 7개의 실내관과 8개의 옥외관이 있으며 호주, 아프리카, 사막, 아시아 열대, 새, 곤충 등 테마별로 나뉘어 있다. 그중 판다와 코알라, 펭귄 하우스가 가장 인기 있는데 판다 하우스는 매월 첫째 월요일에 쉰다. 면적이 워낙 넓기 때문에 셔틀버스를 타고 둘러볼 것을 추천한다. 즈난궁, 마오쿵을 둘러본 후 동물원으로 가는 동선이 효율적이다.

지도 p.211
주소 台北市文山區新光路二段30號
전화 02-2938-2300
개방 09:00~17:00(입장 마감은 16:00)
요금 성인 NT$60, 어린이 NT$30
홈페이지 newweb.zoo.gov.tw
교통 MRT 동우위안(動物園)역 1번 출구에서 도보 2분

마오쿵의 다예관

야오웨차팡
邀月茶坊

자연에 흠뻑 취하기 좋은 다예관

마오쿵역에서 내려 숲속 산책로를 따라가면 나오는 다예관. '야오웨(邀月)'는 '달을 부른다'는 뜻으로 특히 저녁에 달빛이 예쁘게 보이는 곳에 위치해 데이트 코스로 사랑받고 있다. 자리마다 분위기와 풍경이 다르니 마음에 드는 곳을 골라보자. 추천 메뉴는 우롱차의 일종인 가오산진쉬안차(高山金萱茶)로 은은한 향기가 좋다. 24시간 영업하며 시간에 따라 요금이 달라지는데 늦은 시간에는 찻값이 더 올라간다.

지도 p.211
주소 台北市文山區指南路三段40巷6號
전화 02-2939-2025
영업 24시간
요금 1인당 NT$300~
홈페이지 www.yytea.com.tw
교통 마오쿵역에서 즈난루싼돤38상(指南路三段38巷)을 따라 도보 20분

룽먼커잔
龍門客棧 | Rongmen Restaurant

2대에 걸쳐 내려오는 다예관

마오쿵에서 직접 재배한 차를 마실 수 있는 다예관. 차뿐 아니라 음식 메뉴도 갖추고 있어 식사를 하기에 좋다. 찻잎 가루를 넣은 볶음밥(茶葉炒飯), 차를 우려낸 육수로 만든 국수(茶油麵線), 기름을 쏙 빼고 구운 통닭구이(桶仔雞) 등 건강하고 맛있는 요리를 선보인다.

지도 p.211
주소 台北市文山區指南路三段38巷22-2號
전화 02-2939-8865
영업 11:00~22:00 **휴무** 화요일
요금 1인당 NT$300~
교통 마오쿵역에서 오른쪽 방향으로 도보 3분

마오쿵셴
貓空閒

부담 없이 쉬어 가기 좋은 카페

귀여운 트럭이 마스코트처럼 자리를 지키고 있는 카페. 야외 테이블에 앉아 발아래로 펼쳐지는 차밭과 타이베이 시내 전망을 감상하며 차를 마시기 좋다. 차보다는 향긋한 커피와 달콤한 와플이 인기 있다.

지도 p.211
주소 台北市文山區指南路三段38巷34號
전화 02-2747-7276
영업 일~목요일 10:00~24:00, 금·토요일 10:00~03:00 **요금** 1인당 NT$120~
교통 마오쿵역에서 나와 역을 등지고 왼쪽 방향으로 도보 6분

타이베이 Area 7

타이베이 북부
台北 北部

타이베이 북부는 MRT 단수이-신이셴(淡水-信義線)을 따라 위안산(圓山), 젠탄(劍潭), 스린(士林)역 등으로 이어지는 일대를 칭한다. 타이베이시 중심에서 약간 벗어나 있지만 굵직한 규모의 박물관과 미술관, 사원, 공원 등이 포진해 있다. 69만 점 이상의 중국 고대 유물들을 소장한 구궁보우위안, 호국 선열들의 넋을 기리는 중례츠, 타이베이 최고의 야시장으로 꼽히는 스린예스 등이 대표적인 명소이다. 타이완의 역사와 문화유산, 자연, 종교 등을 엿볼 수 있는 관광 명소가 많아 여행자들의 발걸음이 이어진다.

CHECK

여행 포인트		
	관광	★★★★
	미식	★★★
	쇼핑	★★

이것만은 꼭 해보기
- ☐ 구궁보우위안에서 중국 고대 유물 관람하기
- ☐ 스린예스에서 쇼핑과 야식 즐기기
- ☐ 미라마 엔터테인먼트 파크에서 대관람차 타고 야경 감상하기

어떻게 돌아볼까?

타이베이 북부 지역은 MRT 단수이-신이셴(淡水-信義線)을 타고 위안산, 젠탄, 스린역으로 이동하면 된다. 각 지역 내에서는 버스와 MRT를 적절히 섞어서 이용하는 게 효율적이다.

1정거장, 2분 → 1정거장, 2분 →

MRT 위안산(圓山)역
위안산역을 기준으로 바오안궁, 타이베이스쿵먀오는 서쪽에 있어 2번 출구로 나가면 된다. 타이베이스리메이수관, 타이베이구스관은 동쪽에 있어 1번 출구로 나가면 된다.

MRT 젠탄(劍潭)역
젠탄역 1번 출구로 나와 왼쪽의 횡단보도를 건너면 스린예스로 연결된다. 미라마 엔터테인먼트 파크로 가는 무료 셔틀버스는 1번 출구 앞의 오른쪽 버스 정류장에서 탑승한다.

MRT 스린(士林)역
아시아 최고의 박물관인 구궁보우위안을 비롯해 궈리타이완커쉐자오위관, 순이타이완위안주민보우관 등으로 가는 버스는 1번 출구 앞의 오른쪽 버스 정류장에서 탑승한다.

타이베이 북부 추천 코스

|총 소요 시간|
8~10시간

타이베이 북부 지역에는 구궁보우위안, 스린예스 등 타이베이를 대표하는 유명 관광지가 많다. 각 명소 간에 거리가 있는 편이라 동선을 효율적으로 짜야 한다. 단수이 또는 베이터우와 묶으면 알찬 하루 코스가 완성된다.

여 행 예 산

교통비	택시 + 버스 NT$300~
입장료	타이베이스리메이수관 NT$30
	스린관디 NT$100
	구궁보우위안 NT$250
	순이타이완위안주민보우관 NT$150
	미라마 엔터테인먼트 파크 대관람차 NT$150~
식 비	스린예스 NT$100~
합 계	**NT$1,080~**

START

1~2시간 **타이베이스리메이수관** 臺北市立美術館 p.228
타이완 최초의 현대 미술관이자 최대 규모를 자랑하는 미술관으로 국내외 작가들의 다양한 예술 작품들을 감상할 수 있다.

紅21 · 208번 버스를 타고(5분) 중례츠(忠烈祠)에서 하차

타이베이스리메이수관

1시간 **중례츠** 忠烈祠 p.226
33만 호국 선열들을 추모하는 곳. 매시 정각에 열리는 위병 교대식은 놓치지 말 것.

紅220번 버스를 타고 25분 또는 택시 10분

중례츠

스린관디 士林官邸 p.225
1~2시간

장제스 전 총통과 부인 쑹메이링이 26년간 거주했던 관저. 아름다운 정원으로도 유명해 산책하는 기분으로 둘러보기 좋다.

紅15·255·304번 버스를 타고 30분 또는 택시 7분

스린관디

구궁보우위안 故宮博物院 p.220
1~3시간

아시아 최대 규모를 자랑하는 타이완 최대 볼거리. 5,000년의 중국 역사가 녹아 있는 69만여 점의 유물을 소장하고 있다.

즈산루얼돤(至善路二段)을 따라 도보 8분

구궁보우위안

순이타이완위안주민보우관 順益台灣原住民博物館 p.225
1시간

타이완 원주민의 역사와 문화를 보존, 계승하기 위하여 문을 연 박물관. 타이완 원주민에 관한 흥미로운 전시를 감상할 수 있다.

紅255·304·815번 버스를 타고 스린(士林)역으로 가서 MRT로 환승해 젠탄(劍潭)역에서 하차. 1번 출구에서 도보 3분

순이타이완위안주민보우관

스린예스 士林夜市 p.230
1~2시간

타이베이에서 가장 큰 규모를 자랑하는 야시장. 길거리 음식을 맛보고 가성비 좋은 쇼핑을 즐겨보자.

MRT 젠탄(劍潭)역 1번 출구 앞에서 셔틀버스를 타고 20분

스린예스

미라마 엔터테인먼트 파크
1~2시간
Miramar Entertainment Park p.229

쇼핑, 식도락을 논스톱으로 즐길 수 있는 복합 쇼핑몰. 옥외에 있는 대관람차를 타고 멋진 야경도 감상하자.

미라마 엔터테인먼트 파크

타이베이 북부의 관광 명소

구궁보우위안
故宮博物院 | 고궁박물원

아시아 최고의 박물관

5,000년의 중국 역사를 대변하는 곳으로 중국 본토의 소장품보다 더 높은 수준의 유물들로 인정받으며 '중화(中華) 문화의 보고'라고 불리고 있다. 중국 송대와 원대, 명대, 청대의 4대 왕조 대대로 내려오는 유물과 미술품을 소장하고 있다. 그 수가 69만 점이 넘어 한 번에 전시하기가 어렵기 때문에 옥, 회화, 청동, 도자기 등은 양밍산 자락에 보관하고 있다가 3~6개월 단위로 교체 전시하고 있다. 소장품을 모두 관람하려면 10년 가까이 걸린다고 하니 실로 어마어마한 규모다. '구궁보우위안'이라 이름 붙은 것은 대부분의 유물들이 중국 베이징의 자금성(紫禁城)에서 가져왔기 때문이라고 한다. 박물관의 건축양식 또한 자금성을 본떠 만들었다. 1층은 고대 문명 시기의 문헌, 갑골문자, 고대 황실의 유물 등을 집중적으로 전시하고 있으며, 2층은 예술적 가치가 높은 중국 도자기, 서예, 회화 등을 전시하고 있다. 3층에서는 옥기, 청동기, 조각 등의 유물들을 만날 수 있다. 구궁보우위안에서 가장 유명한 취옥백채(翠玉白菜)와 육형석(肉形石)도 3층에 있다.

지도 p.9-C
주소 台北市士林區至善路二段221號
전화 02-2881-2021
개방 09:00~17:00
휴무 월요일
요금 성인 NT$350, 학생 NT$150(만 18세 미만 무료)
홈페이지 www.npm.gov.tw
교통 MRT 스린(士林)역 1번 출구로 나와 오른쪽 왓슨스(Watsons) 앞 정류장에서 紅30·255·304·344·815·小18·小19번 버스를 타고 구궁보우위안(故宮博物院)에서 하차, 총 10분 소요

구궁보우위안 관람 팁

✓ 티켓 구입 후 관람 전에 1층에서 한국어 안내 브로슈어를 챙기자. 더 상세한 설명을 듣고 싶다면 한국어 지원이 되는 오디오 가이드를 대여한다. 대여 시 여권을 지참해야 하며, 대여료는 NT$150이다.

✓ 가이드의 무료 전시 안내가 중국어와 영어로 실시된다. 1층 데스크에서 신청할 수 있으며 안내 시간은 중국어 10:30, 14:30, 영어 10:00, 15:00이다.

✓ 구궁보우위안 내부에는 음료수, 대형 가방 등을 가지고 들어갈 수 없다. 1층 물품보관소에 맡긴 후 입장한다.

✓ 구궁보우위안 내에 전시된 유물의 수는 6,000여 점이 넘는다. 짧은 시간에 모두 관람하는 것은 어려우므로 미리 보고 싶은 유물들의 위치를 체크한 후 동선을 짜는 센스가 필요하다. 꼭 봐야 할 유물은 3층에 집중적으로 모여 있으므로 3층부터 아래층으로 내려오면서 관람하는 것이 일반적인 방법이다.

✓ 본관 지하 1층에 뮤지엄 숍이 있다. 구궁보우위안의 유물들을 본떠서 만든 기념품들이 많다. 또한 엽서를 써서 바로 보낼 수 있는 우체국도 있으니 지인에게 편지를 써보자.

✓ 구궁보우위안 관람권 지참 시 즈산위안(至善園)에 무료로 입장할 수 있다. 구궁보우위안 정문에서 오른쪽에 위치하고 있으며 전통적인 중국 정원을 재현해 놓아 고즈넉한 분위기를 즐기며 둘러볼 수 있다. 개방 시간은 화~일요일 08:00~19:00.

✓ 1월 1일 신정과 음력 1월 15일, 원소절, 5월 18일 세계 박물관의 날, 9월 27일 세계 관광의 날, 10월 10일 타이완 국경일은 전체 무료 관람이다.

✓ 국제학생증을 제시하면 NT$150으로 입장료를 할인받을 수 있다.

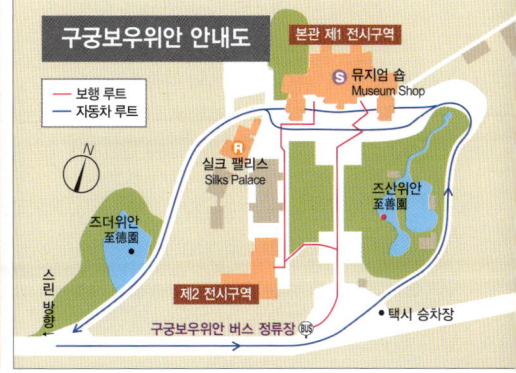

박물관을 대표하는 유물

1 취옥백채 翠玉白菜

구궁보우위안의 대표 소장품으로 꼽히는 취옥백채는 원래 영화궁(永和宮)에 소장되어 있었던 보물이다. 광서제(光緖帝)의 왕비인 서비(瑞妃)가 궁으로 가져온 혼수품으로, 배추는 신부의 순결을 뜻하며 배추 위의 여치 두 마리는 자손의 번영, 다산을 뜻한다고 한다. 일반적으로 하나의 옥에 두 가지 색이 섞여 있을 경우 좋은 옥으로 보기 힘든데 배추로 형상화한 아이디어와 섬세한 조각으로 최고의 걸작이라는 평가를 받는다.

2 육형석 肉形石

청나라 시대의 유물로 황제의 침궁인 양심전(養心殿)에 소장되어 있었다. 이름처럼 돼지고기의 형상을 하고 있는 옥인데 육즙이 나올 것 같은 탱글탱글한 질감과 색감이 중국 사람들이 좋아하는 둥파러우(東坡肉)와 꼭 닮아 탄성이 절로 나온다. 청나라 강희제 연간에 들여온 황옥으로 약간의 가공을 거친 껍질 부분을 제외하고는 자연석 그대로의 모습이라 더욱 진귀한 보물로 여겨진다.

3 죽사전지번련원합다보격
竹絲纏枝番蓮圓盒多寶格

다보격(多寶格)이란 작은 완상품(玩賞品)을 넣어 두고 감상하기 위해 만든 목가구를 말한다. 이 다보격은 나무로 만든 합의 외벽에 가는 대나무 실을 이어 붙이고 그 위에 죽황(竹黃)을 붙여 장식한 것이다. 원통형의 합을 열면 4개의 부채꼴 기둥 모양이 작은 병풍처럼 펼쳐지며 다시 360도로 돌려 접으면 사각기둥 모양의 장식장이 된다. 27점의 작은 문구류와 완상품을 수납하고 있는데 고대와 청대의 옥기(玉器), 청 건륭제(乾隆帝) 때 궁정화가들이 그린

작은 화첩(畫帖) 등이 있다. 맨 아래 4개의 작은 서랍에는 두루마리 형태의 그림이 들어 있다. 길이 7cm, 너비 3cm로 구궁보우위안의 소장품 중 가장 작은 화첩이다.

4 조감람핵주 雕橄欖核舟

높이 1.6cm, 길이 3.4cm의 아주 작은 배로, 청 건륭제 때 상아를 세공하던 장인 진조장(陳祖章)이 올리브 씨앗으로 만든 작품이다. 돋보기로 들여다보면 작은 배 안에 뱃사공과 소동파를 비롯해 8명이 타고 있는 것을 볼 수 있고 문까지 열 수 있게 제작되었다고 한다. 게다가 300자가 넘는 소동파의 적벽부(赤壁賦) 전문과 진조장의 서관 및 제작 일자까지 새겨져 있어 그 정교함과 세밀함에 감탄이 절로 나온다.

5 조상아사층투화제식합
雕象牙四層透花提食盒

청나라 황실에서 사용하던 4단 도시락으로 함풍제의 황후이자 최고의 권력자로 알려진 서태후(西太后)가 이화원(頤和園)으로 마실 다닐 때 사용한 찬합이다. 상아로 만들어진 식합(食盒)은 4개의 층으로 나뉘어 있으며 맨 아래층을 제외하고 분리되는 형태다. 상아 부분을 얇은 빗살 모양으로 조각해 통풍이 잘되게 함으로써 음식물이 부패되지 않게 제작했다. 뚜껑과 본체를 비롯해 각층의 바닥에는 투각으로 만든 얇은 상아 장식이 박혀 있다. 바닥면의 상아에는 풀꽃, 측면의 상아에는 산수, 인물, 수풀, 누각 등 각층마다 다른 주제의 조각이 정교하게 새겨져 있다. 세밀한 세로선의 문양이 마치 레이스처럼 아름답다.

© The Collection of National Palace Museum

실크 팰리스
Silks Palace | 故宮晶華

조금 더 비용을 지불하더라도 품격 넘치는 식도락을 즐기고 싶다면 이곳으로 가자. 레스토랑 외관은 송나라 때 발전한 청자의 무늬를 형상화했으며 구궁보우위안 최고의 보물로 통하는 취옥백채, 육형석 등을 완벽하게 재현한 요리를 맛볼 수 있다. 고풍스러운 분위기 속에서 황제처럼 미식을 즐길 수 있는 곳이다.

위치 구궁보우위안 제1 전시구역 왼쪽에 있다.
전화 02-2882-9393
영업 11:30~14:30, 17:30~21:30 **휴무** 월요일
요금 요금 1인당 NT$500~

뮤지엄 숍
Museum Shop

구궁보우위안에서 감탄하면서 관람한 유물들을 소장하고 싶다는 생각이 든다면 뮤지엄 숍으로 가보자. 구궁보우위안 내에 3곳의 뮤지엄 숍이 있는데 본관 제1 전시 구역의 지하 1층에 위치한 뮤지엄 숍이 가장 규모가 크다. 구궁보우위안과 관련한 서적을 비롯해 유물들을 복제하여 만든 앙증맞은 기념품들을 판매하고 있다. 다른 곳에서는 구매할 수 없고 구궁보우위안의 뮤지엄 숍에서만 구매 가능하며 취옥백채, 육형석 등 구궁보우위안의 대표적인 보물들을 모티브로 만든 아기자기한 기념품들을 만날 수 있다.

위치 본관 제1 전시구역의 지하 1층, 본관 제1 전시구역의 2층, 도서문헌관 1층

스린관디
士林官邸 | 사림관저

장제스 총통 부부가 거주했던 관저

장제스(蔣介石) 전 총통과 쑹메이링(宋美齡) 부인이 26년간 거주했던 관저로, 1996년 일반에게 공개했다. 녹음으로 둘러싸인 넓은 부지에는 생태원, 서양식 정원, 중국식 정원 등이 있다. 특히 부인 쑹메이링이  좋아했다고 전해지는 장미 정원이 아름답기로 유명해 2월이면 만개한 장미를 보기 위해 많은 사람들이 찾아온다. 2011년부터는 스린관디 정관(士林官邸正館)도 개방했는데, 별도의 입장료를 내야 한다. 손님을 맞던 응접실을 비롯해 당시 사용했던 가구들과 장식품 등을 전시하고 있다.

지도 p.217-B
주소 台北市士林區福林路60號
전화 02-2881-2512
개방 08:00~18:00
휴무 스린관디정관만 월요일
요금 야외 정원 무료, 스린관디정관 NT$100
교통 MRT 스린(士林)역 1번 출구에서 푸린루(福林路)를 따라 도보 9분

순이타이완위안주민보우관
順益台灣原住民博物館
순이 타이완 원주민박물관

원주민 문화를 엿볼 수 있는 박물관

원주민의 문화 보존과 타이완 사회의 화합을 도모하기 위한 취지로 1994년에 문을 열었  다. 지하 1층~지상 3층의 전시관에서는 역사와 문화, 의복, 생활양식에 관련된 다양한 자료를 볼 수 있다. 원주민은 전체 인구의 약 2%에 불과하지만 그들의 문화를 보존, 계승하기 위한 노력이 이어지고 있다. 원주민의 전통 가옥에서 모티브를 따온 건물 외관과 각 부족의 화려한 의상, 장식품이 특히 인상적이다.

지도 p.9-C
주소 台北市士林區至善路二段282號
전화 02-2841-2611
개방 09:00~17:00
휴무 월요일, 1/20~2/20
요금 성인 NT$150, 어린이 NT$100
홈페이지 www.museum.org.tw
교통 MRT 스린(士林)역 1번 출구로 나와 紅30·25·304번 버스를 타고 구궁보우위안(故宮博物院)에서 하차 후 버스 가는 방향으로 걸어가면 오른쪽에 있다.

중례츠
忠烈祠 | 충렬사

★★★★

호국 선열들을 추모하는 곳

1911년 신해혁명(辛亥革命)을 비롯해 일제강점기에 항일운동으로 순절한 33만 호국 선열을 추모하는 곳. 1969년 자금성 태화전(太和殿)을 본떠 지었다. 건물 안으로 들어가면 불당이 있고 조국을 위해 순국한 열사들의 위패가 전시되어 있다. 이곳의 가장 큰 볼거리는 오전 9시부터 오후 4시 40분까지 매시 정각에 진행되는 위병 교대식이다. 본당에서 정문까지 약 100m의 거리를 절도 있게 행진한다.

지도 p.90-B
주소 台北市中山區北安路139號
전화 02-2885-4162
개방 09:00~17:00
휴무 3/28, 9/2(3/29, 9/3은 반나절만 개방)
교통 MRT 젠탄(劍潭)역에서 도보 20분 또는 택시로 5분. MRT 위안산(圓山)역에서 紅21·21·208·248·287번 버스를 타고 중례츠에서 하차

궈리타이완커쉐자오위관
國立臺灣科學教育館
국립 타이완 과학교육관

★★

아이들과 함께 가기 좋은 과학관

1956년 과학 교육을 위해 설립했으며, 지하 1층부터 10층까지 전시관이 있다. 지하 1층 터보 3D 극장에서는 실감 나는 3D 영상을 감상할 수 있고, 3·4층에서는 생명과학과 자연과학에 관한 전시를 관람할 수 있다. 5·6층에서는 물질과학과 지구과학에 관해 전시하고 있는데 특히 5층에는 'Sky Cycling'이라고 하는 20m 높이의 공중 자전거가 있어 균형감과 중력을 직접 느껴볼 수 있다. 7·8층에는 특별 전시가 열리는 갤러리, 9층에는 도서관과 컨퍼런스 룸이 있으며 10층에서는 타이완의 과학 교육과 과학관의 역사를 전시하고 있다. 체험거리도 다양해서 아이를 동반한 가족 여행자라면 유익한 시간을 보낼 수 있을 것이다.

지도 p.217-A
주소 台北市士林區士商路189號
전화 02-6610-1234
개방 화~금요일 09:00~17:00, 토·일요일·공휴일, 여름 방학·겨울 방학 09:00~18:00
휴무 월요일
요금 성인 NT$100, 어린이 NT$70
홈페이지 www.ntsec.gov.tw
교통 MRT 스린(士林)역 1번 출구로 나와 紅12·30번 버스를 타고 커쉐자오위관(科學教育館)에서 하차. 약 15분 소요

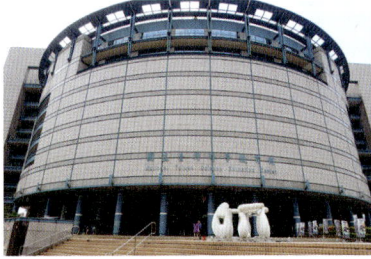

바오안궁
保安宮 | 보안궁

건강을 기원하는 도교 사원

'의학의 신'으로 불리는 보생대제(保生大帝)를 모신 도교 사원. 1742년 역병이 돌자 중국 푸젠성(福建省) 출신 사람들이 바이자오츠지궁(白礁慈済宮)에서 제신을 모셔 온 것이 시초로 1805년 재건을 거듭해 지금의 모습을 갖추었다. 보생대제의 본명은 오본(吳本)이다. 979년에 태어나 열심히 학문을 갈고 닦은 후 곤륜산으로 올라가 7일 만에 사악한 마귀들을 물리치는 구마축사(驅魔逐邪)의 비술을 얻었다고 전해진다. 이곳은 그의 업적을 기리기 위해 지은 사원으로 전국 각지에서 몸이 불편한 환자들이 찾아와 건강과 안위를 기원한다. 그 밖에 농업의 신 신농대제(神農大帝), 자손 번창과 순산의 신 주생낭랑(註生娘娘)도 모시고 있다. 매년 보생대제의 생일인 음력 3월 15일을 기준으로 약 2달간 보생문화제(保生文化祭)가 열린다.

지도 p.216-A
주소 台北市大同區哈密街61號
전화 02-2595-1676
개방 09:00~17:00 **휴무** 월요일
요금 무료
홈페이지 www.baoan.org.tw
교통 MRT 위안산(圓山)역 2번 출구에서 쿠룬제(庫倫街)를 따라 도보 10분

타이베이스쿵먀오
臺北市孔廟 | 타이베이시 공묘

위대한 공자를 경배하는 사원

유교의 창시자이자 중국 고대의 위대한 사상가인 공자를 기리는 사원이다. 1879년에 지어졌으나 1894년 청일전쟁 후 타이완을 점령한 일본군이 주둔하면서 상당한 손실을 입었고, 일본어 학교를 세운다는 이유로 헐리기도 했다. 1925년 이 지역 유지들의 모금 운동으로 타이완 최고의 건축가 왕이순(王益順)이 총면적 4,168평, 건물 면적 1,600평 규모의 공묘를 건설했다. 사원 내에는 평소 검소함을 중시했던 공자의 뜻에 따라 소박하고 차분한 분위기가 흐른다. 매년 9월 28일 공자의 탄신일에는 석전전례(釈奠典禮)라는 의식이 행해진다. 대학 입시 때면 수험생과 학부모들이 합격 기원 기도를 드리러 많이 찾는다.

지도 p.216-A
주소 台北市大同區大龍街275號
전화 02-2592-3934
개방 08:30~21:00 **휴무** 월요일
요금 무료
홈페이지 www.ct.taipei.gov.tw
교통 MRT 위안산(圓山)역 2번 출구에서 쿠룬제(庫倫街)를 따라 도보 10분

타이베이스리메이수관
臺北市立美術館
타이베이시립미술관

타이완 최초의 현대 미술관

1983년 문을 연 타이완 최대 규모의 미술관. 6만여 평의 넓은 부지에 세워진 기하학적 구조의 현대 건축물이다. 조소, 판화, 유화, 소묘 등 1940년대 후반의 예술 작품들을 소장하고 있으며 타이베이 비엔날레가 열리는 장소이기도 하다. 1~3층은 국내외 작가들의 다양한 예술 작품을 전시하고 있고, 지하에는 휴식 공간, 디자인 숍, 타이베이 파인 아트 뮤지엄이 있다. 전시물은 약 3개월 단위로 바뀌며 국제 전시와 상설 전시, 테마 전시로 나뉜다. 타이베이구스관과 가까우므로 함께 둘러보자.

지도 p.216-B
주소 台北市中山區中山北路三段181號
전화 02-2595-7656
개방 화~금·일요일 09:30~17:30, 토요일 09:30~20:30
휴무 월요일
요금 NT$30
홈페이지 www.tfam.museum
교통 MRT 위안산(圓山)역 1번 출구에서 도보 10분

타이베이구스관
台北故事館 | Taipei Story House

타이베이의 과거를 품은 스토리 하우스

1914년 타이베이의 부유한 차(茶) 무역상 천차오쥔(陳朝駿)이 지은 건물로 상류층의 사교장으로 이용되었다. 1998년 타이베이시에서 중요 문화재로 지정해 2003년부터 타이베이구스관이라는 이름으로 일반에게 공개했다. 80여 평의 규모에 영국 튜더 건축양식의 2층 건물로 1층은 벽돌로 골조를 올리고 2층은 나무를 이용해 지었다. 건물 안에는 고전미가 흐르는 가구와 오래된 틴 케이스, 찻잔 등의 소품이 전시돼 있다. 당시의 생활문화를 엿볼 수 있는 곳으로 규모는 작지만 아기자기하게 꾸며 놓아 구경하는 재미가 있다.

지도 p.216-B
주소 台北市中山區中山北路三段181-1號
전화 02-2586-3677
개방 11:00~17:00
휴무 월요일
요금 성인 NT$50, 학생 NT$40
홈페이지 www.taipeistoryhouse.org.tw
교통 MRT 위안산(圓山)역 1번 출구에서 도보 10분. 타이베이스리메이수관 왼쪽에 있다.

톈무
天母 | 천모

외국인이 많이 거주하는 이국적인 동네

일제강점기에 일본인이 거주했던 동네로 현재도 많은 주재원들이 살고 있다. 일본인 학교와 대사관이 모여 고급 주거 단지를 이루고 있다. 거리에는 외국 식료품을 파는 슈퍼마

켓, 부티크 숍, 일본계 백화점, 노천카페 등이 늘어서 있는데, 특히 주말이면 톈무둥루(天母東路)와 톈무시루(天母西路) 근처 광장에서 벼룩시장이 열린다. 의류, 신발, 가방, 그릇 등을 저렴하게 사고팔아 구경하는 재미가 있으니 여행 일정과 맞는다면 찾아가 보는 것도 색다른 즐거움이 될 것이다.

지도 p.217-B
주소 台北市士林區天母東路
교통 MRT 스파이(石牌)역에서 645번 버스를 타고 치푸화샤(齊福華廈)에서 내려 도보 3분

미라마 엔터테인먼트 파크
Miramar Entertainment Park

대관람차가 돌아가는 대규모 복합 쇼핑몰

쇼핑몰이지만 빙글빙글 돌아가는 대관람차가 더 유명해 현지인과 여행자들 모두에게 사랑받는 명소다. 100m 높이의 대관람차(요금 NT$150~)는

한 바퀴를 도는데 20분 정도 걸린다. 주변에 큰 건물이 없어 지룽(基隆)강과 위안산판뎬(圓山飯店)까지 보이며, 특히 야경이 멋지다. 쇼핑몰 내에는 다양한 패션, 화장품 브랜드와 레스토랑, 영화관이 있다. MRT 젠탄역까지 무료 셔틀버스를 운행해 편리하며 스린예스와 묶어서 일정을 짜면 효율적이다.

지도 p.91-C
주소 台北市中山區敬業三路20號
전화 02-2175-3456
영업 11:00~23:00
홈페이지 www.miramar.com.tw
교통 MRT 젠탄(劍潭)역 1번 출구로 나와 오른쪽 버스 정류장에서 셔틀버스를 타고 20분

타이베이 북부의 맛집

스린예스
士林夜市 | 시림 야시장

타이베이 최고의 야시장

1909년부터 시작돼 100년이 넘는 역사를 지닌 야시장. 시장 규모가 거대하고, 각종 먹을거리 노점, 패션 잡화를 파는 상점 등이 빈틈없이 들어서 있으며 물가가 저렴해 여행자들도 부담 없이 먹고 즐길 수 있다. 타이완의 모든 먹을거리를 모아놨다고 해도 과언이 아닐 정도로 다양한 먹을거리가 여행자를 기다리고 있다. 특히 지하 미식구(美食區)에는 수십 개의 식당들이 모여 있어 마치 잔칫집처럼 분위기가 흥겹다. 여행자들 사이에서는 망고 젤리, 콘택트렌즈, 액세서리 등을 저렴하게 살 수 있는 쇼핑 명소로 통한다.

지도 p.217-C
주소 台北市士林區士林夜市
영업 17:00~01:00
교통 MRT 젠탄(劍潭)역 1번 출구에서 도보 3분

스린예스's PICK

하오다다지파이 豪大大鷄排

손님이 가장 많은 가게 중 하나로 거대한 크기의 지파이(鷄排)를 판다. 지파이는 타이완식 닭튀김인데 짭조름한 것이 한국인 입맛에도 잘 맞는다. 워낙 크기가 커서 둘이 하나를 먹어도 넉넉할 정도. 맥주 안주로 제격이다.

영업 17:00~01:00

신파팅 辛發亭

1972년부터 영업해 온 빙수 가게. 저렴한 가격에 눈보다 고운 빙수를 맛볼 수 있다. 떡, 녹두, 타피오카 펄 등을 모두 직접 만들며 방부제나 인공색소 등을 첨가하지 않아 믿고 먹을 수 있다. 달콤한 망고 빙수(新鮮芒果雪片)는 물론 고소한 땅콩 빙수(雪山蛻變)도 맛있다.

영업 15:00~23:00

왕쯔치스마링수 王子起士馬鈴薯

여행자들 사이에서 왕자치즈감자 가게로 유명한 집. 주먹보다 큼직한 크기의 감자에 옥수수, 햄, 치즈, 참치 등의 토핑을 올린 후 치즈 소스를 듬뿍 뿌려 준다. 진한 치즈에 부드러운 감자와 토핑을 범벅처럼 으깨 먹으면 별미다.

영업 17:00~01:00

궈지아충유빙 郭家蔥油餅

타이완 사람들이 즐겨 먹는 간식인 충유빙(蔥油餅)을 파는 가게. 파를 넣은 야채호떡과 비슷한데 기름에 튀겨 바삭하다. 여기에 달걀을 추가해 먹으면 더 맛있고, 매콤한 마늘 맛 소스가 풍미를 더한다.

영업 17:00~24:00

중청하오커짜이젠 忠誠號蚵仔煎

커짜이젠(蚵仔煎) 전문점. 커짜이젠은 달걀옷을 입힌 굴전과 비슷한 타이완 요리다. 발효시킨 두부를 튀긴 처우더우푸(脆皮臭豆腐)도 인기 메뉴이니 도전해 보자.

영업 17:00~01:30

타이베이 Area 8

베이터우
北投

타이베이 북서부에 위치한 신베이터우는 1905년 일본 총독의 지시로 개발되기 시작한 타이완 최초의 온천 관광지다. 타이베이에서 MRT를 타고 갈 수 있는 거리에 온천 단지가 있다는 사실이 무척 매력적이다. 신베이터우가 더 유명한 이유는 이름과 같은 북투석(北投石) 때문인데 북투석은 세계적으로 희귀한 광석으로 미량의 방사성 라듐이 함유되어 있어 건강에 좋다고 알려져 있다. 특히 펄펄 끓는 디러구(地熱谷)는 베이터우에서 꼭 방문해야 하는 명소로 베이터우 온천의 근원지라고 할 수 있다. 저렴한 대중탕부터 고급 온천 호텔까지 다양하게 있으니 따뜻한 온천수에 몸을 담그며 푹 쉬어 가자.

CHECK

여행 포인트		
	관광	★★
	미식	★★★
	온천	★★★★

이것만은 꼭 해보기	
	☐ 펄펄 끓는 디러구 구경하기
	☐ 뜨끈한 온천수에 몸을 담그고 휴식하기
	☐ 베이터우원취안보우관 둘러보기

BEST COURSE

베이터우 추천 코스

| 총 소요 시간 |
| 5~6시간 |

베이터우 지역은 MRT 신베이터우(新北投)역에서 걸어갈 수 있는 온천 단지다. 중산루(中山路)를 따라서 주요 명소들이 이어지기 때문에 산책하듯 가볍게 둘러볼 수 있다. 아침 일찍 베이터우에서 온천을 즐기고, 오후에는 단수이나 스린, 젠탄, 위안산을 여행하는 일정으로 짜면 알찬 하루가 될 것이다.

여행 예산	
교통비	없음
입장료	온천 이용료 NT$60~ 보관료 NT$20
식 비	만커우라멘 NT$150~
합 계	NT$230~

START

1시간 **베이터우원취안보우관** 北投溫泉博物館 p.236
베이터우 주민들의 공용 온천탕으로 이용되었던 곳을 개조해 베이터우의 온천을 소개하는 박물관으로 운영하고 있다.

중산루(中山路)를 따라 도보 5분

베이터우원취안보우관

30분 **디러구** 地熱谷 p.237
80~100℃ 고온의 온천수가 펄펄 끓는 모습을 가까이에서 볼 수 있는 베이터우의 대표 명소.

중산루(中山路)를 따라 도보 4분

디러구

30분 만커우라멘 滿客屋拉麵 p.239

디러구를 둘러본 후 간단하게 끼니를 해결하기 좋은 일본 라멘집. 온천 달걀(溫泉蛋)을 곁들여 먹으면 든든한 한 끼 식사가 완성된다.

만커우라멘

도보 5분

1~2시간 온천 즐기기 p.240

물 좋기로 소문난 베이터우에서 온천을 즐기자. 베이터우 곳곳에 1~2시간씩 온천을 즐길 수 있는 곳들이 많다.

온천 즐기기

베이터우의 관광 명소

베이터우원취안보우관
北投溫泉博物館 | 베이터우 온천박물관

공용 온천탕을 박물관으로 개조

일제강점기에 일본의 이즈산 온천(伊豆山溫泉)을 본떠 만든 공용 온천탕이었다. 전쟁 후에 계속 방치되다가 지역 주민들의 노력 끝에 온천박물관으로 재탄생했다. 영국 빅토리아 양식의 외관이 인상적이며 건물 안으로 들어가면 일본식 다다미가 넓게 깔려 있다. 베이터우 온천의 발전사와 북투석에 관한 설명 및 영상 등을 전시하여 온천에 대한 이해를 돕고 있다.

지도 p.235-A
주소 台北市北投區中山路2號
전화 02-2893-9981
개방 10:00~18:00
휴무 월요일
요금 무료
홈페이지 beitoumuseum.taipei.gov.tw
교통 MRT 신베이터우(新北投)역에서 중산루(中山路)를 따라 도보 7분

베이터우스리투수관
北投市立圖書館 | 베이터우 시립도서관

타이베이에서 가장 아름다운 도서관

중산루를 따라 걷다 보면 근사한 목조 도서관을 발견할 수 있다. 베이터우궁위안 한가운데의 울창한 자연에 둘러싸여 있으며, 2012년 세계에서 가장 아름다운 도서관 중 한 곳으로 선정되기도 했다. 타이완 최초의 친환경 도서관으로, 가벼운 바이오 소재로 지붕을 만들었으며 건물은 태양열과 빗물을 이용해 관리되고 있다.

지도 p.235-A
주소 台北市北投區光明路251號
전화 02-2897-7682
개방 화~토요일 08:30~21:00, 일·월요일 09:00~17:00
요금 무료
교통 MRT 신베이터우(新北投)역에서 중산루(中山路)를 따라 도보 5분

디러구
地熱谷 | 지열곡

펄펄 끓는 유황 온천수

신베이터우에서 꼭 가봐야 할 관광 명소로 펄펄 끓는 온천수를 가까이에서 볼 수 있다. 멀리서부터 유황 특유의 냄새가 코를 자극하며, 뜨거운 열기를 느낄 수 있다. 영롱한 에메랄드 빛을 띠는 온천수의 온도는 80~100℃로, 무더운 여름에는 가까이 가기 힘들 정도로 열기가 대단하다. 옛날에는 온천수에 달걀을 삶아 먹기도 했으나 잦은 사고로 현재는 금지하고 있다. 산책로 옆으로 흐르는 계곡물은 디러구의 온천수가 흘러들어 색깔도 뿌옇고 온도도 미지근하다.

지도 p.235-B
주소 台北市北投區中山路
전화 02-2720-8889
개방 09:00~17:00
휴무 월요일
요금 무료
교통 MRT 신베이터우(新北投)역에서 중산루(中山路)를 따라 도보 15분

카이다거란원화관
凱達格蘭文化館 | 카이다거란 문화관

원주민의 문화를 소개하는 박물관

베이터우 일대에 거주했던 원주민 핑푸족(平埔族)을 비롯해 타이완 원주민의 문화를 전시하고 있는 박물관. 원주민이 사용했던 생활용품과 독특한 의복 등을 안내하고 있으며, 원주민이 손수 만든 기념품도 판매한다. 베이터우 궁위안 옆으로 난 산책로를 따라 걷다 보면 나온다. 베이터우 여행에 앞서 둘러보기 좋다.

지도 p.235-A
주소 台北市北投區中山路3-1號
전화 02-2898-6500
개방 09:00~17:00
휴무 월요일
요금 무료
홈페이지 www.ketagalan.gov.taipei
교통 MRT 신베이터우(新北投)역에서 중산루(中山路)를 따라 도보 5분

푸싱궁위안
復興公園 | 부흥공원

공짜로 즐기는 족욕

MRT 신베이터우역에서 가까우며 온천수에 족욕을 할 수 있는 공원이다. 시설은 단출하지만 공짜로 즐길 수 있어 마을 주민들과 여행자들에게 인기가 많다. 베이터우 여행을 모두 마친 후 이곳에 들러 족욕을 하며 휴식을 취하자.

지도 p.235-A

주소 台北市北投區中和街61號
개방 08:00~18:00
휴무 월요일
요금 무료
교통 MRT 신베이터우(新北投)역에서 중허제(中和街)를 따라 도보 5분

메이팅
梅庭 | 매정

서예 작품을 볼 수 있는 쉼터

저명한 서예가 위유런(于右任)이 피서를 보냈던 공간으로 1930년대에 일본 건축양식으로 지어진 유서 깊은 건축물이다. 건물 내에는 그의 서예 작품을 비롯해 서예 도구들이 전시돼 있다. 우리에게는 낯선 서예가지만 타이완을 대표하는 딘타이펑(鼎泰豊), 싱톈궁(行天宮)의 간판 글씨도 모두 그의 작품이다. 여행자를 위한 베이터우 정보도 제공하는 등 쉼터 역할도 하고 있다.

지도 p.235-A
주소 台北市北投區中山路6號
전화 02-2897-2647
개방 10:00~18:00
휴무 월요일 요금 무료
교통 MRT 신베이터우(新北投)역에서 중산루(中山路)를 따라 도보 10분

베이터우원우관
北投文物館 | 베이터우 문물관

일제강점기에 지어진 고급 여관

1921년에 지어진 일본식 목재 건물로 당시에는 '가산여관(佳山旅館)'이라는 이름의 고급 여관이었다. 제2차 세계대전 당시 자살 특공대로 불렸던 '가미카제 특공대(神風特攻隊)'가 마지막 밤을 보낸 장소로도 유명하다. 현재는 시에서 고적지로 지정하고 사립 박물관으로 민속 문물과 원주민 문화에 관해 전시하고 있다. 함께 운영하는 레스토랑에서는 가이세키(懷石) 요리와 차를 즐길 수 있다.

지도 p.235-B
주소 台北市北投區幽雅路32號
전화 02-2891-2318
개방 10:00~18:00
휴무 월요일 요금 성인 NT$120, 어린이 NT$50
홈페이지 www.beitoumuseum.org.tw
교통 MRT 신베이터우(新北投)역에서 중산루(中山路)를 따라 언덕길을 오르면 그랜드 뷰 리조트(Grand View Resort) 옆에 있다. 도보 20분. 또는 MRT 신베이터우(新北投)역 맞은편의 광밍 파출소(光明派出所) 앞에서 230번 버스를 타고 베이터우원우관(北投文物館)에서 하차

베이터우의 맛집

만커우라멘
滿客屋拉麵

디러구와 가까운 일본 라멘집

베이터우 온천을 둘러본 후 뜨끈한 라면을 먹으려는 이들로 항상 붐비는 가게. 된장을 넣은 미소라멘(味噌什錦拉麵), 김치를 넣은 김치 차슈라멘(泡菜叉燒拉麵)을 맛볼 수 있다. 부드럽게 익힌 온천 달걀(溫泉蛋)과 두부 요리(溫泉豆腐), 감자 크로켓(可樂餠) 등을 곁들여 먹으면 푸짐한 한 끼가 완성된다. 규모가 작아서 합석하는 경우가 많다. 영어 메뉴판도 갖추고 있다.

지도 p.235-B
주소 台北市北投區溫泉路110號
전화 02-2893-7958
영업 11:00~14:00, 17:00~20:00
휴무 월요일
요금 라멘 NT$120~
교통 디러구(地熱谷)를 등지고 정면의 언덕을 따라 도보 2분

브레이 카페
Brae Café

온천 후 즐기는 달콤한 디저트와 커피

아담한 규모의 카페로 달콤한 디저트와 함께 커피를 마시며 쉬어 가기 좋은 곳이다. 정성껏 내려주는 커피 맛도 훌륭하고 직접 구운 치즈 케이크, 초콜릿 케이크 등 디저트도 함께 곁들이기 좋다. 샐러드, 만두, 수프 등 간단한 식사 메뉴도 갖추고 있어 온천 후에 가볍게 한 끼 먹기에도 안성맞춤.

지도 p.235-B **주소** 台北市北投區溫泉路110-1號
전화 02-2893-9325 **영업** 월·목요일 11:00~18:00, 금~일요일 11:00~20:00
휴무 화·수요일
요금 커피 NT$120~, 디저트 NT$120~
교통 디러구(地熱谷)를 등지고 정면의 언덕을 따라 도보 2분. 만커우라멘(滿客屋拉麵) 옆에 있다.

베이터우의 온천

베이터우 온천은 일제강점기에 독일인에게 발견된 후 베이터우 최초의 여관인 텐거우안(天狗庵)에서 시작해 점차 온천으로 유명해졌다. 그 후 베이터우에서 미량의 라듐을 포함한 북투석(北投石)이 발견되면서 타이완 최고의 온천 명소로 거듭났다. 북투석은 아주 진귀한 광석으로 이곳 베이터우와 일본의 아키타(秋田), 다마가와 온천(玉川溫泉)에서만 생산되는 것으로 알려져 있다.

온천수의 종류

베이터우의 온천수는 청황천, 백황천, 철황천의 3종류로 나눌 수 있다. 온천수의 효능에도 차이가 있으니 자신에게 맞는 온천수를 골라 즐겨보자.

- **청황천(青硫)** : 천연 용천수로서 피부병, 근육통 등에 좋은 온천수다. 유황 냄새가 나며, 반투명 황백색을 띤다. 수온은 50~75℃ 정도이고 산도는 pH1~2이다.

    대표 온천장 : 룽나이탕(瀧乃湯), 베이터우친수이루텐원취안(北投親水露天溫泉), 베이터우칭류밍탕(北投青硫名湯)

- **백황천(白硫)** : 지열로 만드는 인공 온천수로 관절염, 피부병, 류머티즘 등에 좋은 온천수다. 수온은 45℃ 정도이고 산도는 pH4~5이다.

    대표 온천장 : 사오쵀이찬위안(少帥禪園), 수이메이원취안후이관(水美溫泉會館), 빌라 32(三二行館)

- **철황천(鉄硫)** : 중성 탄산 온천수에 속하며 신경통, 피부병, 류머티즘, 통풍 등에 좋은 온천수다. 수온이 40~60℃ 정도이고, 온천 바닥에 석회질이 침전돼 있는 것을 볼 수 있다.

    대표 온천장 : 뤼한쿠원취안(羅漢窟溫泉), 마쭈쿠원취안(媽祖窟溫泉)

베이터우친수이루톈원취안
北投親水露天溫泉

〈꽃보다 할배〉에 등장한 온천

타이베이 시정부에서 운영하는 공공 노천탕으로, 시설이 좋은 편은 아니지만 저렴한 요금에 온천을 즐길 수 있어 현지인들은 물론 여행자들도 일부러 찾아온다. 노천탕은 계단식으로 되어 있는데 위쪽으로 갈수록 물이 뜨겁다. 남녀 공용 노천탕이므로 수영복과 수건을 꼭 챙겨 가자. 1시간 30분~2시간 30분 단위로 이용 가능하며, 중간에 30분씩 청소하므로 시간에 맞춰 입장한다.

지도 p.235-A **주소** 台北市北投區中山路6號
전화 02-2897-2260
영업 05:30~07:30, 08:00~10:00, 10:30~13:00, 13:30~16:00, 16:30~19:00, 19:30~22:00
요금 NT$60(보관료 NT$20)
교통 MRT 신베이터우(新北投)역에서 중산루(中山路)를 따라 도보 10분

룽나이탕
瀧乃湯

타이완 최초의 온천

1907년 일제강점기에 지은 타이완 최초의 온천으로 100년이 넘는 역사를 지니고 있다. 과거 일본의 쇼와 천황(昭和天皇)도 이곳을 찾았을 정도로 유명하다. 시설은 낡았지만 온천수가 탁월해 단골손님이 많다. 남탕과 여탕이 분리돼 있어 수영복은 필요 없지만 간단한 세면도구와 수건은 챙겨 가도록 하자. 2017년 내부 공사를 마치고 새롭게 문을 열었다.

지도 p.235-A
주소 台北市北投區光明路244號
전화 02-2891-2236
영업 06:30~11:00, 12:00~17:00, 18:00~21:00 **휴무** 수요일
요금 성인 NT$100, 어린이 NT$50
홈페이지 www.longnice.com.tw
교통 MRT 신베이터우(新北投)역에서 도보 10분. 베이터우스리투수관 뒤편에 있다.

샤오솨이찬위안
少帥禪園

온천과 미식을 동시에 즐기다

과거에는 유명 인사들이 연회와 온천을 즐겼으며, 1960년대에는 시안 사건을 일으킨 장쉐량(張學良)이 감금되기도 한 역사적인 장소다. 현재는 온천을 즐길 수 있는 고급 숙소이자 식도락 명소로 통한다. 온천수는 백황천에 속하며 피부가 부드럽고 매끄러워져 '미인탕'이라고도 불린다. 레스토랑 한칭메이쫜(漢卿美饌)에서는 고급 코스 요리를 맛볼 수 있으며 샤오류차푸(小六茶鋪)에서는 다도를 즐기며 멋진 풍경을 감상할 수 있다. 산 중턱에 자리해 전망이 무척 아름답고, 운치 있는 목조 건물과 고즈넉한 분위기만으로도 방문할 가치가 충분하다.

지도 p.235-B
주소 台北市北投區幽雅路34號
전화 02-2893-5336
영업 솽시탕우(雙喜湯屋) 11:00~22:00, 한칭메이쫜(漢卿美饌) 12:00~14:00, 18:00~21:00, 샤오류차푸(小六茶鋪) 14:00~18:00
요금 코스 NT$1,500~(+SC 10%)
홈페이지 www.sgarden.com.tw
교통 MRT 신베이터우(新北投)역에서 중산루(中山路)를 따라 언덕길을 오르면 그랜드 뷰 리조트(Grand View Resort) 옆에 있다. 도보 20분. 또는 MRT 신베이터우(新北投)역 맞은편의 광밍 파출소(光明派出所) 앞 정류장에서 230번 버스를 타고 베이터우원우관(北投文物館)에서 하차 후 도보 1분
※ 미리 요청하면 MRT 신베이터우역에서 무료 셔틀버스를 이용할 수 있다.

골든 핫 스프링
Golden Hot Spring | 金都精緻溫泉飯店

깔끔한 시설과 물 좋은 온천

한국 여행자들이 많이 찾는 온천. 독립된 개인 온천탕에서 편안하게 온천을 즐길 수 있는 것이 장점이다. 수건, 드라이기, 세면도구 등이 완비되어 있으며 숙박도 가능하다. 방에 따라 요금의 차이가 있으며 특히 히노키탕은 인기가 많아서 대기 시간이 있다. 4~9월 오전 5~12시, 10~3월 평일 오전 5~10시 사이에 방문하면 얼리버드 할인 요금을 적용받을 수 있다.

지도 p.235-A
주소 台北市北投區光明路240號
전화 02-2891-1228
영업 05:00~22:00
요금 NT$2,000~
홈페이지 www.springhotel.tw
교통 MRT 신베이터우(新北投)역에서 도보 10분. 베이터우스리투수관 뒤쪽에 있다.

아시아 퍼시픽 호텔 베이터우
Asia Pacific Hotel Beitou | 北投亞太溫泉飯店

최신식 시설을 갖춘 고급 온천

베이터우 지역에 새롭게 문을 연 고급 대형 온천 호텔이다. 대중탕은 물론 프라이빗하게 즐길 수 있는 개인실, 객실 내 온천 시설까지 고루 갖추었으며 온천만도 이용 가능하다. 아이들을 위한 키즈 프로그램, 오락 시설, 실내 수영장 등을 완비해 가족 여행자에게 제격이다. 베이터우역, 신베이터우역에서 셔틀버스를 제공해 이동도 편리하다. 대중탕은 남녀 분리된 구조라 수영복은 따로 준비하지 않아도 된다. 최신식 호텔과 온천에서의 힐링을 함께 즐기고 싶은 이들에게 추천한다.

지도 p.235-B
주소 台北市北投區幽雅路31號
전화 02-2898-3088
영업 07:00~23:00
요금 대중탕 NT$1,600(3시간), 개인실 NT$2,500~(90분)
홈페이지 www.apresort.com.tw
교통 MRT 신베이터우(新北投)역, 베이터우(北投)역에서 무료 셔틀 운행

빌라 32
Villa 32 | 三二行館

베이터우의 고급 온천

베이터우에 있는 온천 중에서도 고급에 속하는 온천 숙소로, 도심 속에서 완벽한 힐링이 가능하다. 럭셔리한 분위기의 레스토랑과 스파 시설을 갖추고 있으며, 숙소 컨디션도 좋다. 3개의 온천과 1개의 냉탕이 있으며, 남녀가 분리되어 있다. 수영복은 없어도 되며, 1회 입장에 제한 시간은 4시간이다.

지도 p.235-B
주소 台北市北投區中山路32號
전화 02-6611-8888
영업 10:00~23:00
휴무 매월 첫째 · 셋째 월요일
요금 평일 NT$1,980, 주말 NT$2,580
홈페이지 www.villa32.com
교통 MRT 신베이터우(新北投)역에서 중산루(中山路)를 따라 걷다가 왼쪽의 언덕을 따라 도보 13분

양밍산궈자궁위안
陽明山國家公園 | 양밍산 국가공원

타이베이 중심에서 차로 40~60분 정도면 닿을 수 있는 가까운 거리지만 도심과는 전혀 다른, 푸르른 자연을 만날 수 있는 국립공원이다. 봄에는 꽃 축제, 여름에는 더위를 피할 수 있는 피서지, 가을에는 억새 풍경으로 유명하며 겨울에는 따뜻한 온천까지 즐길 수 있어 사계절 내내 사랑받고 있다. 그중에서도 가장 유명한 것은 온천이다. 양밍산은 활화산으로 곳곳에서 유황 온천수와 수증기가 뿜어져 나와 장관을 이룬다. 또 2월부터 4월까지는 꽃의 계절로 칼라를 비롯해 벚꽃과 진달래가 흐드러지게 피어나고, 칼라 꽃 축제 '하이위(海芋)'가 열려 수많은 인파로 북적거린다. 양밍산 지역의 평균온도는 18~21℃로 타이베이 도심보다 선선하기 때문에 타이베이 사람들의 여름 피서지 역할도 한다. 양밍산 자락에는 타이베이의 야경을 감상할 수 있는 전망 좋은 카페와 레스토랑이 많아 저녁이면 데이트를 즐기려는 커플이 많이 찾아온다.

양밍산 가는 법

① MRT 타이베이처잔(台北車站)역 Y4번 출구 근처의 버스 정류장에서 260번 버스를 타고 종점에서 하차. 이곳에서 108번 버스를 타고 양밍산 내의 명소로 이동할 수 있다.

② MRT 신베이터우(新北投)역에서 타이완하오싱(台灣好行) 버스 베이터우주쯔후셴(北投竹子湖線) 小9번을 타고 양밍산 국가공원 방문객 센터(陽明山國家公園遊客中心) 또는 주쯔후(竹子湖)에서 하차한다. 배차 간격이 긴 편이니 시간을 미리 확인하고 갈 것.

양밍산 내에서 이동하기

양밍산 구석구석을 순환하는 108번 버스를 타면 양밍산의 주요 명소를 어렵지 않게 돌아볼 수 있다. 버스는 아침 7시부터 오후 5시 30분까지 운행하며 배차 간격은 약 30분이다. 이지 카드도 사용 가능하다.

타이베이로 돌아가기

양밍산을 순환하는 버스들이 모이는 양밍산 버스 터미널(陽明山國總站)에서 타이베이로 돌아가는 버스를 탈 수 있다. 그중 紅5, 260번 버스는 젠탄(劍潭)역에 정차하므로 MRT로 갈아타거나 스린예스로 바로 이동할 수 있다.

양밍산의 관광 명소

샤오유컹
小油坑 | 소유갱

해발 약 805m에 위치하고 있으며 일제강점기에 유황을 채취하던 곳이다. 후화산 작용에 의해 현재도 유황 증기가 뿜어져 나오고 있어 양밍산의 대표 명소로 꼽힌다. 멀리서도 코를 찌르는 유황 냄새를 맡을 수 있으며 전망대 가까이 다가가면 깎여 나간 암벽 곳곳에서 하얀 유황 증기가 피어오르는 모습을 볼 수 있다. 전망대 옆으로는 돌이 쌓여 있는데 이곳에서는 부글부글 물이 끓는 모습도 관찰할 수 있다.

지도 p.245-A
전화 02-2861-7024
개방 09:00~16:30
교통 양밍산을 순환하는 108번 버스를 타고 샤오유컹(小油坑) 정류장에서 하차

렁수이컹
冷水坑 | 냉수갱

무료로 온천욕과 족욕을 즐길 수 있는 곳이다. 온천수는 백황천이며 수온이 40℃ 정도로 타이완의 다른 온천에 비해 낮은 편이라 '렁수이컹(冷水坑)'이라는 이름이 붙었다. 남탕과 여탕이 따로 있어 수영복은 필요 없지만 수건이나 세면도구는 챙겨 가는 것이 좋다. 무료인 만큼 시설에 큰 기대는 하지 말자. 온천탕 바로 앞에 있는 족욕탕에서 잠시 쉬어 가는 기분으로 발을 담가보자.

지도 p.245-B
전화 02-2861-0036
개방 06:00~09:00, 10:30~13:00, 14:30~17:00, 18:30~21:00
교통 양밍산을 순환하는 108번 버스를 타고 렁수이컹(冷水坑) 정류장에서 하차. 또는 MRT 스린(士林)역에서 小15번 버스를 타고 렁수이컹(冷水坑) 정류장에서 하차. 약 30분 소요

칭톈강
擎天崗 | 경천강

화산활동으로 인해 마그마가 흘러 형성된 용암대지. 넓은 초원과 산책로가 펼쳐져 있어 바라보는 것만으로도 힐링이 된다. 마치 제주도의 올레길처럼 자연을 느끼며 걷기 좋은 길이다. 1934년 일제강점기에는 이곳을 목장으로 운영하기도 했다. 현재는 푸른 초원에서 검은 소들이 평화롭게 풀을 뜯는 모습을 볼 수 있다.

지도 p.245-B
전화 02-2861-5404
개방 09:00~16:30
교통 양밍산을 순환하는 108번 버스를 타고 칭톈강(擎天崗) 정류장에서 하차

탸오왕타이베이펀디콴징
眺望台北盆地寬景 | 타이베이 분지 전망대

타이베이의 전경을 파노라마로 볼 수 있는 전망대. 이곳에서는 길게 뻗은 단수이강을 따라 이어지는 타이베이 시가지의 전망이 한눈에 내려다보인다. 미니어처처럼 작아진 타이베이의 풍경을 감상해 보자.

지도 p.245-A
개방 24시간
교통 양밍산을 순환하는 108번 버스를 타고 쭈쯔후파출소(竹子湖派出所) 정류장에서 하차하면 바로

양밍산의 맛집

더 톱
The Top | 屋頂上

양밍산 자락에 위치한 히든 플레이스로 언덕을 따라서 계단식으로 자리가 배치되어 있는 독특한 구조라 전망을 감상하기에 최적의 환경이다. 마치 열대 지역의 리조트에 온 듯한 이국적인 분위기로 꾸며져 있으며 간단한 식사나 술을 마시면서 기분을 내기 좋다. 단 1인당 주문해야 하는 미니멈 차지(야외 좌석 기준 NT$350)가 있고 교통이 다소 불편한 것이 단점이다. MRT 젠탄역에서 택시를 타야 하며 돌아갈 때는 직원에게 요청해서 콜택시를 부르자.

지도 p.9-C
전화 02-2862-2255
영업 17:00~03:00
요금 맥주 NT$150~, 칵테일 NT$240~
교통 MRT 젠탄(劍潭)역이나 스린(士林)역에서 택시를 탄다. 요금은 NT$270~300

창칭루
常青廬

스톤 하우스라는 별칭처럼 돌로 지은 레스토랑. 20년 가까이 운영하고 있어 단골손님도 많고 음식 맛도 좋다. 연두부를 튀긴 푸룽더우푸(芙蓉豆腐), 매콤하게 튀긴 새우 요리 샹쑤화자오샤(香酥花椒蝦), 닭튀김 궁바오지딩(宮保雞丁) 등이 대표 메뉴. 양밍산 관광을 마친 후 맛있는 요리를 즐겨보자.

지도 p.245-A
전화 02-2861-2453
영업 11:30~03:30
휴무 화요일
요금 1인당 NT$400~
홈페이지 www.stonehouse63.com
교통 양밍산을 순환하는 108번 버스를 탄 후 주쯔후 파출소(竹子湖派出所) 정류장에서 하차해 도보 20분

양밍산의 온천

텐라이
天籟

양밍산 안에 위치한 이곳은 온천을 즐길 수 있는 리조트 숙소로 실내 온천과 노천탕까지 갖추고 있는 규모가 큰 온천 단지. 객실 컨디션도 좋아 1박 이상 투숙하기에 좋으며 여름에는 슬라이드가 있는 야외 수영장도 개방한다. 주변을 에워싸고 있는 아름다운 자연을 감상하며 따뜻한 온천을 즐기는 일은 진정한 휴식이 될 것이다.

지도 p.9-C
전화 02-2408-0000
영업 07:00~22:00
요금 월~금요일 NT$700, 토·일요일 NT$1,200, 객실 NT$7,000~ **홈페이지** www.tienlai.com.tw
교통 MRT 타이베이처잔(台北車站)역 M8번 출구로 나와 맥도날드 아래쪽에 있는 버스 정류장에서 황자커윈(皇家客運) 1717번 버스를 타고 텐라이 앞에서 하차. 버스 기사에게 미리 이야기해 둘 것.

황츠원취안
皇池溫泉

온천 업소 밀집 지역 내에 위치한 소박한 온천. 시설이 뛰어난 편은 아니지만 저렴한 가격에 온천을 즐길 수 있어 알뜰 여행자들에게 인기가 있다. 대중탕과 개인탕이 있는데 대중탕은 백황천과 청황천을 함께 즐길 수 있다. 남탕과 여탕이 분리돼 있어 수영복은 필요하지 않으며 간단한 세면도구와 수건을 챙겨 가면 좋다. 온천 내에 식당도 있다.

지도 p.9-C
전화 02-2862-3688
영업 24시간
요금 1인당 NT$250~
홈페이지 www.emperorspa.com.tw
교통 MRT 스파이(石牌)역 1번 출구로 나와 오른쪽의 코코(Coco) 앞 버스 정류장에서 508·535·536번 버스를 타고 싱이루쓰(行義路四) 정류장에서 하차 후 주차장 내의 셔틀버스를 타고 이동한다.

타이베이 Area 9

단수이
淡水

단수이는 멋진 일몰을 감상할 수 있는 명소로 잘 알려져 있다. 단수이강과 바다가 만나는 이 지역은 과거 스페인과 네덜란드인들이 가장 먼저 상륙했던 곳이며, 그 후에는 항구도시로 번성했다. 타이베이 도심과는 또 다른 낭만과 여유를 느낄 수 있어 여행자들이 당일치기로 즐겨 찾는 여행지다. 영화 〈말할 수 없는 비밀〉의 촬영지로도 알려지면서 영화에 나온 학교가 관광 명소로 유명해졌다. 또한 오래된 거리인 단수이라오제에는 여행자들의 미각을 깨워 주는 소소한 먹을거리가 많아 단수이 여행을 더욱 즐겁게 만든다. 단수이에서 배를 타면 바리섬에 갈 수 있다.

CHECK

여행 포인트		
	관광	★★★★
	미식	★★★
	쇼핑	★★★

교통

MRT 타이베이 시내에서 MRT 단수이-신이셴(淡水-信義線)을 타고 단수이역에서 하차한다. 1번과 2번 출구가 있는데 단수이라오제 방향으로 가려면 1번 출구, 위런마터우·훙마오청·전리다쉐 등 관광 명소로 이동하려면 2번 출구로 나가 버스 정류장에서 紅26번 버스를 타면 된다.

이것만은 꼭 해보기
- 단수이강의 아름다운 일몰 감상하기
- 단수이라오제에서 소소한 먹을거리 즐기기
- 페리 타고 바리에 가서 대왕오징어튀김 먹기

단수이 추천 코스

총 소요 시간
5~6시간

단수이는 복잡한 도심과는 또 다른 매력을 느낄 수 있는 항구도시이며 특히 아름다운 일몰로 유명하다. 이른 시간보다는 오후에 도착해서 일몰 시간에 맞추는 일정으로 짜는 것이 좋다.

여행 예산	
교통비	버스 NT$30~
	페리 NT$68(왕복)
입장료	훙마오청 NT$80
식 비	단수이라오제 NT$100~
	바오나이나이화즈사오 NT$100~
합 계	NT$378~

START

1시간 **훙마오청** 紅毛城 p.254

붉은 벽돌로 쌓은 이국적인 건축물로 17세기 초 타이완 북부를 점령했던 스페인 사람들에 의해 세워졌다. 단수이를 대표하는 관광 명소로 여행자들의 필수 목적지다.

전리제(真理街)를 따라 도보 5분

훙마오청

1시간 **전리다쉐** 真理大學 p.255

훙마오청과 이웃하고 있는 이곳은 타이완 최초의 서양식 대학교로 영화 〈말할 수 없는 비밀〉에 나오면서 더욱 유명해졌다.

紅26번 버스를 타고 위런마터우에서 하차. 약 25분

전리다쉐

1시간 **위런마터우** 漁人碼頭 p.254

일몰 명소로 인기가 높은 부두. '연인의 다리'라 불리는 칭런차오(情人橋)가 아치형으로 쭉 뻗어 있는 풍경이 이국적이다.

위런마터우(漁人碼頭)에서 페리를 타고 단수이 선착장(淡水渡船頭)으로 이동. 약 15분

위런마터우

1시간 **단수이라오제** 淡水老街 p.256

단수이의 거리를 따라서 형성된 라오제로 아게이, 카스텔라, 톄단 등 특색 있는 먹을거리와 기념품 상점이 모여 있다.

단수이 선착장(淡水渡船頭)에서 페리를 타고 바리 선착장(八里渡船頭)으로 이동. 약 10분

단수이라오제

1시간 **바리** 八里 p.261

단수이에서 페리를 타고 갈 수 있는 바리. 바오나이나이화즈사오(寶奶奶花枝燒)의 대왕오징어튀김이 이곳의 명물이다.

바리

단수이의 관광 명소

위런마터우
漁人碼頭 | 어인마두

낭만 가득한 부두

커플들의 데이트 코스이자 일몰 명소로 인기를 끌고 있다. 하얀 요트들이 부둣가에 정박해 있으며 '연인의 다리'라 불리는 칭런차오(情人橋)가 아치형으로 쭉 뻗어 있어 운치를 더한다. 타이베이에서도 가장 일몰을 보기 좋은 곳으로 꼽히는 곳인 만큼 많은 사람들이 일찍부터 자리를 잡고 해가 지기를 기다린다. 저녁 6시에서 6시 30분 사이에 해가 지기 시작한다. 벤치나 방파제에서 감상하거나 바리섬으로 가는 선상에서 보는 것도 큰 감동을 안겨줄 것이다. 이곳에서 배를 타고 단수이라오제 부근의 선착장 또는 바리섬으로 넘어갈 수 있다.

지도 p.253-A
주소 新北市淡水區沙崙里觀海路199號
교통 MRT 단수이(淡水)역 2번 출구 오른쪽에서 紅26번 버스를 타고 종점인 위런마터우(漁人碼頭)에서 하차

훙마오청
紅毛城 | 홍모성

1628년에 세워진 이국적인 건축물

17세기 초 타이완 북부를 점령했던 스페인인들에 의해 세워졌다. 당시에는 'Fort Santo Domingo'라고 불렸는데 1642년부터 네덜란드의 지배를 받으면서 단수이 주민들이 네덜란드인들을 붉은 머리, 즉 훙마오(紅毛)라고 부른 것에서 유래해 훙마오청이라 불리기 시작했다. 1868년부터 영국의 영사관으로 사용되었으며 여러 나라가 거쳐 간 후 1980년이 되어서야 중화민국 정부에 반환되었다. 언덕 위에 자리한 이국적인 건물이 눈에 띈다.

지도 p.253-A
주소 新北市淡水區中正路28巷1號
전화 02-2623-1001
개방 월~금요일 09:30~17:00, 토 · 일요일 09:30~18:00
휴무 매월 첫째 월요일
요금 NT$80
교통 MRT 단수이(淡水)역 2번 출구 앞에서 紅26번 버스를 타고 훙마오청(紅毛城)에서 하차. 5분 소요

전리다쉐
真理大學 | 진리대학

지도 p.253-A
주소 新北市淡水區真理街32號
전화 02-2621-2121
교통 MRT 단수이(淡水)역 2번 출구에서 紅26·紅36·紅38·836·837번 버스를 타고 전리다쉐(真理大學) 또는 훙마오청(紅毛城)에서 하차

타이완 최초의 서양식 대학교

타이완 최초의 서양식 대학교로 훙마오청 근처에 있다. 1882년 매카이 박사가 교육을 위하여 영국 옥스퍼드 대학을 본떠 타이완 최초의 서양식 대학교를 설립했다. 영화 〈말할 수 없는 비밀〉의 촬영지로 화제를 모아 여행자들이 일부러 찾아가는 명소가 되었다. 이국적인 건축물과 잘 가꾸어진 정원이 자리한 교정이 무척 아름답다.

단장가오지중쉐
淡江高級中學 | 담강고등학교

영화 〈말할 수 없는 비밀〉의 촬영지

영화 〈말할 수 없는 비밀〉에 나왔으며, 감독이자 배우로 열연했던 주걸륜(周杰倫)의 실제 모교이기도 하다. 건물 지붕의 팔각 탑이 인상적이며 야자나무가 쭉 뻗은 교정은 이국적인 분위기가 물씬 풍긴다. 영화 속 두 주인공 샹룬과 샤오위가 풋풋한 감정을 나누던 교정, 운동장, 벤치, 복도 등을 산책하며 둘러보자. 방문객이 많아지면서 평일에는 외부인 출입을 제한하고, 주말에만 비정기적으로 개방하고 있다.

지도 p.253-A
주소 新北市淡水區真理街26號
교통 MRT 단수이(淡水)역 2번 출구에서 紅26·紅36·紅38·836·837번 버스를 타고 전리다쉐(真理大學) 또는 훙마오청(紅毛城)에서 하차. 언덕길을 따라 도보 5분

단수이의 맛집

단수이라오제
淡水老街

단수이에서 가장 번화한 거리

타이완에서 주요 관광 명소로 빼놓을 수 없는 라오제가 단수이에도 있다. MRT 단수이역에서 해안 공원을 지나 산책로 방향으로 이어지는 중정루(中正路) 일대에 형성된 상권으로 식당, 특산품 및 기념품 가게, 노점 등이 모여 있다. 특히 아게이(阿給, 유부요리), 톄단(鐵蛋, 간장에 조린 달걀), 단수이 카스텔라 등 단수이에서 꼭 맛봐야 할 특색 있는 먹을거리가 많다. 또한 곳곳에 타이완의 1960~70년대 물건을 파는 기념품 가게도 있어 구경하는 재미도 쏠쏠하다.

지도 p.253-B
주소 新北市淡水區中正路
교통 MRT 단수이(淡水)역 1번 출구에서 왼쪽의 중정루(中正路)를 따라가면 단수이라오제가 시작된다.

단수이라오제'S PICK

아포톄단 阿婆鐵蛋

단수이라오제 코너에 위치한 작은 가게로, 타이완 사람들이 간식으로 즐겨 먹는 톄단(鐵蛋)을 판매한다. 진공포장된 까만 달걀이 주렁주렁 달려 있어 눈에 띈다. 직접 개발한 특제 간장에 조린 달걀은 적절하게 간이 배어 있어 맛있고 맥주 안주로도 잘 어울린다. 달걀과 메추리알 2종류이며, 가격은 NT$100.

지도 p.253-A **주소** 新北市淡水區中正路135-1號
전화 02-2625-1625 **영업** 09:00~20:30
교통 아마더쏸메이탕(阿媽的酸梅湯) 옆에 있다.

아마더쏸메이탕 阿媽的酸梅湯

타이완에서 날씨가 더운 여름에 즐겨 마시는 매실 음료 쏸메이탕(酸梅湯)을 파는 가게. 새콤하다 못해 시큼한 맛이지만 더위에 지쳤을 때 마시면 특효약이다. 가격은 NT$35.

지도 p.253-A
주소 新北市淡水區中正路135-1號
전화 02-2629-0107 **영업** 10:00~22:00 **교통** 아포테단 옆에 있다.

아샹샤쥐안 阿香蝦捲

20년 넘게 한자리에서 영업하며 사랑받아 온 새우튀김 가게. 모양은 춘권처럼 생겼는데 안에 새우 살과 고기소가 함께 들어 있다. 소스를 발라 먹으면 더욱 풍미가 산다. 꼬치 하나에 3개씩 끼워 나오며 가격은 NT$200이다.

지도 p.253-A
주소 新北市淡水區中正路230號
전화 02-2623-3042 **영업** 10:30~20:30 **휴무** 목요일
교통 셴카오단가오(現烤蛋糕)에서 왼쪽으로 도보 1분

셴카오단가오 現烤蛋糕

가게 이름보다 '단수이 카스텔라'로 이름난 집이다. 인기를 증명하듯 항상 긴 줄이 이어지며 재료 본연의 맛인 기본 카스텔라(NT$90)와 풍부한 맛인 치즈 카스텔라(NT$130) 2종류가 있다. 김이 모락모락 나는 따뜻한 카스텔라를 그 자리에서 썰어 포장해 준다. 폭신하고 부드러운 식감의 카스텔라는 한번 맛보면 잊을 수 없다.

지도 p.253-A
주소 新北市淡水區中正路135號
전화 02-2626-7860 **영업** 월~금요일 11:00~20:00, 토·일요일 09:00~20:30
교통 아포테단(阿婆鐵蛋) 옆에 있다.

단수이라오파이아게이 淡水老牌阿給

단수이의 명물 먹을거리 중 하나인 아게이(阿給, NT$45)를 파는 가게. 아게이는 유부 안에 으깬 생선 살과 당면을 넣고 쪄서 만든 음식으로 이곳은 아게이 요리를 처음 선보인 원조 집이다. 작은 주먹만 한 크기의 아게이에 소스를 끼얹어 내준다. 맑은 국물에 어묵을 넣고 끓인 위완탕(魚丸湯, NT$35)과 함께 먹으면 한 끼 식사로도 손색없다.

지도 p.253-A **주소** 新北市淡水區真理街6-1號
전화 02-2621-1785 **영업** 05:00~14:30 **휴무** 월요일 **교통** 원화 초등학교(文化國小) 옆에 있다.

단수이훙러우
淡水紅樓

100년이 넘은 건물을 레스토랑으로

붉은 벽돌과 아치형 복도로 이루어진 빅토리아 양식과 풍수지리설에 입각한 동양의 문화가 공존하는 독특한 건물이다. 1899년에 지어진 후 100년 이상 자리를 지켜온 사적인 명소이기도 하다. 1층과 2층은 중식 레스토랑으로, 3층은 카페로 운영 중이다. 낮보다는 해 질 무렵에 더 운치 있으며 언덕 위에 자리하고 있어 전망도 멋지다.

지도 p.253-A
주소 新北市淡水區三民街2巷6號
전화 02-8631-1168
영업 12:00~20:00
요금 1인당 NT$500~
홈페이지 www.redcastle-taiwan.com
교통 MRT 단수이(淡水)역 1번 출구에서 왼쪽의 중정루(中正路)를 따라 도보 13분

바이예원저우다훈툰
百葉溫州大餛飩

주걸륜의 단골 완탕집

단수이에서 학창 시절을 보낸 타이완의 슈퍼스타 주걸륜(周杰倫)이 즐겨 찾았다는 단골집으로 입구부터 주걸륜 인증 사진이 걸려 있다. 그의 팬들이 일부러 찾아오고 각종 TV 매체에도 자주 소개된다. 메뉴 중 주걸륜 세트(周杰倫套餐)가 인기 있고, 담백한 국물과 고기로 속을 채운 완탕, 기름기를 쭉 뺀 닭다리구이도 맛있다. 완탕과 닭다리구이가 같이 나오는 세트 메뉴는 NT$145.

지도 p.253-A
주소 新北市淡水區中正路177號
전화 02-2621-7286
영업 월~금요일 10:00~14:00, 16:30~20:30, 토·일요일 10:00~20:30
휴무 목요일
요금 완탕 닭다리구이 세트 NT$190
홈페이지 www.wenchou.com.tw
교통 MRT 단수이(淡水)역 1번 출구에서 도보 11분

스타벅스
Starbucks

드라마틱한 노을을 감상하기 좋은 카페

타이완 어디서나 흔히 볼 수 있는 스타벅스이지만 시원스러운 풍광을 바로 앞에 둔 덕분에 일몰 포인트로 인기 있다. 특히 일몰이 유명한 단수이인 만큼 해가 질 무렵이면 좋은 자리를 선점하고 노을을 기다리는 사람들이 많다. 노을을 제대로 감상하려면 2층 야외석이 좋다.

지도 p.253-A
주소 新北市淡水區中正路205號
전화 02-2625-5399
영업 월~금요일 08:00~22:30, 토·일요일 07:30~22:30
요금 커피 NT$95~
홈페이지 www.starbucks.com.tw
교통 MRT 단수이(淡水)역 2번 출구에서 紅26번 버스를 타고 샤오바이궁(小白宮)에서 하차 후 도보 3분. 또는 MRT 단수이(淡水)역 1번 출구에서 왼쪽의 중정루(中正路)를 따라 도보 12분. 강변 산책로에 있다.

수이완
水灣 | Waterfront

리조트를 연상시키는 강변의 카페

단수이강 변을 따라 크고 작은 카페가 몇 곳 있는데 분위기로 따지면 단연 돋보이는 곳이다. 리조트를 연상시키는 이국적인 분위기로, 단수이강을 바로 앞에서 볼 수 있는 자리가 특히 인기 있다. 가벼운 음료부터 본격적인 식사 메뉴까지 갖추었다. 1인당 NT$150의 미니멈 차지가 있다.

지도 p.253-A
주소 新北市淡水區中正路229-9號
전화 02-2629-0052
영업 월~금요일 12:00~20:00, 토·일요일 12:00~21:00
요금 티 NT$170~, 가도가도 NT$380(+SC 10%)
홈페이지 www.waterfront.com.tw
교통 MRT 단수이(淡水)역 1번 출구에서 왼쪽의 중정루(中正路)를 따라 도보 12분

라테아
Lattea

크림을 듬뿍 머금은 녹차

뤼가이차(綠蓋茶)라고 불리는 독특한 음료 덕분에 화제가 된 곳. 녹차로 만든 음료 위에 풍부한 크림이 듬뿍 올라가 있는데 이 조합이 묘하게 잘 어울린다. 여기에 감자튀김까지 곁들여 먹으면 최고다. 단수이라오제와 선착장이 교차하는 지점의 건물 3층에 있어 노을을 감상하기에도 좋다.

지도 p.253-B
주소 新北市淡水區中正路11巷1號3樓
전화 02-2621-3113
영업 일~목요일 11:30~23:00, 금·토요일 11:30~24:00
요금 뤼가이차 NT$100, 감자튀김 NT$60
홈페이지 www.lattea.com.tw
교통 단수이 선착장(淡水渡船頭)에서 단수이라오제로 이어지는 초입의 건물 3층에 있다.

헤이뎬판뎬
黑殿飯店

현지인이 사랑하는 갈비 덮밥 맛집

단수이역 근처에 위치한 곳으로 현지인이 즐겨 먹는 덮밥, 볶음밥, 국수 등을 파는 깔끔한 식당이다. 튀긴 돼지갈비를 올린 볶음밥(帶骨豬排飯), 닭다리 튀김을 올린 볶음밥(九兩大雞腿飯), 고기가 듬뿍 들어간 우육면(牛肉麵) 등이 대표 메뉴다. 가격 대비 맛이 좋고 접근성도 좋아 인기다.

지도 p.253-B
주소 新北市淡水區中正路11巷10號
전화 02-2626-6363
영업 11:00~20:30
요금 볶음밥 NT$169~, 국수 NT$143~
교통 MRT 단수이(淡水)역 1번 출구에서 왼쪽의 중정루(中正路)를 따라 도보 3분

Plus+Spot
바리 八里

단수이 여행의 보너스

단수이강 너머로 작은 섬이 하나 보이는데, 이 섬이 바로 바리다. 단수이에서 배를 타고 10분 남짓이면 도착하는 가까운 거리에 있다. 바리섬은 단수이보다 소박하고 여유로운 모습이 가득하다. 특히 자전거를 타고 둘러보기에 최적의 환경을 갖추고 있다. 배에서 내리면 기념품을 파는 상점들을 비롯해 각종 샤오츠(小吃)를 파는 가게들이 이어진다. 그중에서도 바리 여행의 하이라이트라고 해도 과언이 아닌 대왕오징어튀김을 먹는 일은 절대 놓쳐서는 안 된다.

교통 단수이라오제에서 강변 방향으로 내려가면 'Lattea' 앞에 단수이 선착장(淡水渡船頭, 단수이두촨터우)이 있다. 이곳에서 페리를 타고 10분 남짓이면 바리섬에 도착한다. 편도 요금은 NT$34이며 이지 카드도 이용 가능하다. 단수이로 돌아가려면 내린 곳에서 다시 탑승하면 된다.

바오나이나이화즈샤오
寶奶奶花枝燒

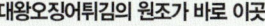

대왕오징어튀김의 원조가 바로 이곳

대왕오징어튀김을 먹기 위해 바리섬을 찾는 여행자가 상당수일 정도로 인기 있는 맛집. 대왕오징어튀김은 물론이고 생선, 게, 새우 등의 튀김도 맛볼 수 있다. 찍어 먹는 소스는 와사비, 마요네즈, 가쓰오부시 3종류로 그중 하나를 고르면 된다. 맥주와 함께 먹으면 환상의 궁합이다.

주소 新北市八里區渡船頭街26號
전화 02-2610-4071
영업 09:00~22:00
요금 대왕오징어튀김 소(小) NT$100, 대(大) NT$150
교통 바리 선착장(八里渡船頭)에서 도보 2분

타이베이의 숙소

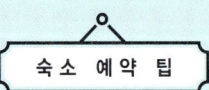

타이베이에는 저렴한 호스텔부터 중급 가격대의 숙소, 럭셔리한 고급 호텔 등 다양한 숙소가 있어 선택의 폭이 넓은 편이며 요금은 한국과 비교해 비싸지 않은 수준이다. 새롭게 생긴 숙소들도 많아 잘 고르면 가격 대비 깔끔하고 쾌적한 숙소를 찾을 수 있다. 고급 호텔은 주로 신이, 중산 지역에 몰려 있으며 저렴한 호스텔은 타이베이처잔과 시먼딩 주변에 많다. 자신의 취향과 예산에 맞는 숙소를 지혜롭게 골라보자.

숙소 예약 팁

MRT 역과의 거리 따져 보기
타이베이는 MRT가 발달해 주요 관광지로의 접근이 쉽다. 그만큼 숙소에서 MRT 역까지 얼마나 걸리느냐가 시간을 절약할 수 있는 관건이므로 지도를 보고 숙소와 MRT 역 간의 도보 이동 시간을 체크해 보자.

인터넷으로 미리 예약하기
2박 3일, 3박 4일 미만의 짧은 일정이라면 반드시 인터넷으로 미리 예약을 하는 것이 좋다. 무엇보다 숙소를 구하는 데 들이는 시간을 절약할 수 있으며 현지에 가서 예약하는 것보다 요금이 저렴하다.

한자 이름과 주소 적어두기
공항에서 숙소까지 택시를 타거나 거리에서 현지인에게 길을 물어볼 때 숙소의 이름이나 주소를 한자로 보여주는 것이 효과적이다. 사진을 찍어 휴대폰에 저장해 두거나 미리 프린트한 종이를 준비하면 좋다.

고급 호텔

만다린 오리엔탈 타이베이
Mandarin Oriental Taipei

타이베이에서 가장 럭셔리한 호텔

전 세계적인 고급 호텔 브랜드 만다린 오리엔탈이 타이베이에 문을 연 것은 호텔계의 빅뉴스였다. 현재 타이베이에서 가장 값비싸고 럭셔리한 호텔로 꼽히는 이곳은 유럽의 성을 연상시키듯 화려하고 클래식한 건축양식이 돋보인다. 256실의 객실 중 47실의 스위트룸을 갖추고 있으며 객실의 컨디션도 최상급이다. 빡빡한 도심 속에서 온전한 휴양을 만끽할 수 있는 야외 수영장이 있고, 고급 광동식 레스토랑 야 게(Ya Ge), 프렌치 카페 엉두트루아(Café Un Deux Trois)에서 수준 높은 미식을 즐길 수 있다. 럭셔리한 호텔을 위해 비용을 투자할 준비가 되었다면 이보다 좋은 선택은 없다.

지도 p.102-F
주소 台北市松山區敦化北路158號
전화 02-2715-6888
요금 디럭스 NT$13,600~, 클럽 디럭스 NT$20,000~
홈페이지 www.mandarinoriental.com/taipei
교통 MRT 타이베이 아레나(台北小巨蛋)역에서 도보 10분. 또는 쑹산 공항에서 택시로 3분

W 타이베이
W Taipei

감각적인 호텔

트렌드를 선도하는 세계적인 브랜드 W 호텔을 타이베이에서도 만날 수 있다. 객실은 화이트 톤에 강렬한 컬러를 매치시켜 감각적으로 꾸며 놓았다. 야외 수영장과 우바(WOOBAR)에서는 여유로운 시간을 보내기 좋다. 아침 식사는 뷔페식으로 잘 나오는 편이다. 퉁이스다이바이훠(統一時代百貨)와 스정푸 버스 터미널, MRT 스정푸역과 바로 연결되어 위치도 탁월하다. 특히 스정푸 버스 터미널에서 타오위안 국제공항으로 바로 이동할 수 있어 편리하다.

지도 p.100-A
주소 台北市信義區忠孝東路五段10號
전화 02-7703-8888
요금 원더풀 NT$11,000~, 스펙태큘러 NT$13,000~ **홈페이지** www.wtaipei.com
교통 MRT 스정푸(市政府)역에서 바로

중급 호텔

코트야드 바이 메리어트 타이베이 다운타운
Courtyard by Marriott Taipei Downtown

최신식 시설을 갖춘 특급 호텔

세계적인 호텔 체인 메리어트의 브랜드답게 서비스와 룸 컨디션이 탁월하다. 최근에 문을 열어 호텔의 부대시설 및 객실 내부 또한 쾌적하다. 227개의 객실은 모던하면서 세련된 인테리어가 돋보이며 넓은 창을 통해서 타이베이 도심의 뷰를 파노라마로 즐길 수 있다. 타이베이 101을 볼 수 있는 객실도 있으니 예약 시 룸 위치를 체크해 보자.

전망 좋은 피트니스 센터

24시간 이용 가능한 피트니스 센터가 17층에 위치해 있다. 러닝 머신, 크로스 트레이닝 머신, 자전거, 덤벨 등의 기구를 갖추고 있다. 정면이 유리창으로 되어 있어 시원스러운 타이베이 시티 뷰를 즐기며 운동할 수 있으니 놓치지 말자.

만족도 높은 풍성한 조식

뷔페식으로 나오는 조식당의 퀄리티가 상당히 높은 편. 타이완 전통 음식을 비롯해 신선한 해산물, 즉석요리 코너까지 메뉴가 다양하고 맛도 좋아 투숙객의 만족도가 높은 편이다.

지도 p.90-F
주소 台北市中山區民生東路三段6號
전화 02-7750-3399
요금 슈피리어 NT$6,000~, 디럭스 NT$7,000~
교통 MRT 싱텐궁(行天宮)역 1번 출구에서 도보 7분

미츠이 가든 호텔
Mitsui Garden Hotel

정갈한 일본 스타일에 타이완의 전통을 가미한 호텔

타이완과 일본의 매력을 그대로 녹여낸 인테리어와 디테일이 돋보이는 일본 브랜드 호텔이다. 최근 문을 열어 호텔의 컨디션이 쾌적하며 중샤오신성역 바로 옆에 위치하고 있어 접근성도 뛰어나다. 시원한 도시 전망을 갖추고 있으며 투숙객 누구나 이용할 수 있는 대욕장이 있어 여행의 피로를 풀기에도 좋다. 욕조를 갖춘 객실에는 입욕제와 캡슐 커피 머신 등이 구비되어 있으며 차를 즐길 수 있는 다기, 대욕장 방문 시 이용할 수 있는 가방 등 사소하지만 센스 있는 디테일이 돋보인다.

자유롭게 쉬어갈 수 있는 라운지

2층에 준비된 라운지에는 타이완 관련 서적과 함께 커피 머신, 생수 등을 무료로 제공한다. 무엇보다 창 너머로 초록빛 풍경과 함께 시티 뷰를 감상할 수 있어 다른 멋진 카페가 부럽지 않다. 늦은 시간(08:00~23:00)까지 운영하니 아늑한 공간에서 쉬어 가며 커피 한잔의 여유를 즐겨보자.

피로를 풀어주는 대욕장

이 호텔의 가장 특별한 점은 17층에 위치한 대욕장에 있다. 남녀 분리된 대욕장에는 로커, 타월, 간단한 세면용품 등이 완비되어 있으며 투숙객은 키를 가지고 무료로 입장할 수 있다. 여행의 피로를 풀어주는 대욕장에서 힐링을 즐겨보자.

지도 p.90-F
주소 台北市大安區忠孝東路三段30號
전화 02-2781-1131
요금 스탠다드 NT$5,800~, 슈피리어 NT$6,000~
교통 MRT 중샤오신성(忠孝新生)역 7번 출구에서 도보 1분

호텔 메트로폴리탄 프리미어 타이베이
Hotel Metropolitan Premier Taipei

2021년 리모델링을 거쳐 문을 연 메트로폴리탄 호텔

난징푸싱역이 바로 앞에 있어 접근성이 탁월하며 주변에 편의점, 레스토랑, 카페 등이 모여있는 지역이라 편의 시설도 뛰어나다. 실내 수영장을 비롯해 고급 스파와 레스토랑까지 부대시설 또한 훌륭하다. 호텔 내의 레스토랑도 호텔만큼이나 유명한데 해산물과 스테이크가 풍성하게 차려지는 디너 뷔페 '브릴리언트(Brilliant)'는 문전성시를 이룰 정도로 인기가 높다. 일본계 호텔답게 정통 일식을 선보이는 '하야세(Hayase)'에서는 테판야키와 가이세키 요리를 즐길 수 있다.

풍성한 조식

메트로폴리탄 호텔의 장점 중에 하나는 풍성하게 나오는 아침 뷔페이다. 샐러드부터 시작해 타이완 전통 요리와 일식, 서양식 메뉴까지 풍부하며 즉석에서 구워주는 스테이크까지 갖추고 있어 이용객의 만족도가 매우 높은 편이다.

라운지에서 즐기는 특급 베네핏

호텔에서의 시간을 더 풍요롭게 즐기고 싶다면 라운지 혜택이 포함된 객실로 선택하자. 2층 라운지에서 대기 없이 바로 진행하는 체크인을 시작으로 술과 간단한 스낵을 무료로 제공하는 해피 아워, 달콤한 디저트와 애프터눈 티 등 무료 혜택이 많다.

지도 p.91-G
주소 台北市中山區南京東路三段133號
전화 02-7750-0900
요금 스탠다드 NT$5,800~, 슈피리어 NT$6,500~
교통 MRT 난징푸싱(南京復興)역 8번 출구에서 도보 3분

호스텔

스타 호스텔
Star Hostel

한국 여행자들에게 호평받는 숙소

타이베이 기차역과 가깝고 깔끔한 시설, 직원들의 친절함으로 한국인 여행자들 사이에서 꾸준히 호평을 받는 호스텔. 1~2인실부터 3~4인이 머무를 수 있는 패밀리 룸, 도미토리 룸 등 객실 종류가 다양하다. 인테리어에 원목을 사용하여 편안한 느낌을 준다. 간단한 아침 식사가 포함되어 있으며 인기가 많아서 서둘러 예약하는 것이 안전하다.

지도 p.128
주소 台北市大同區華陰街50號4樓
전화 02-2556-2015
요금 더블 NT$2,300~, 도미토리 NT$680~
홈페이지 www.starhostel.com.tw
교통 MRT 타이베이처잔(台北車站)역 Y9번 출구에서 도보 3분

미앤더 1948 호스텔
Meander 1948

도미토리와 개별 객실을 고루 갖춘 호스텔

저렴한 도미토리는 물론이고 독립적으로 투숙할 수 있는 더블 룸, 패밀리 룸 등 다양한 규모의 객실을 갖추고 있는 호스텔이다. 공용 공간에는 간단한 취사가 가능한 주방과 쉴 수 있는 테이블 등이 준비되어 있다. 타이베이 기차역과 가깝고 시설도 깨끗한 편이라 여행자 사이에서 꾸준히 인기가 좋다.

지도 p.128
주소 台北市大同區太原路42號
전화 02-558-8812
요금 더블 NT$2,800~, 도미토리 NT$900~
교통 MRT 타이베이처잔(台北車站)역 Y20번 출구에서 도보 5분

타이완 북부
台灣 北部

타이완 북부 지역에는 예류, 진과스, 주펀 등 타이베이 근교 여행지로 유명한 관광 명소들이 모여 있다. 타이베이에서 기차나 버스를 타고 1시간 남짓이면 닿을 수 있어 당일치기 여행지로도 인기가 높다. 홍등이 주렁주렁 달린 주펀과 오래된 금광 마을 진과스, 신비로운 풍경의 예류는 타이베이를 찾는 여행자들도 반드시 방문하는 필수 코스다. 그 밖에도 원주민의 문화를 느끼며 온천욕도 즐길 수 있는 우라이, 오래된 기차를 타고 아날로그 여행을 떠날 수 있는 핑시셴, 도자기 마을로 유명한 잉거와 시간이 멈춘 것 같은 싼샤까지 각기 다른 매력을 가진 지역들이 있으니 하루 정도 시간을 내서 색다른 여행을 즐겨보자.

타이완 북부 한눈에 보기

핑시셴 平溪線 p.316

과거 1920년대 탄광 철도로 운행하던 핑시셴 기차를 관광 열차로 변신시켰다. 기차는 싼댜오링에서 징통까지 12.9km에 달하는 거리를 오가며 각 마을마다 정차한다. 소박한 기차 마을의 정취를 느낄 수 있으며 하늘 높이 천등을 날리는 특별한 체험도 할 수 있다.

우라이 烏來 p.326

타이베이 동남쪽에 위치한 우라이는 300여 년 전 온천이 발견된 후 현재까지 온천 명소로 사랑받고 있다. 무료 노천 온천부터 호화로운 시설을 갖춘 고급 온천까지 다양하다. 온천은 물론이고 원주민들의 문화, 서정적인 자연 풍경까지 즐길 수 있다.

잉거 鶯歌 p.336

잉거는 예로부터 양질의 점토가 생산되는 환경 덕분에 19세기 초부터 도자기 마을로 유명했다. 잉거라오제에는 크고 작은 도예방과 상점, 다예관 등이 밀집돼 있어 도자기 제품을 구매하거나 직접 도자기를 만드는 체험도 할 수 있다.

싼샤 三峽 p.336

잉거와 이웃하고 있는 싼샤는 일찍이 무역이 발달했다. 일제강점기에 형성된 싼샤라오제가 대표적인 명소로, 붉은 벽돌로 쌓은 아치형 건물들이 쭉 뻗어 있어 고전적인 분위기가 물씬 풍긴다. 섬세하고 화려하게 조각된 칭수이쭈스먀오도 꼭 가봐야 하는 명소다.

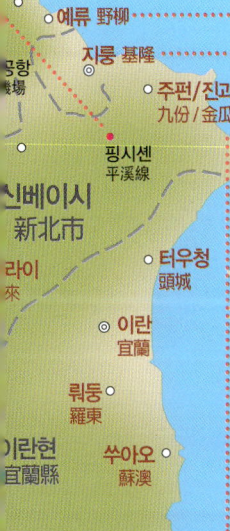

진산 金山 p.310

타이완 북부 해안 지역에서 가장 먼저 개발된 항구도시. 온천, 해수욕장, 라오제로 유명하며 바이사완 해수욕장은 여름철 피서지로 인기가 높다. 전통적인 먹을거리가 즐비한 진산라오제, 타이완의 유명 조각가 주밍의 작품을 볼 수 있는 주밍메이수관도 빼놓을 수 없는 명소다.

예류 野柳 p.274

예류는 타이베이 북부 해안을 접하고 있으며 대표적인 관광 명소로는 예류디즈궁위안을 꼽을 수 있다. 수천 년의 세월 동안 침식, 풍화 작용으로 생성된 기묘한 암석들이 자아내는 신비로운 풍경을 볼 수 있다.

지룽 基隆 p.300

타이완 북부를 대표하는 항구도시로 과거 스페인, 네덜란드, 일본 등의 점령을 받으며 굴곡진 세월을 겪었다. 지룽항에는 현재도 거대한 선박이 정박하고 있으며 노란 등이 빛나는 먀오커우예스로 유명하다.

진과스 金瓜石 p.280

과거 잘나가던 금광이었던 진과스는 1980년대 금광이 고갈되면서 버려질 위기에 처했으나 관광지로 개발되면서 다시 전성기를 맞이했다. 거대한 금괴가 있는 황진보우관이 유명하다.

주펀 九份 p.288

타이완 북부 도시 중 가장 인기가 높은 관광 명소. 좁은 골목 사이로 주렁주렁 달린 홍등이 이국적인 분위기를 풍긴다. 골목마다 이어지는 맛집에서 별미도 즐기고, 분위기 좋은 다예관에서 차 한잔의 여유도 누려보자.

타이완 북부로 가는 법

타이베이에서 예류, 진과스, 주펀, 지룽 등으로 가는 이동 수단은 기차와 버스가 대표적이다. 타이베이 기차역(台北車站)에서 각 지역으로 이동하는 기차 또는 버스를 타고 이동할 수 있으며, 대부분 1~2시간 안팎의 거리라 당일치기 여행으로 부담 없이 다녀올 수 있다.

● 타이베이(台北) ↔ 예류(野柳) 이동

귀광커윈 타이베이 터미널(國光客運台北車站) → 귀광커윈(國光客運) 진산(金山)행 1815번 버스 NT$98, 1시간 30분 → 예류(野柳)

● 타이베이(台北) ↔ 진과스(金瓜石) 이동

● 타이베이(台北) ↔ 주펀(九份) 이동

MRT 중샤오푸싱(忠孝復興)역 → 지룽커윈(基隆客運) 1062번 버스 NT$101, 1시간 10분 → 주펀(九份)

타이베이 기차역(台北車站) → 루이팡(瑞芳)역까지 기차 +788·965번 버스 NT$71~, 1시간 20분~ → 주펀(九份)

● 타이베이(台北) ↔ 지룽(基隆) 이동

귀광커윈 타이베이 터미널(國光客運台北車站) → 귀광커윈(國光客運) 지룽(基隆)행 1813번 버스 NT$57, 1시간 → 지룽(基隆)

타이베이 기차역(台北車站) → 기차 NT$41~, 50분 → 지룽 기차역(基隆火車站)

● 예류(野柳) ↔ 지룽(基隆) 이동

● 지룽(基隆) ↔ 진과스(金瓜石), 주펀(九份) 이동

● 타이베이(台北) ↔ 진산(金山) 이동

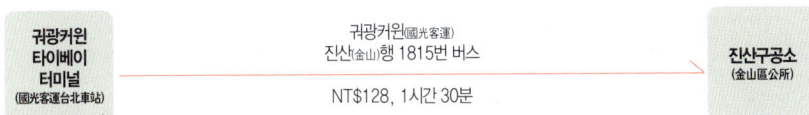

● 타이베이(台北) ↔ 핑시셴(平溪線) 이동

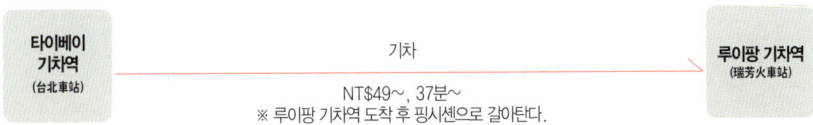

● 타이베이(台北) ↔ 우라이(烏來) 이동

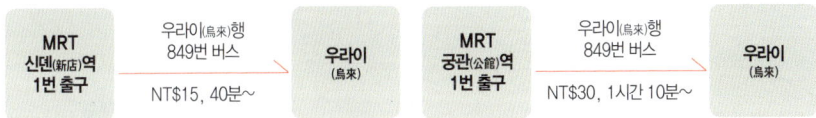

● 타이베이(台北) ↔ 잉거(鶯歌) 이동

● 타이베이(台北) ↔ 싼샤(三峽) 이동

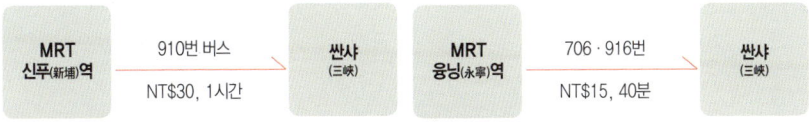

※ 교통 요금, 운행 시간 등은 현지 사정에 따라 달라질 수 있으므로 여행 전에 다시 한번 확인할 것.

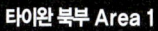 타이완 북부 Area 1

예류
野柳

타이완 북부 해안의 서쪽에 위치한 예류는 오랜 시간 바람과 바다가 공들여 만든 자연의 위대한 작품을 만날 수 있는 곳이다. 예류디즈궁위안(野柳地質公園)은 타이완 북부의 대표적인 관광 명소로 타이베이와 버스로 약 1시간 30분 거리에 위치하고 있다. 수천만 년 동안 파도 침식과 풍화작용을 통해 지금과 같은 기암괴석들이 탄생했으며 여기에 푸른 바다까지 더해 초현실적이면서도 아름다운 풍경을 완성했다. 예류디즈궁위안 옆에는 돌고래 쇼와 다이빙 쇼로 유명한 예류하이양스제(野柳海洋世界)가 있다. 아이를 동반한 가족 여행자라면 방문해 보자.

CHECK

여행 포인트	관광	★★★★
	미식	★★

이것만은 꼭 해보기	☐ 여왕바위와 기념사진 찍기
	☐ 예류하이양스제에서 돌고래 쇼 보기
	☐ 신선한 해산물 요리 즐기기

예류·진과스·주펀 가는 법

예류-진과스-주펀으로 이어지는 일정은 여행자들 사이에서 핵심 코스로 통한다. 각 지역 간에는 버스를 타면 쉽게 이동할 수 있다. 타이베이에서 아침 일찍 예류로 출발해 진과스, 주펀 순으로 둘러보면 하루를 꽉 채운 알찬 일정을 즐길 수 있다.

타이베이 ↔ 예류 이동

MRT 타이베이처잔(台北車站)역 M1번 또는 M2번 출구로 나가면 궈광커윈 타이베이 터미널(國光客運台北車站)이 있다. 이곳에서 궈광커윈(國光客運)에서 운행하는 진산(金山)행 1815번 버스를 탄다. 요금은 NT$98(이지 카드 사용 가능)이며, 1시간 30분 정도 소요된다. 예류(野柳) 정류장에서 내려 왼쪽의 내리막길을 따라 5분 정도 걸어가면 예류디즈궁위안이 나온다.

타이베이 ↔ 진과스·주펀 이동

타이베이에서 진과스, 주펀으로 가는 가장 쉬운 방법은 MRT 중샤오푸싱(忠孝復興)역 2번 출구 부근의 버스 정류장에서 지룽커윈(基隆客運) 회사에서 운행하는 1062번 버스를 타는 것이다. 요금은 NT$100~113이며, 1시간 10~30분 정도 소요된다. 기차로 이동할 경우 타이베이 기차역(台北車站)에서 루이팡(瑞芳)역까지 기차를 타고 간 후 버스로 갈아타야 한다. 루이팡역 부근의 버스 정류장(瑞芳火車站 區民廣場)에서 788·965번 버스를 타면 진과스, 주펀으로 갈 수 있다. 루이팡역은 핑시셴 열차 여행의 출발역이므로 이 루트를 활용하면 주펀, 진과스, 핑시셴 열차 여행을 연계해서 일정을 짤 수 있다. 핑시셴 기차 이용은 p.318를 참고한다.

예류 ↔ 진과스·주펀 이동

예류 버스 정류장(슈퍼마켓 앞)에서 790·862번 버스를 타고 지룽(基隆)에서 하차한다(30분 소요). 지룽역을 바라보고 육교 왼쪽으로 건너가 버스 정류장에서 788번 버스를 타면 진과스의 황진보우관 앞(종점)과 주펀 버스 정류장으로 갈 수 있다(40분 소요).

진과스 ↔ 주펀 이동

진과스와 주펀은 지리적으로 바로 옆에 붙어 있다. 진과스 버스 정류장에서 주펀행 버스를 타면 된다(10분 소요).

> **tip 편리한 버스 투어 & 단독 차량 투어 이용하기**
>
> 근교 관광지 예류-스펀-진과스-주펀을 하루 만에 돌아볼 수 있는 버스 투어가 인기다. 대형 버스에 여럿이 함께 이동하는 방식으로 진행되며 시먼딩, 타이베이처잔에서 출발하며 원하는 코스를 골라 예약할 수 있다. 단독 차량 투어는 원하는 일정으로 돌아다닐 수 있도록 차량을 대여해 주는 서비스다. 오전 10시쯤 출발해 약 7시간 동안 예류, 진과스, 주펀을 거쳐 스펀에서 천둥 날리기로 마무리하는 일정을 짤 수 있다. 더운 날씨에 좀 더 쾌적하게 여행하고 싶거나 아이를 동반한 가족 여행자라면 적극 추천한다.
>
> **택시 투어** 차량 1대 NT$3,810~
> **버스 투어** 1인 NT$980~
>
> **예약** 클룩 www.klook.com
> 마이리얼트립 www.myrealtrip.com
> KKDAY www.kkday.com

BEST COURSE

예류·진괴스·주펀 추천 코스

| 총 소요 시간 |
| 8~9시간 |

START

1~2시간 **예류** **예류디즈궁위안** 野柳地質公園 p.278
오랜 세월이 만들어 낸 신비로운 자연 풍경을 감상할 수 있는 곳이다.

예류 버스 정류장에서 790·862번 버스를 타고 지룽(基隆)에 내려 788번 버스로 갈아탄 후 진괴스에서 하차. 약 1시간~1시간 30분

예류디즈궁위안

1~2시간 **진괴스** **황진보우관** 黃金博物館 p.286
220kg에 달하는 거대한 금괴로 유명한 박물관이다.

도보 5분

황진보우관

1시간 **진괴스** **쾅궁스탕** 礦工食堂 p.287
과거 광부들이 먹던 도시락을 그대로 재현해 놓았다.

진괴스 버스 정류장에서 주펀행 버스를 타고 약 10분

쾅궁스탕

1시간 **주펀** **지산제** 基山街 **& 수치루** 豎崎路 p.291
주펀 관광의 시작인 지산제와 하이라이트인 수치루를 걸어 보고, 분위기 좋은 다예관에서 차도 마시자.

지산제 & 수치루

예류의 관광 명소

예류디즈궁위안
野柳地質公園 | 예류 지질공원

초현실적인 풍경이 펼쳐지는 지질 공원

타이베이 북쪽 해안에 자리한 예류디즈궁위안은 푸른 바다를 배경으로 수많은 기암괴석이 펼쳐져 있다. 천만년에 걸친 침식작용과 암석 풍화, 지각운동으로 탄생한 자연의 걸작을 만날 수 있다. 길이 1,700m의 곳은 크게 3구역으로 나뉜다. 산책로를 따라 걷다 보면 예류디즈궁위안의 슈퍼스타인 여왕바위가 나온다. 고대 이집트의 네페르티티 여왕의 모습을 닮아 여왕바위라 불린다. 틀어 올린 머리와 코, 목선이 우아하고 기품이 넘치는 여왕의 옆모습과 무척이나 닮은 신기한 바위다. 여왕바위를 배경으로 기념사진을 찍으려는 관광객이 많아 기다림은 필수. 공원 왼쪽에는 버섯 모양으로 우뚝 솟은 버섯바위 180여 개가 있는데 마치 외계 행성처럼 독특한 풍광을 자랑한다. 한여름에는 뜨거운 태양을 피할 그늘이 없으니 선크림, 양산 등을 꼭 챙겨 가자.

지도 p.9-C
주소 新北市萬里區野柳里港東路167-1號
전화 02-2492-2016
개방 08:00~17:00
요금 성인 NT$120, 어린이 NT$60
홈페이지 www.ylgeopark.org.tw
교통 예류 버스 정류장에서 왼쪽의 내리막길로 도보 5분 (p.276 참고)

예류하이양스제
野柳海洋世界 | 예류 해양세계

돌고래와 다이빙 쇼로 유명한 해양 공원

예류디즈궁위안 옆에 위치하고 있으며, 주로 아이를 동반한 가족 여행자들이 많이 찾는 곳이다. 해양 생물들과 돌고래 쇼, 다이빙 쇼 등을 볼 수 있는데 특히 돌고래의 묘기를 보여주는 돌고래 쇼가 인기다. 쇼는 1일 3회 진행되며 10시 30분, 13시 30분, 15시 30분에 시작된다.

지도 p.9-C
주소 新北市萬里區野柳里港東路167-3號
전화 02-2492-1111
개방 월~금요일 09:00~17:00, 토・일요일 09:00~17:30
요금 성인 NT$450, 어린이 NT$380
홈페이지 www.oceanworld.com.tw
교통 예류 버스 정류장에서 왼쪽의 내리막길로 도보 8분. 예류디즈궁위안(野柳地質公園) 맞은편에 있다.

예류디즈궁위안을 둘러본 후 해산물 요리 즐기기

예류 버스 정류장에서 예류디즈궁위안까지 이어지는 거리에는 신선한 해산물을 요리하는 식당이 즐비하다. 메뉴 구성이나 분위기는 비슷한데 그중 진페이추이훠하이셴(金翡翠活海鮮)과 위좡하이셴(漁莊海鮮)이 좋은 평을 받고 있다. 해산물 요리 1~2가지에 채소볶음과 볶음밥을 곁들여 먹으면 훌륭한 한 끼 식사가 된다.

타이완 북부 Area 2

진과스
金瓜石

진과스는 일제강점기에 개발된 금광으로 폐광이 된 1990년까지 100여 년간 타이완 최대의 금 채굴 작업이 활발하게 이루어졌던 지역이다. 20세기 후반 금이 고갈되자 사람들이 하나둘 떠나고 금광은 문을 닫았다. 그 후 타이완 정부가 관광지로 개발하면서 제2의 전성기를 맞이하게 되었다. 거대한 금괴를 볼 수 있는 황진보우관(黃金博物館)은 진과스의 대표적인 명소이며 구불구불한 산동네 길을 따라 황진푸부(黃金瀑布), 두 가지 색이 공존하는 신비로운 바다 인양하이(陰陽海) 등의 볼거리가 이어진다. 주펀과 가깝기 때문에 두 곳을 묶어서 둘러보는 것이 일반적인 여행자의 루트다.

예류·진과스·주펀을 함께 여행하는 1일 추천 코스는 p.277 참고

CHECK

여행 포인트	관광	★★★★
	미식	★★

이것만은 꼭 해보기	□ 황진보우관에서 거대한 금괴 만져보기
	□ 진과스의 명물 광부 도시락 맛보기
	□ 891번 버스 타고 진과스 구석구석 누비기

주펀 & 진과스

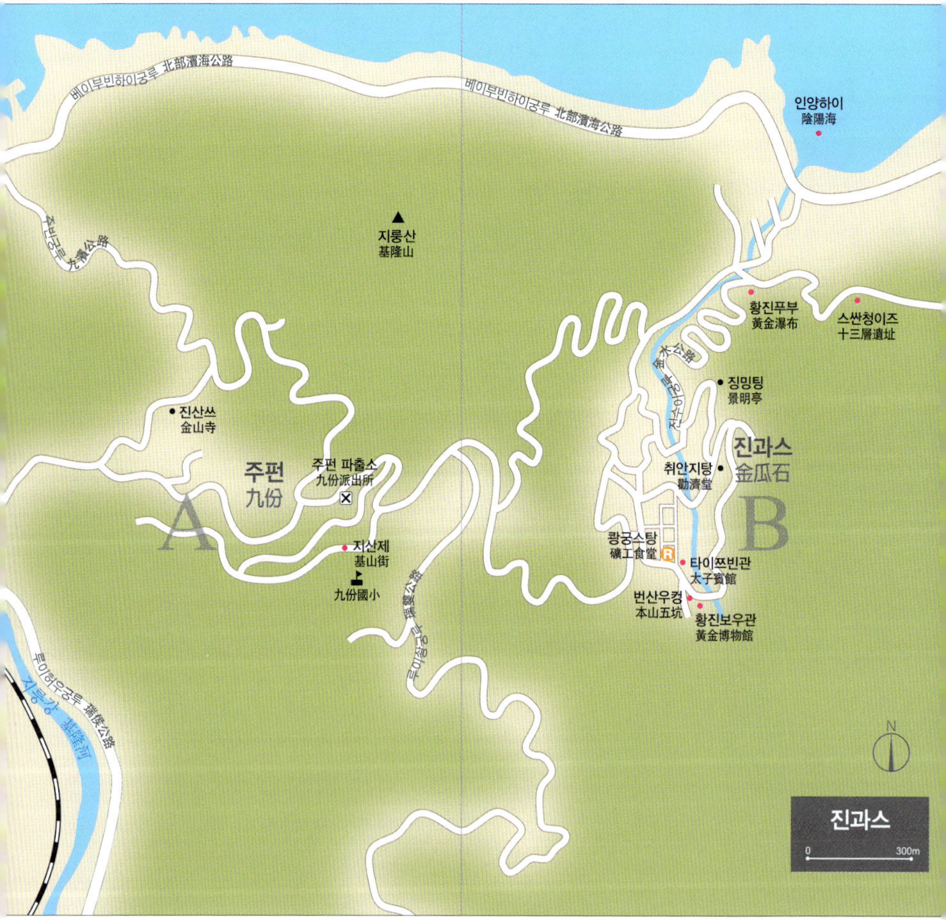

진과스

진과스 가는 법

타이베이 ↔ 진과스 이동

타이베이에서 진과스로 가는 가장 쉬운 방법은 버스를 타는 것이다. MRT 중샤오푸싱(忠孝復興)역 2번 출구로 나오면 오른쪽에 버스 정류장이 보인다(T.K.K. Fried Chicken 앞). 지룽커윈(基隆客運) 1062번 버스가 주펀(九份)을 거쳐 종점인 진과스(金瓜石)까지 운행한다. 요금은 NT$113이며, 1시간 20분 정도 소요된다.

진과스 관광버스 891번

수이진주랑만하오(水金九浪漫號) 891번 버스는 진과스의 관광버스 역할을 한다. 마을버스 같은 작은 버스인데, 진과스의 주요 관광지인 인양하이(陰陽海), 취안지탕(勸濟堂), 황진푸부(黃金瀑布), 스싼청이즈(十三層遺址)를 연결한다. 관광버스처럼 각 관광지에 잠깐씩 정차하면서 관광할 시간을 준 다음 다시 버스에 태우고 다음 목적지로 이동한다. 단돈 NT$15에 50분 동안 진과스의 명소들을 편하게 둘러볼 수 있다. 어떤 운전기사를 만나느냐에 따라 복불복이며, 간혹 기다려 주지 않는 운전기사를 만날 경우 다음 버스를 기다렸다가 타는 것도 방법이다. 황진보우관 앞 버스 정류장에서 매시 정각에 출발한다.

운행 10:00~18:00(평일은 매시 정각, 주말은 30분에 1대씩 운행)
요금 NT$15

기차 타고 진과스로 이동

타이베이에서 진과스로 가려면 우선 타이베이 기차역에서 루이팡역까지 기차를 타야 한다. 루이팡역에서 나와 버스 정류장(瑞芳火車站 區民廣場)에서 788·965번 버스로 갈아타고 진과스와 주펀으로 이동할 수 있다. 루이팡에서 진과스까지 택시를 탈 경우 요금은 NT$300 정도.

진과스의 관광 명소

황진푸부
黃金瀑布 | 황금폭포

황금빛 물줄기가 떨어지는 폭포

이름 그대로 황금색 바위들 사이로 폭포수가 시원스럽게 떨어지는 폭포. 바위가 황금빛으로 변한 것이 독특한데 광산 채굴 후 지반으로 스며든 폐광석이 물에 함유된 성분과 산화작용을 해 지금의 황금빛 바위가 되었다고 한다. 폭포수에 중금속이 섞여 강한 산성을 띠기 때문에 주변에 식물이 자라기 힘들다고 한다. 물을 직접 만지지 않도록 주의하자.

지도 p.282-B
교통 진과스 버스 정류장에서 내리막길로 도보 15분, 또는 891번 버스를 탄다.

인양하이
陰陽海 | 음양해

두 가지 색을 품은 바다

본래의 이름은 롄둥완(濂洞湾)이지만 두 가지 색의 바다를 한 번에 볼 수 있어 '음과 양이 함께하는 바다'라는 뜻의 '인양하이(陰陽海)'라는 이름이 붙었다. 날씨가 쾌청한 날에는 선명한 파란색과 황토색을 품은 신비로운 바다를 볼 수 있다. 진과스의 암석에 황철석 함유량이 높아 황토색으로 보이는 것이라고 한다. 황진푸 부에서 흘러 들어간 물이 바다를 이루고 있는 것이다.

지도 p.282-B
교통 진과스 버스 정류장에서 바다 방향으로 도보 30분, 또는 891번 버스를 탄다.

스싼청이즈
十三層遺址 | 십삼층유지

산기슭에 남아 있는 황금기 시대의 유적

1933년 일본이 세운 제련소로 금 채취와 선별, 광석에서 쇠붙이를 골라내거나 합금을 만드는 작업 등이 모두 이곳에서 이루어졌다. 13층 규모로 지어져 스싼청이즈(十三層遺址)라는 이름이 붙었는데 현재는 상층부만 원형으로 남아 있다. 푸른 수풀이 우거진 높은 언덕 위에 폐허처럼 낡고 오래된 건물이 서 있어 멀리서 보면 독특한 분위기를 풍긴다.

지도 p.282-B
주소 新北市瑞芳區洞頂路
교통 황진보우관 앞에서 891번 버스를 탄다.

황진보우관
黃金博物館 | 황금박물관

진과스의 금광 산업을 소개하는 박물관

진과스의 금광 산업의 역사를 한눈에 볼 수 있도록 전시한 박물관. 독특한 철 구조물 형태로 지어진 건물 1층에는 금광 발견의 역사, 황금 채굴에 사용된 장비와 방법 등을 소개하고 있다. 2층에는 이곳을 상징하는 거대한 금괴가 전시되어 있다. 세계에서 두 번째로 큰 금괴로 순도 99.9%, 무게 220kg이다. 그 가치는 약 300억 원에 달하는데 금괴 옆에 매일매일 환율에 따라 적용되는 화폐가치를 표시해 놓아 더욱 흥미롭다. 구멍이 뚫린 유리관을 통해 직접 금괴를 만져 볼 수 있어 방문객들이 꼭 들르는 필수 코스다. 금괴를 만진 후 호주머니에 손을 넣으면 부자가 된다는 속설이 있으니 한 번 시도해 보자. 3층에서는 직접 사금을 채취하는 체험(NT$100)도 가능하며, 갱도를 체험해 보는 번산우컹(本山五坑) 코스(NT$50)도 별도로 운영한다.

지도 p.282-B
주소 新北市瑞芳區金光路8號
전화 02-2496-2800
개방 월~금요일 09:30~17:00, 토·일요일 09:30~18:00
휴무 매월 첫째 월요일
요금 NT$80
홈페이지 www.gep.ntpc.gov.tw
교통 788번 버스를 타고 진과스 황진보우관 앞(종점)에서 내려 도보 3분

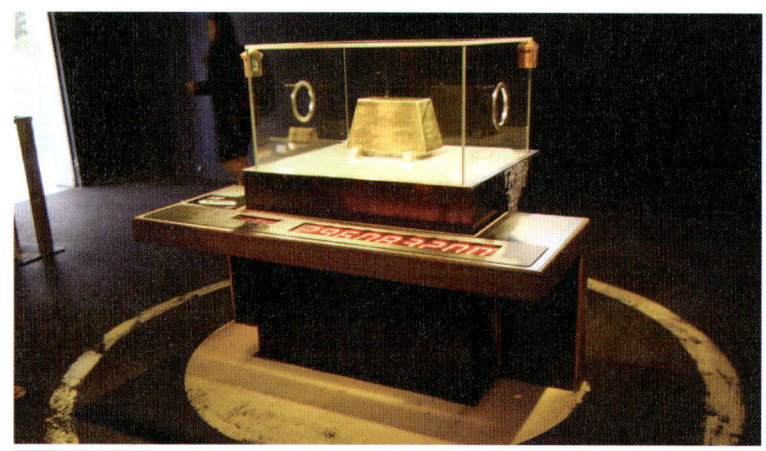

타이쯔빈관
太子賓館 | 태자빈관

정교한 일본식 목조 건물

1922년 일제강점기에 다나카 광업주식회사에서 지은 목조 건축물로 일본의 히로히토 황태자가 진과스를 시찰할 때 머물 목적으로 지은 빈관이다. 전통적인 일본 건축양식에 서양식 건축양식을 혼합해 지은 건축물이며 타이완에서 가장 정교한 일본식 목조 건물로 꼽힌다. 아쉽게도 히로히토 황태자는 이곳에 방문하지 않았으며 2007년 일반에게 일부 개방되었다. 내부는 들어갈 수 없고 정원만 둘러볼 수 있다.

지도 p.282-B
개방 09:30~17:00
휴무 매월 첫째 월요일

쾅궁스탕
礦工食堂

광부 도시락 체험

진과스 여행의 필수 코스 중 하나는 광부 도시락을 맛보는 일이다. 과거 광부들이 먹던 도시락을 그대로 재현해 놓아 인기를 끌고 있다. 생활이 풍족하지 않았던 광부들은 비교적 저렴하고 영양가 높은 돼지고기튀김과 달걀, 배추절임을 도시락 반찬으로 많이 썼다고 한다. 맛도 괜찮고 다 먹은 후 도시락과 도시락 보를 가져갈 수 있어 기념 삼아 먹는 여행자들이 많다. 도시락 통이 포함되지 않은 메뉴도 판매한다.

지도 p.282-B
전화 02-2496-1820
영업 월~금요일 09:30~17:00, 토·일요일 09:30~18:00
요금 광부 도시락 NT$180
홈페이지 www.funfarm.com.tw

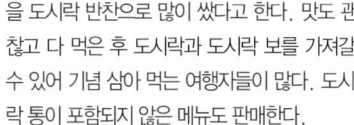

타이완 북부 Area 3

주펀
九份

주펀은 과거에 오지 마을로 단 아홉 가구만이 살았다. 외지에서 물자를 조달해 오면 그것을 '아홉으로 나눈다'는 뜻에서 주펀(九份)이라는 이름으로 불렸다. 1920~30년대에 금광이 발견되면서 사람들이 몰려들기 시작했고 식당과 술집, 찻집, 상점들이 생겨나기 시작했다. 채광 산업이 시들해지면서 주펀의 영광도 빛을 잃어 갔지만 영화〈비정성시(悲情城市)〉의 주 무대로 등장하면서 재조명을 받게 되었다. 현재는 타이베이 근교에서 가장 인기 있는 여행지로 사랑받고 있다. 구불구불한 골목을 따라 온갖 먹을거리와 기념품 가게가 이어지며, 붉은 홍등이 주렁주렁 달린 좁은 수치루 계단 길 풍경은 타이완을 대표하는 한 장의 사진으로 소개될 만큼 유명하다. 고즈넉한 멋이 깃든 다예관이 곳곳에 있으니 차 한잔의 여유와 함께 주펀을 느껴보자.

예류·진과스·주펀을 함께 여행하는 1일 추천 코스는 p.277 참고

CHECK

여행 포인트		
관광		★★★★
미식		★★★
쇼핑		★

이것만은 꼭 해보기
- ☐ 분위기 좋은 다예관에서 차 마시기
- ☐ 수치루 계단 길의 홍등을 배경으로 사진 찍기
- ☐ 지산제에서 주전부리 사 먹기

주펀 가는 법

타이베이 ↔ 주펀 이동

타이베이에서 주펀으로 가는 가장 쉬운 방법은 버스를 타는 것이다. MRT 중샤오푸싱(忠孝復興)역 2번 출구로 나오면 오른쪽에 버스 정류장이 보인다(T.K.K. Fried Chicken 앞). 지룽커윈(基隆客運) 1062번 버스가 주펀(九份)을 거쳐 종점인 진과스(金瓜石)까지 운행하므로, 주펀에서 하차하면 된다. 요금은 NT$101이며, 1시간 10분 정도 소요된다. 버스 요금은 이지 카드로도 결제 가능하다.

예류 ↔ 주펀 이동

예류 버스 정류장에서 790・862번 버스를 타고 지룽(基隆)에 하차한다(30분 소요). 지룽역을 바라보고 육교 왼쪽으로 건너가 버스 정류장에서 788번 버스를 타고 40분 정도 가면 주펀에 도착한다.

주펀의 관광 명소

지산제
基山街 | 기산가

주펀 여행의 시작

지산제는 주펀에서 가장 중심이 되는 거리로 좁은 골목을 따라 좌우로 샤오츠(小吃) 가게와 기념품 상점들이 빼곡하게 이어진다. 한국 여행자들 사이에서 이미 유명한 땅콩 아이스크림부터 꼬치구이, 오징어튀김, 위위안 등 다채로운 먹을거리가 많아 그야말로 미식 로드가 따로 없다. 이것저것 맛보면서 꼬불꼬불 이어지는 지산제 골목 여행을 즐겨보자.

지도 p.290-A, B
주소 新北市瑞芳區九份基山街
교통 주펀 버스 정류장에서 내려 내리막길을 따라가면 왼쪽에 세븐일레븐 편의점이 보인다. 편의점 바로 옆에서 지산제(基山街)가 시작된다.

수치루
豎崎路 | 수기로

홍등이 주렁주렁 달린 좁은 계단 길

주펀을 상징하는 좁은 계단과 홍등이 주렁주렁 달린 풍경을 볼 수 있는 골목. 영화 〈비정성시〉의 촬영지로 유명해졌으며, 타이완을 대표하는 한 컷으로 자주 등장하는 곳이다. 특히 해질 무렵 홍등이 켜질 때면 사진을 찍기 위해 발 디딜 틈 없이 많은 인파들이 모여든다. 여름에는 오후 6시 이후, 겨울에는 오후 5시 이후에 홍등이 켜진다. 저녁에는 워낙 사람이 많으므로 밝은 낮에 걷고, 일찌감치 분위기 좋은 다예관에 자리를 잡아 여유롭게 야경을 즐길 것을 추천한다.

지도 p.290-A
주소 新北市瑞芳區九份豎崎路
교통 지산제(基山街)를 따라 걷다 보면 155호 상점 앞에 사거리가 나오는데 오른쪽에 보이는 내리막 계단이 수치루(豎崎路)다.

발걸음마다 이어지는
주펀의 길거리 간식

주펀의 꼬불꼬불한 골목을 따라 소소한 먹을거리를 파는 샤오츠(小吃) 가게가 줄줄이 이어진다. 땅콩 아이스크림부터 지역 특산물과 독특한 먹을거리가 다양하므로 주펀 여행을 나서기 전에는 배를 꼭 비울 것!

위완보짜이
魚丸伯仔

타이완식 어묵을 넣고 끓인 위완탕(魚丸湯) 맛집. 담백한 국물과 잘 익은 어묵은 우리 입맛에도 잘 맞는다. 녹두면을 넣고 끓인 간둥펀(乾冬粉)은 우리의 비빔당면과 비슷한 맛으로 후루룩 먹기 좋고, 유부 안에 고기소로 채운 더우간바오(묘干包)도 맛있다. 가게가 좁아 합석은 기본이지만 한 그릇에 우리 돈 1,000원 정도로 저렴하고 양도 적당하다.

지도 p.290-B
전화 02-2496-0896
영업 화~금요일 10:00~19:00, 토·일요일 10:00~21:00
휴무 월요일
요금 위완탕 NT$30, 간둥펀 NT$30
교통 지산제(基山街) 입구에서 도보 2분

아주쉐짜이사오
阿珠雪在燒

주펀에서 꼭 맛봐야 하는 땅콩 아이스크림을 파는 가게. '화성자빙치린(花生加冰淇淋)'이라는 이름으로 더 잘 알려져 있다. 얇은 밀전병에 아이스크림과 곱게 간 땅콩엿을 듬뿍 올려 주는데 달콤하면서 고소하다. 고수가 들어가므로 원하지 않을 경우 주문할 때 '부야오팡샹차이(不要放香菜, 샹차이를 넣지 마세요)'라고 말하자.

지도 p.290-B
전화 02-2497-5258
영업 09:30~20:30
요금 땅콩 전병 아이스크림 NT$50
교통 지산제(基山街) 입구에서 도보 7분

주펀라오몐뎬
九份老麵店

뜨끈한 국물의 국수 한 그릇을 먹고 싶다면 이곳을 추천한다. 소박한 국수 가게로, 맛도 있고 가격도 저렴해 부담 없이 식사를 즐기기 좋다. 얼큰한 국물의 뉴러우몐(牛肉麵, NT$140)을 추천하며 맑은 국물에 탱글탱글한 완탕이 들어간 훈툰몐(餛飩麵, NT$60)도 맛있다.

지도 p.290-B
전화 02-2497-6316
영업 월~금요일 10:30~19:30, 토·일요일 10:30~20:30
교통 지산제(基山街) 입구에서 도보 5분

아란
阿蘭

현지인들이 즐겨 먹는 타이완식 떡을 파는 가게다. 녹두, 단팥, 토란, 말린 무 등을 넣은 다양한 떡이 있으며 가격은 단돈 NT$20으로 저렴하다. 우리의 쑥떡과 비슷한데 녹두, 토란, 단팥이 들어간 떡이 맛있다.

지도 p.290-B
전화 02-2496-7795
영업 08:00~20:00
교통 지산제(基山街) 입구에서 도보 6분

아간이위위안
阿柑姨芋圓

위위안(芋圓)은 현지인들이 즐겨 먹는 디저트로, 토란으로 만든 쫀득한 경단쯤으로 생각하면 된다. 보통 겨울에는 따뜻하게 훙더우탕(紅豆湯, 타이완식 팥죽)으로 먹고, 여름에는 시원하게 춰빙(剉冰, 빙수)으로 먹는다. 호박, 콩, 팥 등 재료 본연의 건강한 맛이다. 이곳에서는 맛있는 위위안을 먹을 수 있는 것은 물론 창 너머로 탁 트인 주변의 풍경도 감상할 수 있어 매력적이다. 가격은 NT$55.

지도 p.290-A
전화 02-2497-6505
영업 09:00~21:00
교통 지산제(基山街)와 수치루(豎崎路)가 만나는 곳에서 왼쪽 언덕 방향의 계단을 따라 올라가면 오른쪽에 있다.

카오페이추이뤄
烤翡翠螺

지도 p.290-B
전화 02-2497-0868
영업 09:00~20:00
교통 지산제(基山街)의 우디샹창(無敵香腸) 맞은편에 있다.

큼직한 왕소라와 통오징어를 불에 구워 주는데 들고 다니면서 먹기 좋은 간식거리다. 잘 구워진 왕소라는 특제 양념을 발라 맛이 좋고 여기에 시원한 맥주 한 캔을 곁들이면 별미 중의 별미다. 통오징어는 소금, 후추, 깨를 뿌려 구워 주는데 쫄깃한 맛이 좋다. 가격은 NT$120.

우디샹창
無敵香腸

타이완 어디에서나 쉽게 볼 수 있는 소시지 가게이지만 독특한 분장을 한 아주머니 덕분에 인기가 높은 곳이다. 머리에 쓴 가발에 꽃을 꽂고 유쾌한 포즈를 취해주는 아주머니와 기념 사진도 찍고 맛있는 소시지도 맛보자. 소시지 가격은 NT$35.

지도 p.290-B
전화 02-2406-3179
영업 09:00~19:30
교통 지산제(基山街)의 카오페이추이뤄(烤翡翠螺) 맞은편에 있다.

후리창더뎬
護理長的店

주편에서 손님이 가장 많은 가게로 현지인들이 즐겨 먹는 루웨이(滷味)를 판다. 워낙 손님이 많아 계단을 따라 긴 줄이 이어질 정도다. 루웨이는 닭고기, 버섯, 달걀, 어묵, 두부 등 각종 재료들을 짭조름한 특제 소스에 조린 음식으로 입맛에 따라 골라 먹으면 된다. 호불호가 갈릴 수도 있지만 은근히 매력적인 맛이라 시도해 볼 만하다. 고르는 재료에 따라 요금이 달라지며 보통 개당 NT$50부터 시작한다.

지도 p.290-A
전화 02-2497-2486
영업 09:00~22:00
교통 지산제(基山街)와 수치루(豎崎路)가 만나는 지점에 있다.

주펀의 카페와 다예관

아메이차주관
阿妹茶酒館

지도 p.290-A
주소 新北市瑞芳區市下巷20號
전화 02-2496-0833
영업 10:00~21:30
요금 차 NT$300~
교통 수치루(豎崎路) 중턱 오른쪽에 있다.

탁 트인 전망이 멋진 다예관

지붕에 홍등이 주렁주렁 달린 건물로 들어가면 주펀의 탁 트인 전망을 감상할 수 있어 인기가 많다. 맑은 날이면 저 멀리 푸른 바다까지 보이며, 그 풍경이 한 폭의 수채화 같다. 느긋하게 차를 마시기 좋으며 코코넛으로 만든 달콤한 쉐화가오(雪花糕)나 타로로 만든 찹쌀떡 위터우빙(芋頭餅)을 곁들여도 좋다. 실내석도 갖추고 있다.

주펀차팡
九份茶坊 | Jiufun Teahouse

100년 역사의 다예관

고택을 보수 작업해 찻집으로 꾸민 다예관으로 100년 역사를 자랑한다. 실내에는 멋진 다구와 항아리들을 전시하고 있으며, 인테리어도 멋스럽다. 찻값과는 별도로 1인당 NT$100의 테이블 차지가 있으며 남은 잎차는 포장해서 가져갈 수 있다.

지도 p.290-A
주소 新北市瑞芳區基山街142號
전화 02-2496-9056
영업 12:00~19:00
요금 우롱차 NT$600~
홈페이지 www.jioufen-teahouse.com.tw
교통 지산제(基山街) 입구에서 도보 10분

시드차
SIIDCHA | 五穀食茶館

젊은 감각을 입은 찻집

모던한 감각의 카페로 전통차는 물론 곡물차, 커피, 아이스크림 메뉴를 갖추고 있다. 곡물 제품을 만드는 식품회사 '린위안(林園)'에서 운영해 특히 곡물차를 다양하게 선보인다. 2층은 실내석, 3층은 탁 트인 야외석이 있다. 1층에서는 질 좋은 녹차와 곡물차도 판매한다.

지도 p.290-A
주소 新北市瑞芳區基山街166號
전화 02-2496-9976
영업 11:00~17:00 휴무 토·일요일
요금 곡물차 NT$160~, 식사 메뉴 NT$320
홈페이지 www.siidcha.com
교통 수치루(豎崎路)를 지나 지산제(基山街) 끝에 있다.

주펀의 쇼핑

서우신팡
手信坊

꾸준히 사랑받는 펑리쑤 브랜드

펑리쑤의 버터 향과 파인애플의 상큼한 맛이 적당해 호불호 없이 누구에게나 좋은 평가를 받는 곳이다. 펑리쑤 외에 망고와 초콜릿을 넣은 일본식 찹쌀떡 뤼더우가오(綠豆糕) 등 다양한 상품이 있다. 직접 시식한 후 고를 수 있으며, 가격은 펑리쑤 1박스(10개)에 NT$360. 중샤오푸싱, 타이베이 101, 쑹산 공항에도 매장이 있다.

지도 p.290-B
주소 新北市瑞芳區基山街6號
전화 02-2406-3817
영업 월~금요일 09:00~18:30, 토·일요일 08:30~18:30
홈페이지 www.3ssf.com.tw
교통 지산제(基山街) 입구에서 도보 3분

라오전샹
老珍香

바로 구워 더 맛있는 펑리쑤

지산제 초입에 위치한 펑리쑤 가게로 가게에서 직접 펑리쑤를 구워 여행자들에게 인기를 얻고 있다. 펑리쑤 1박스(10개)에 NT$350으로 가격도 적당한 편이다. 바로 구워 나온 펑리쑤를 시식해 보고 구매하면 된다. 그 밖에 타로를 넣은 위터우쑤(芋頭酥), 달걀노른자를 넣은 단황쑤(蛋黃酥)도 판매한다.

지도 p.290-B
주소 新北市瑞芳區九份基山街13號
전화 02-2496-0502
영업 09:00~18:30
교통 지산제(基山街) 초입의 왼쪽에 있다.

스청타오디
是誠陶笛

귀여운 디자인의 오카리나 상점

지산제를 걷다 보면 청아한 오카리나 소리가 들려와 자연스럽게 발걸음을 멈추게 되는 곳이 있다. 귀여운 모양의 오카리나를 종류별로 판매하고 있는데, 모두 핸드메이드 제품이다. 오리, 개구리, 부엉이, 고양이 등 앙증맞은 모양의 오카리나는 기념품으로 구매하기에도 손색이 없다. 작은 사이즈는 NT$100 정도면 살 수 있으며 구매 시 악보도 준다.

지도 p.290-B
주소 新北市瑞芳區基山街38號
전화 02-2406-3700
영업 10:00~18:00
홈페이지 www.ocarina.com.tw
교통 지산제(基山街) 입구에서 도보 3분

아위안
阿原

질 좋은 천연 비누 브랜드

타이완 전역에 400여 개의 체인점을 두고 있는 천연 비누 전문점. 피부 알레르기나 민감성 피부에 좋은 허브와 한방, 에센셜 오일로 만든 비누와 보디 제품을 종류별로 판매하고 있다. 비누치고는 가격이 비싼 편이지만 효능이 좋기로 소문나 단골손님이 많다. 인기 제품으로는 세정력이 좋고 릴랙스 효과도 있는 쑥 비누(艾草皂)와 히노키 치약(檜木抗敏牙膏)이 있다.

지도 p.290-B
주소 新北市瑞芳區基山街89號
전화 02-2406-3131
영업 11:00~22:00
홈페이지 www.yuansoap.com
교통 지산제(基山街) 입구에서 도보 5분. 우디상창(無敵香腸) 옆에 있다.

주펀의 숙소

양광웨이쑤
陽光味宿

아기자기한 인테리어의 숙소

주펀의 아랫마을에 위치하고 있는 숙소. 아기자기한 감성이 느껴지는 인테리어로 꾸며져 있으며 객실도 깨끗해 젊은 층에게 사랑받고 있다. 일부 객실은 다락방처럼 사다리가 놓여 있는 복층 구조로 마치 친구의 다락방에 놀러 온 것 같은 특별한 기분도 느낄 수 있다. 방에서 보이는 전망도 멋지고 아침 식사도 제공된다.

지도 p.290-A
주소 新北市瑞芳區崑崎路56號
전화 0917-575-178
요금 2인실 NT$2,600~
홈페이지 www.sunnyroom.tw
교통 주펀 버스 정류장에서 도보 8분

지이주펀
記憶九份

타이완의 가정집 분위기의 숙소

숙소는 독채 3개로 구성되어 있으며, 간단한 취사도 가능하다. 앤티크 가구와 아기자기한 소품, 독특한 구조까지 영화 속 세트장처럼 멋스러움이 느껴진다. 주인 아주머니도 친절하다.

지도 p.290-A
주소 新北市瑞芳區頌德里崑崎路8號
전화 097-228-5622
요금 2인실 NT$2,500~
홈페이지 shuilan.okgo.tw
교통 주펀 버스 정류장에서 도보 8분

주펀산하이관
九份山海觀

일본 스타일의 숙소

일본 스타일로 꾸며진 숙소로 객실은 2인실부터 4인실까지 갖추고 있다. 특히 사쿠라 룸(Sakura Room)은 일본식 다다미방으로 반신욕을 할 수 있는 욕조가 있어 인기가 좋다. 3~4층에 객실이 있는데, 건물 내 엘리베이터가 없는 점이 아쉽다. 간단한 조식이 포함되며, 도보 3분 거리에 같은 이름의 카페도 운영 중이다.

지도 p.290-A
주소 新北市瑞芳區基山街217號
전화 02-2497-1568
요금 NT$1,800~
홈페이지 www.jfshg217.com
교통 주펀 버스 정류장에서 도보 12분

타이완 북부 Area 4

지룽
基隆

타이완 북부에 위치한 지룽은 바다와 접하고 있는 항구도시다. 16세기에는 일본 해적의 근거지였으며 17세기부터 스페인, 네덜란드, 프랑스, 일본이 이 지역을 점령하면서 굴곡진 세월을 겪었다. 청나라가 통치했던 1861년 대외적으로 개항이 시작되었고, 1895년부터는 일본이 통치하면서 대공사를 거쳐 타이완 북부를 대표하는 항구도시로 거듭났다. 현재 타이완에서 두 번째로 큰 항구인 지룽항(基隆港)에는 거대한 선박이 정박되어 있어 항구도시의 분위기가 물씬 풍긴다. 지룽항 앞으로 조성된 지룽하이양광창(基隆海洋廣場)을 중심으로 기차역, 버스 터미널이 모여 있다. 여행자들에게는 노란 등이 주렁주렁 달린 먀오커우예스로 유명하다.

CHECK

여행 포인트		
관광		★★★
미식		★★★
쇼핑		★

이것만은 꼭 해보기
- 허핑다오하이자오러우완 산책하며 기념사진 찍기
- 중정궁위안 위에 올라 지룽 한눈에 내려다보기
- 먀오커우예스에서 샤오츠 즐기기

지룽 가는 법

타이베이 ↔ 지룽 이동

버스를 탈 경우 MRT 타이베이처잔(台北車站)역에서 M1번 또는 M2번 출구로 나오면 있는 궈광커윈 타이베이 터미널(國光客運台北車站)에서 궈광커윈(國光客運) 지룽행 1813번 버스를 타면 된다. 기차를 탈 경우 타이베이 기차역(台北車站)에서 지룽행 기차를 타고 지룽 기차역에서 내리면 된다. 지룽 버스 정류장과 지룽 기차역은 도보 3분 거리로 가깝다.

예류 ↔ 지룽 이동

타이베이에서 예류로 이동할 때 내렸던 버스 정류장의 길 건너편 버스 정류장(슈퍼마켓 앞)에서 790번 버스를 타고 지룽에서 내린다.

● 지룽 - 주요 도시 간 교통 정보

출발지	교통수단	요금, 소요 시간	도착지
궈광커윈 타이베이 터미널	궈광커윈(國光客運) 1813번 버스	NT$57, 1시간	지룽 버스 정류장
타이베이 기차역	기차	NT$41~, 50분	지룽 기차역
예류	지룽(基隆)행 790번 버스	NT$30, 55분	지룽 버스 정류장

지룽 시내 교통

지룽 기차역은 지룽 교통의 중심이다. 지룽 기차역을 등지고 왼쪽으로는 시내버스 정류장이, 오른쪽으로는 타이베이로 갈 수 있는 궈광커윈 버스 터미널이 있다. 지룽 시내는 도보와 버스를 적절히 이용하면 어렵지 않게 여행할 수 있다. 좀 더 편안하게 여행하려면 관광버스나 미터 택시를 이용하자. 택시 기본요금은 NT$70이다.

타이완하오싱(台灣好行) 버스

지룽에서 자유 여행자를 위해 운행하는 관광버스를 타고 편하게 지룽을 돌아보는 방법도 있다. T99(濱海奇基線) 관광버스는 지룽 여행에서 꼭 가봐야 하는 허핑다오궁위안, 중정궁위안, 먀오커우예스 등을 연결한다. 1일권을 구매하면 하루 종일 자유롭게 이용할 수 있다. 요금은 NT$50이며 지룽 여행자 센터에서 출발한다.

지룽 여행자 센터(基隆市旅遊服務中心)

지룽 기차역 바로 옆에 위치하고 있으며, 지룽 여행에 필요한 정보와 지도, 자료 등을 얻을 수 있다. 또한 지룽 여행의 핵심 코스를 돌아볼 수 있는 타이완하오싱 버스가 출발한다. 바로 옆으로는 타이베이행 버스를 탈 수 있는 궈광커윈 버스 터미널도 있다.

주소 基隆市仁愛區港西街5號
전화 02-2428-7664
영업 09:00~17:00

T99(濱海奇基線) 관광버스 주요 노선 안내

와이무산역(外木山站)
▼
지룽 기차역(基隆火車站)
▼
먀오커우예스(廟口夜市/電力公司)
▼
중정궁위안(中正公園)
▼
허핑다오(和平島)
▼
허핑다오궁위안(和平島公園)
▼
하이양커지보우관(海洋科技博物館)
▼
선아오위강(深澳漁港)
▼
루이팡위회(瑞芳漁會)

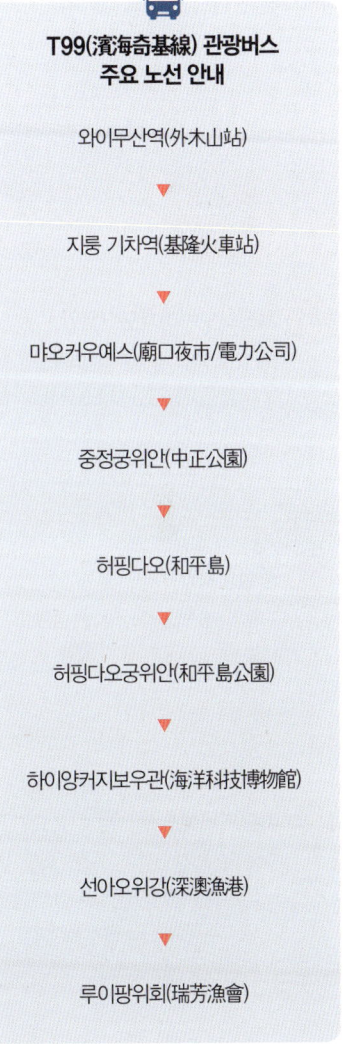

BEST COURSE

지룽 추천 코스

| 총 소요 시간 |
| **4시간** |

먀오커우예스는 지룽 기차역에서 도보 이동이 가능하다. 지룽을 구석구석 여행하고 싶다면 지룽의 관광버스를 타면 된다.

여 행 예 산

교통비	버스 NT$50~
입장료	허핑다오하이자오러위안 NT$120
식 비	먀오커우예스 NT$100~
합 계	NT$270~

START

1시간 **허핑다오하이자오러위안** 和平島海角樂園 p.305
해안가를 따라 형성된 기암괴석들을 볼 수 있는 명소. 신비로운 자연 풍경을 감상하며 산책하고 기념사진도 찍자.

버스 20분

허핑다오하이자오러위안

1시간 **중정궁위안** 中正公園 p.306
지룽의 높은 언덕에 위치한 공원으로 전망대에서는 지룽 시내를 한눈에 내려다볼 수 있다.

도보 15분 또는 버스 5분

중정궁위안

1시간 **먀오커우예스** 廟口夜市 p.308
주렁주렁 달린 노란 등 아래로 먹을거리 노점이 길게 이어진다. 야시장 안에 있는 뎬지궁(奠濟宮)도 함께 둘러보자.

먀오커우예스

지룽의 관광 명소

허핑다오하이자오러위안
和平島海角樂園 | 화평도해각낙원

신비로운 해안 절벽

지룽 북쪽에 위치한 이곳은 해변을 따라 조성된 기암괴석들을 볼 수 있는 공원이다. 과거에는 타이완 최북단의 고립된 섬으로 북부 원주민들이 거주하던 마을이었으나 지금은 허핑차오(和平橋)를 통해 지룽과 연결되어 있다. 공원 안으로 들어가면 연못 안에 작은 섬이 있고, 그 너머로 푸른 초원과 바다, 침식작용으로 형성된 독특한 기암괴석과 해안 절벽이 펼쳐진다. 17세기 스페인이 타이완 북부를 점령한 후 허핑다오 서남단에 방어용으로 산살바도르성(Fort San Salvador)을 지었는데 공원 내에는 당시 산살바도르성 모양으로 지은 관광 안내 센터가 있다. 여름이면 천연 해수풀에서 물놀이를 즐길 수 있고, 고기를 구워 먹을수 있는 테이블도 마련되어 있다. 또 바다와 작은 산을 따라 산책로가 조성되어 있어 가볍게 산책하기 좋다.

지도 p.9-D
주소 基隆市中正區平一路360號
전화 02-2463-5999
개방 08:00~18:00
요금 성인 NT$120, 어린이 NT$60
교통 지룽 기차역(基隆火車站) 앞에서 101번 버스 또는 타이완하오싱(台灣好行) 버스 룽궁순바오동안센을 타고 허핑다오궁위안(和平島公園)에서 하차

비사위강
碧砂漁港 | 벽사어항

신선한 해산물이 가득한 어시장

생선, 새우, 게, 조개 등 온갖 종류의 해산물을 다루고 있는 어시장. 그 자리에서 해산물을 구워 팔거나 초밥이나 회 등을 포장해 파는 가게도 있다. 주변에 신선한 해산물을 조리해 주는 식당들도 많다.

지도 p.9-D
주소 基隆市中正區北寧路211號
전화 02-2469-3606
영업 08:00~22:00
교통 타이완하오싱(台灣好行) 버스 룽궁순바오둥안센을 타고 위훠즈샤오중신(漁貨直銷中心)에서 하차

중정궁위안
中正公園 | 중정공원

거대한 관음상이 지키고 있는 공원

지룽의 높은 언덕에 자리 잡고 있는 공원. 공원 내에는 녹음 사이로 산책로가 조성되어 있으며 호국 선열을 기리기 위해 지은 중례쓰(忠烈祠)와 매년 음력 7월 15일 중원제를 지내는 주부탄(主普壇)이 있다. 가장 높은 곳에는 22.5m 크기의 웅장한 관음상이 지룽 시내를 내려다보고 있다. 전망대에서는 지룽 항구를 비롯해 시가지를 파노라마로 조망할 수 있다. 타이완하오싱 버스를 타면 전망대가 있는 정류장에서 내려준다. 올라갈 때는 버스를 이용하고, 내려올 때 산책하듯 걷는 것도 좋다.

지도 p.302-B
주소 基隆市信義區壽山路
전화 02-2428-7664
개방 09:00~17:00
교통 지룽 기차역(基隆火車站) 앞에서 101·103·202·204번 버스를 타고 서우산루(壽山路)에서 내린 후 언덕 위의 공원까지 도보 20분. 또는 타이완하오싱(台灣好行) 버스 룽궁순바오둥안센을 타고 중정궁위안(中正公園)에서 하차

뎬지궁
奠濟宮 | 정제궁

먀오커우예스 안에 위치한 사원

1873년 아편전쟁에서 청나라가 패배한 후 지룽 항의 대외 개방이 정식으로 결정되어 외국 선박들이 입항하기 시작했을 무렵 세워진 사원이다. 130여 년의 역사를 간직하고 있으며 검은 돌에 새겨진 조각, 지붕의 들보, 붉은 등이 어우러져 무척 화려한 인상을 준다. 강물을 열게 한 개장성왕(開漳聖王)을 모시는 사원으로, 지형적으로 물을 끼고 있는 지룽의 주민들이 숭배하는 신앙의 대상이다. 먀오커우예스를 탄생시킨 곳이므로 야시장을 구경하면서 함께 둘러보도록 하자.

지도 p.302-A
주소 基隆市仁愛區仁三路27-2號
전화 02-2425-2605
개방 07:00~22:00
교통 지룽 기차역(基隆火車站)에서 도보 10분. 또는 타이완하오싱(台灣好行) 버스 룽궁순바오둥안셴을 타고 먀오커우예스(廟口夜市)에서 하차

지룽의 맛집

먀오커우예스
廟口夜市 | 묘구 야시장

지룽에서 반드시 가봐야 할 관광 코스

지룽에서 손꼽히는 명소로 이곳을 방문하기 위해 지룽을 찾는 여행자도 상당수다. 시장 이름은 '사원 입구에 있는 야시장'이라는 뜻으로 뎬지궁(奠濟宮)을 중심으로 형성되어 있다. 1873년에 건립된 뎬지궁의 참배객들을 위해 포장마차를 연 것이 시초다. 현재는 70여 개의 노점이 좌우로 길게 이어져 있고, 수백 개의 등이 달린 모습이 이색적이다. 노점마다 번호가 붙어 있어 찾기 쉽고, 좁지만 앉아서 먹고 갈 수 있는 좌석도 마련되어 있다. 야시장이지만 낮에도 영업을 한다.

지도 p.302-A
주소 基隆市仁愛區仁三路
전화 02-2425-2605
영업 12:00~24:00
홈페이지 www.miaokow.org
교통 지룽 기차역(基隆火車站)에서 도보 10분. 또는 타이완하오싱(台灣好行) 버스 룽궁순바오둥안셴을 타고 먀오커우예스(廟口夜市)에서 하차

먀오커우예스's Pick

잉양싼밍즈 營養三明治

먀오커우예스에서 가장 유명한 샤오츠로 '영양 샌드위치'라고 부른다. 튀긴 빵에 햄과 토마토, 절인 달걀 등을 넣어 말 그대로 영양이 듬뿍 들어간 샌드위치다. 바삭바삭한 빵과 달콤한 소스가 어우러져 풍부한 맛을 느낄 수 있다.

위치 58번
영업 11:00~01:00

선지파오파오빙 沈記泡泡冰

파오파오빙(泡泡冰)은 타이완의 전통 디저트로, 슬러시와 아이스크림 중간 정도의 텍스처가 특징이다. 땅콩, 커피, 망고, 딸기, 타로 등 20여 가지의 토핑 중 원하는 것을 골라 넣어 먹는다. 야시장에서 배를 채운 후 디저트로 먹기에 제격이다. 가격은 NT$50.

위치 37번 **영업** 10:00~01:00

우지팡셰겅 吳記螃蟹羹

유판(油飯)과 게살 수프 팡셰겅(螃蟹羹)을 맛볼 수 있는 곳. 유판은 쉽게 말해 기름으로 지은 고소한 밥인데 준비된 소스를 뿌려 조금 더 매콤하게 즐길 수 있다. 팡셰겅은 게살과 죽순, 버섯 등을 넣고 끓인 걸쭉한 수프로 유판과 함께 먹으면 궁합이 잘 맞는다. 유판 가격은 NT$35.

위치 5번
영업 11:00~02:00

몐셴겅 · 러우위안 麵線焿 · 肉圓

흔히 곱창국수라 부르는 몐셴(麵線)을 파는 곳. 곱창과 오징어튀김을 넣은 국수를 파는데, 젓가락 없이 수저로 후루룩 떠먹는다. 다소 느끼하다면 고추가 듬뿍 들어간 매운 소스를 넣어 칼칼하게 즐길 수 있다. 러우위안(肉圓)은 녹말로 만든 반투명의 반죽 안에 돼지고기, 채소 등을 넣고 튀긴 요리다.

위치 38번
영업 10:00~00:30

이커우츠텐푸뤄 一口吃天婦羅

텐푸뤄(天婦羅)라고 부르는 타이완 스타일의 어묵튀김을 맛볼 수 있는 곳이다. 한입 사이즈라 먹기 편하며 소스를 뿌리면 더 맛있다.

위치 43번
영업 10:00~00:30

타이완 북부 Area 5

진산
金山

타이완 북동쪽에 위치한 진산은 태평양과 이웃하고 있다. 과거에는 진바오리(金包里)라는 이름으로 불렸으며 타이완 북부 해안에서 가장 먼저 개발된 항구도시였다. 해안가를 따라서 아름다운 해변이 이어지는데 그중에서도 바이사완(白沙灣) 해수욕장은 여름이면 피서를 즐기려는 휴양객들로 활기가 넘친다. 타이완의 유명 조각가 주밍의 세계관을 담은 주밍메이수관도 위치해 있으며, 진산 지역의 발상지라고 할 수 있는 진산라오제(金山老街)는 특색 있는 먹을거리가 가득하다. 대중교통으로는 주요 명소들을 찾아가기가 다소 어렵지만 여행자를 위한 타이완하오싱(台灣好行) 버스를 타면 편하게 돌아볼 수 있다. 예류디즈궁위안과도 가까우므로 함께 연계해 알찬 하루 일정을 짜보자.

CHECK

여행 포인트		
	관광	★★★
	미식	★★★
	쇼핑	★

이것만은 꼭 해보기	
	☐ 주밍메이수관에서 작품 감상하기
	☐ 바이사완에서 해수욕 즐기기
	☐ 진산라오제에서 샤오츠 맛보기

진산 가는 법

타이베이에서 진산으로 가려면 버스를 이용해야 한다. 일반 버스와 타이완하오싱(台灣好行) 버스가 있다.

일반 버스

MRT 타이베이처잔(台北車站)역에서 M1번 또는 M2번 출구로 나오면 있는 궈광커윈 타이베이 터미널(國光客運台北車站)에서 진산행 1815번 버스를 타면 된다. 요금은 NT$128이며, 1시간 30분 정도 소요된다.

타이완하오싱(台灣好行) 버스

진산을 여행하기 가장 편리한 방법은 타이완하오싱 버스 황관베이하이안셴(皇冠北海岸線)을 이용하는 것이다. MRT 단수이(淡水)역 2번 출구에서 862번 버스를 타면 되는데 진산의 주요 관광지에 정차하며 예류디즈궁위안까지 갈 수 있어 타이완 북부 지역을 알차게 돌아볼 수 있다. 비수기와 성수기, 평일과 주말에 따라 운행 시간이 다르므로 단수이 여행자 센터에서 나눠 주는 시간표를 꼭 체크하고 이동하자. 버스 요금은 구간당 NT$15이며, 하루 종일 무제한으로 탈 수 있는 원데이 패스는 NT$160이다. 약 1시간 간격으로 운행된다(2023년 현재 임시 휴무).

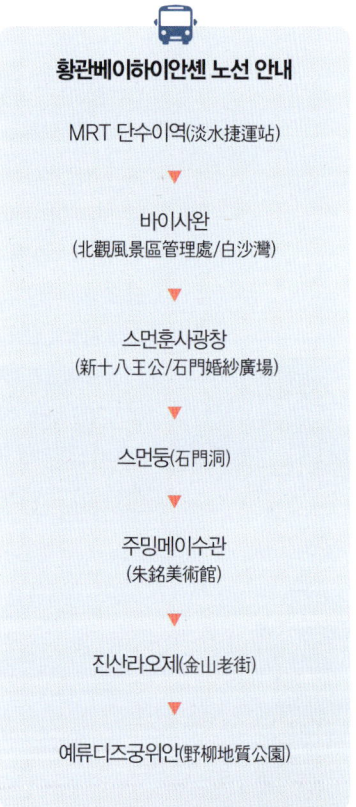

황관베이하이안셴 노선 안내

MRT 단수이역(淡水捷運站)
▼
바이사완
(北觀風景區管理處/白沙灣)
▼
스먼훈사광창
(新十八王公/石門婚紗廣場)
▼
스먼둥(石門洞)
▼
주밍메이수관
(朱銘美術館)
▼
진산라오제(金山老街)
▼
예류디즈궁위안(野柳地質公園)

진산의 관광 명소

바이사완
白沙灣 | 백사만

지도 p.313-A
주소 新北市石門區德茂里下員坑
교통 타이완하오싱(台灣好行) 버스 황관베이하이안셴을 타고 바이사완(白沙灣)에서 하차

타이베이 사람들의 주말 휴양지

하얀 모래사장이 펼쳐져 있는 해변으로, 타이베이와 가까워 타이완 북부 지역에 거주하는 현지인들의 주말 나들이 장소로 인기가 많다. 특히 여름에는 서핑, 제트스키 등 해양 스포츠와 해수욕을 즐기려는 인파로 북적인다. 영화 〈그 시절, 우리가 좋아했던 소녀〉에서 친구들이 어울려 놀던 바다도 바로 이곳이다. 근처에 위치한 린산비부다오(麟山鼻步道)는 영화 〈말할 수 없는 비밀〉에서 주걸륜이 계륜미를 자전거에 태우고 오가던 대나무 길이 있는 곳으로 자전거를 타고 둘러보기 좋다.

진산 0 5km

- 스먼둥 石門洞
- 바이사완 白沙灣
- 스먼훈사광창 石門婚紗廣場
- 주밍메이수관 朱銘美術館
- 진산라오제 金山老街
- 진산 金山
- 예류디즈궁위안 野柳地質公園
- 예류하이양스제 野柳海洋世界
- 단수이 淡水
- 허핑다오하이자오러위안 和平島海角樂園
- 중정궁위안 中正公園
- 베이터우 北投
- 양밍산 陽明山
- 지룽 基隆
- 지룽강 基隆河
- 타이베이 台北

주밍메이수관
朱銘美術館 | 주밍 미술관

조각가 주밍의 작품을 전시한 미술관

주밍의 본명은 주촨타이(朱川泰)로 1938년에 태어났다. 집안이 가난해 어릴 때부터 목수 일을 배웠고, 그 천재성을 발견하게 되었다. 목공 기술로 어느 정도의 지위에 오른 그는 유명 조각가이자 미대 교수였던 양잉펑(楊英風)에게 다시 조각을 배우며 해외에서도 인정받는 조각가로 성장했다. 이곳은 약 3만 평의 규모로 타이완에서 가장 큰 미술관으로 꼽힌다. 12년의 공사 끝에 1999년 완공되어 현재 1,000여 점의 예술품을 소장하고 있다. 실내에는 주로 평면적인 회화 작품들이 전시되어 있다. 박물관 관람의 하이라이트는 야외 전시장으로 태극 광장, 인간 광장, 운동 광장 등으로 구분된 넓은 공원 내에 대형 작품들이 전시되어 있다. 공원을 여유롭게 산책하는 기분으로 주밍의 혼이 깃든 다양한 작품을 감상해 보자. 특히 〈태극(太極)〉, 〈인간(人間)〉 시리즈가 유명한데 둔탁하면서도 사물의 특징을 잘 살린 주밍만의 개성 있는 작품 세계를 엿볼 수 있다.

지도 p.313-B
주소 新北市金山區西勢湖2號
전화 02-2498-9940
개방 10:00~17:00
휴무 월요일
요금 성인 NT$350, 어린이 NT$320
홈페이지 www.juming.org.tw
교통 타이완하오싱(台灣好行) 버스 황관베이하이안셴을 타고 주밍메이수관(朱銘美術館)에서 하차. 또는 진산스취(金山市區)에서 운행하는 셔틀버스를 이용할 수도 있다. 셔틀버스는 화~금요일 10:30, 14:00, 토·일요일과 공휴일 10:30, 12:30, 14:00에 운행한다.

스먼훈사광창
石門婚紗廣場 | 석문혼사광창

지중해 분위기의 웨딩 촬영 명소
타이완 최초의 웨딩 촬영 공원으로 2008년에 만들어졌다. 푸른 바다를 배경으로 새하얀 종탑 회랑과 아치형 조형물 등을 설치해 놓아 마치 지중해에 온 듯 이국적인 풍광을 자랑한다. 웨딩 촬영뿐 아니라 연인들의 데이트 코스, 사진가들의 촬영 포인트로 사랑받고 있다.

지도 p.313-A
주소 新北市石門區石門婚紗廣場
교통 타이완하오싱(台灣好行) 버스 황관베이하이안센을 타고 스먼훈사광창(石門婚紗広場)에서 하차

스먼둥
石門洞 | 석문동

구멍 사이로 푸른 바다가 펼쳐지는 동굴
스먼 지역에서 가장 대표적인 관광 명소. 오랜 시간 동안 파도에 의해 침식된 후 지형이 융기되어 10m 높이의 천연 해식 암반 동굴이 형성되었다. 아치형 다리처럼 보이는 반원 모양의 동굴 중앙이 뻥 뚫린 독특한 형상이다. 구멍 사이로 푸른 바다가 펼쳐져 무척 멋있다. 동굴 내부에는 일 년 내내 물이 마르지 않는 샘이 있으며, 여름에는 시원하고 겨울에는 따뜻하다.

지도 p.313-A
주소 新北市石門區尖鹿里
교통 타이완하오싱(台灣好行) 버스 황관베이하이안센을 타고 스먼둥(石門洞)에서 하차

진산라오제
金山老街

명물 먹을거리가 가득한 시장
일제강점기에 이름 붙여진 진바오리(金包里)를 따서 진바오리라오제(金包里老街)라고도 불린다. 좁은 골목길을 따라 크고 작은 상점, 식당들이 줄줄이 이어지며 특산품이 많아 구경하는 재미가 있다. 특히 진산의 특산품인 고구마를 이용한 간식들이 많다. 거리 중심부의 광안궁(廣安宮) 바로 앞에는 '진산야러우(金山鴨肉)'라는 오리고기 맛집이 있다.

지도 p.313-B
주소 新北市金山區金包里
교통 타이완하오싱(台灣好行) 버스 황관베이하이안센을 타고 진산라오제(金山老街)에서 하차. 맞은편 골목에 있다.

타이완 북부 Area 6

핑시셴
平溪線

1921년 탄광 철도로 운행이 시작된 핑시셴은 탄광이 폐광된 후 사라질 위기에 처했지만 타이완 정부에서 관광 열차로 변신시켰다. 싼댜오링(三貂嶺)에서 징퉁(菁桐)까지 12.9km를 오가는 철도로 현재는 타이베이 근교에서 가장 인기가 좋은 기차 여행지로 재조명을 받고 있다. 기차역 바로 앞에 왁자지껄한 라오제가 있는 마을 스펀, 하늘로 날리는 천등으로 유명한 핑시, 고양이들이 많이 사는 마을 허우둥 등 역마다 각기 다른 개성과 소박한 풍경을 선사해 아날로그적인 매력을 느끼기에 충분하다.

CHECK

여행 포인트		
관광		★★★★
미식		★★★
쇼핑		★

이것만은 꼭 해보기
- ☐ 허우둥에서 고양이들과 시간 보내기
- ☐ 징퉁의 탄캉카페이에서 커피 마시며 여유 즐기기
- ☐ 여행 수첩에 핑시셴 기차 스탬프 찍기
- ☐ 하늘 높이 천등 날리며 소원 빌기

핑시셴 타는 법

타이베이 기차역에서 핑시셴 타기

핑시셴을 타려면 타이베이 기차역(台北車站)에서 기차를 타고 루이팡 기차역(瑞芳火車站)으로 가야 한다. 루이팡 기차역까지 가는 기차는 3종류로, 가장 빠른 쯔창하오(自強號), 그 다음 빠른 쥐광하오(莒光號), 가장 느린 취젠처(區間車)가 있다. 루이팡역까지는 37분~1시간 정도 소요되며 약 30분 간격으로 운행한다. 미리 예매할 필요 없이 가장 빠른 시간에 출발하는 기차를 타면 된다. 단 창구에서 살 때는 좌석을 지정할 수 있지만 자동 발매기에서 구매하거나 이지 카드를 사용할 경우에는 좌석을 지정할 수 없다.

기차는 타이베이 기차역에서 TRA 표지판을 따라 지하 1층으로 내려가 4번 플랫폼에서 탑승한다. 루이팡 기차역에 도착하면 매표창구로 나가서 핑시셴 원데이(One-day) 패스를 구매하고 다시 플랫폼으로 돌아와 핑시셴 기차를 타고 여행을 시작하면 된다.

핑시셴 타고 내리기

핑시셴 기차는 루이팡(瑞芳)역을 출발해 허우둥(侯硐)-싼댜오링(三貂嶺)-다화(大華)-스펀(十分)-왕구(望古)-링자오(嶺腳)-핑시(平溪)-징퉁(菁桐)까지 이어진다. 핑시셴 원데이 패스가 있으면 원하는 곳에서 내린 후 다시 자유롭게 기차를 타고 다음 목적지로 이동할 수 있다. 지정석이 아닌 자유석이므로 빈자리에 앉으면 된다. 여행자들이 가장 많이 가는 지역은 징퉁, 핑시, 스펀, 허우둥이며 3~4개 지역을 돌아보면 하루가 훌쩍 지난다. 가장 일반적인 동선은 징퉁-핑시-스펀 순 또는 허우둥-징퉁-핑시-스펀 순으로 둘러보는 것이다. 참고로 허우둥은 너무 어두워지면 여행하기 힘들기 때문에 너무 늦지 않게 방문하는 것이 좋다.

● 타이베이 - 루이팡 간 교통 정보

출발지	교통수단	요금, 소요 시간	도착지
타이베이 기차역	쯔창하오(自強號) 기차	NT$76, 37분~	루이팡 기차역
	쥐광하오(莒光號) 기차	NT$59, 55분~	
	취젠처(區間車) 기차	NT$49, 50분~	

> **tip 바두(八堵)역에서 핑시셴 타기**
>
> 핑시셴 탑승 수요가 늘어나면서 특히 주말에는 루이팡역에서 핑시셴 기차를 타려는 관광객들이 많다. 이때 루이팡역보다 3번째 전 정거장인 바두역에서 타면 여행을 좀 더 여유롭게 시작할 수 있다. 타이베이 기차역에서 기차를 타고 바두역에서 내려 매표창구로 나가서 핑시셴 원데이 패스를 구매하고 다시 플랫폼으로 돌아와 핑시셴을 타면 된다.

핑시셴 원데이 패스 구매하기

핑시셴 여행을 알차게 즐기려면 핑시셴 원데이(One-day) 패스를 구매하는 것이 좋다. 핑시셴 기차를 하루 종일 무제한으로 타고 내릴 수 있는 1일권으로 요금은 NT$80. 티켓은 루이팡역과 바두역 매표창구에서 구매 가능하다. 단 1~2개 역에만 내릴 계획이라면 각 구간마다 티켓을 구매하거나 이지 카드를 사용하는 것이 더 저렴하다.

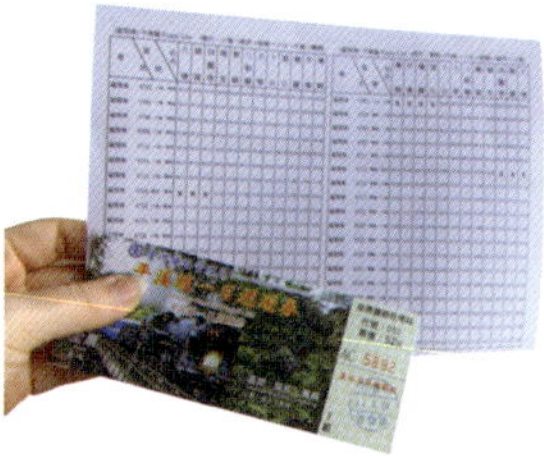

핑시셴 시간표 체크하기

핑시셴은 40분~1시간 30분 간격으로 운행된다. 배차 간격이 큰 편이라 기차를 놓칠 경우 다음 기차를 기다리느라 시간을 허비하게 되므로 시간표를 꼼꼼히 체크해야 한다. 핑시셴 원데이 패스를 구매할 때 각 구간별 운행 시간표를 얻을 수 있다. 참고로 루이팡에서 징퉁 방향으로 출발하는 첫차는 오전 5시 7분, 징퉁에서 루이팡 방향으로 출발하는 막차는 오후 8시 29분에 있다.

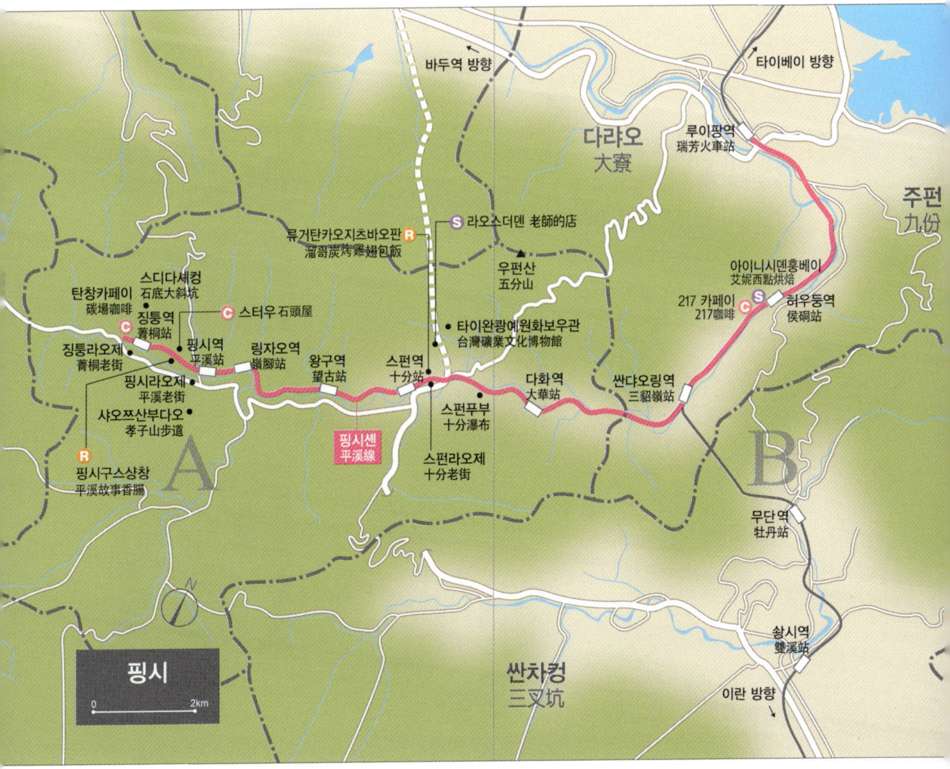

BEST COURSE

핑시셴 추천 코스

| 총 소요 시간 |
| 7~8시간 |

핑시셴 기차 여행은 타이베이에서 기차를 타고 루이팡역 또는 바두역까지 간 후 시작할 수 있다. 가장 멀리 떨어진 징퉁 역에서 시작해서 핑시, 스펀, 허우둥 역 등을 거치며 올라오는 일정이 효율적이다. 단 허우둥은 너무 늦지 않게 방문하는 것이 좋다.

여 행 예 산	
교통비	기차 NT$98~
	핑시셴 원데이 패스 NT$80
오락비	천등 NT$200~
식 비	탄창카페이 NT$150~
	핑시라오제 NT$100~
합 계	NT$628~

START

1시간 | 루이팡역으로 출발

타이베이 기차역(台北車站)에서 기차를 타고 루이팡역으로 이동한다. 루이팡역에 도착하면 핑시셴 원데이 패스를 구매하고, 핑시셴 기차로 갈아타자.

핑시셴 기차를 타고 약 7분

루이팡역

1시간 | 허우둥 侯硐 p.322

고양이 마을에서 고양이들과 함께 기념사진도 찍고 소박한 모습의 마을도 둘러보자.

핑시셴 기차를 타고 약 40분

허우둥

징퉁 菁桐 p.323

대나무 마을로 유명한 징퉁에서 대나무에 소원을 적어 빌고, 탄창카페이(碳場咖啡)에서 징퉁 마을을 내려다보며 커피 한잔의 여유를 즐겨보자.

핑시셴 기차를 타고 약 5분

징퉁

핑시 平溪 p.324

천등을 날리거나 핑시라오제(平溪老街)를 둘러보며 소시지나 국수 등의 현지 먹을거리를 맛보자.

핑시셴 기차를 타고 약 15분

핑시

스펀 十分 p.325

핑시셴 마을 중에 가장 번화한 마을. 천등에 소망을 가득 적어 하늘 높이 날려 보자.

스펀

 간절한 소망을 적은 천등을 하늘 위로 날리기

핑시셴 기차 여행의 하이라이트는 뭐니 뭐니 해도 천등 날리기다. 과거 이곳 주민들이 도적을 막기 위해 천등을 날리며 수신호를 보냈던 것이 시초로 지금은 자신의 건강이나 재운, 소망 등을 담아 하늘로 날리는 하나의 즐길 거리로 거듭났다. 한 글자 한 글자 간절히 바라는 소망들을 적다 보면 어느새 진심이 깃들게 된다. 하늘 높이 두둥실 날아가는 천등을 바라보는 동안 알 수 없는 뭉클함마저 밀려온다. 천등 가격은 단색 NT$150, 4색 NT$200이며 가게 직원들이 직접 나서서 사진도 찍어준다.

허우둥
侯硐

한적한 고양이 마을

과거에는 1,500여 명의 광부들이 일했을 정도로 활기 넘치는 탄광촌이었지만 1981년 폐광되면서 폐허가 되었다. 과거의 영광이 지나간 자리에서는 쓸쓸함이 느껴진다. 사람들이 모두 떠난 자리에 고양이들이 보금자리를 틀면서 현재는 고양이 마을로 인기를 얻고 있다. 큰 볼거리는 없지만 평소 고양이를 좋아하는 여행자라면 무척 좋아할 만하다. 벤치, 계단 등 시선이 머무는 곳마다 낮잠을 자거나 어슬렁거리며 시간을 보내는 고양이들을 볼 수 있다. 마을 곳곳에 고양이를 테마로 한 카페, 베이커리, 기념품점도 있다. 해가 지고 어두워지면 고양이를 보기 어려우므로 허우둥 마을을 먼저 본 후 다른 마을을 둘러볼 것을 추천한다.

217카페이
217咖啡

귀여운 고양이들을 만날 수 있는 카페

고양이 마을 허우둥과 잘 어울리는 예쁜 고양이들을 가까이서   만날 수 있는 카페다. 간단한 음료부터 달콤한 디저트, 한 끼 식사로 좋은 피자 등의 메뉴까지 골고루 갖추고 있다. 언덕 위에서 내려다보이는 평화로운 풍경을 감상하며 고양이들과 함께 잠시 쉬어 가기 좋다.

지도 p.319-B **주소** 新北市瑞芳區柴寮路217號
영업 10:30~18:30 **휴무** 화요일
요금 커피 NT$80~, 피자 NT$120~
교통 허우둥(侯硐)역에서 도보 1분

아이니시뎬훙베이
艾妮西點烘焙

고양이 모양의 펑리쑤

타이완 어디에서나 쉽게 볼 수 있는 펑리쑤 가게지만 이곳은 특별히 고양  이 모양의 펑리쑤를 판매하고 있다. 예쁜 상자에 담아 주어 기념 삼아 구매하기 좋다.

지도 p.319-B
주소 新北市瑞芳區柴寮路38號
전화 02-2497-9898
영업 11:00~17:00
교통 허우둥(侯硐)역에서 나오면 오른쪽에 있다.

징퉁
菁桐

핑시셴의 종착역

핑시셴의 종착역에 자리하고 있는 마을로 1987년까지 이어지던 탄광 산업의 흔적이 가장 많이 남아 있다. 탄광을 관리하던 간부용 숙소는 관광객들을 위한 민박과 카페로 변신했다. 징퉁 기차역은 1929년에 지어진 목조 역사이며 국가 3급 고적으로 지정되었다. 일본식으로 기와를 얹어 지었고, 역내에는 오래된 승차권 발매기, 금고, 전화기 등이 남아 있다. 징퉁의 트레이드마크는 바로 주렁주렁 매달린 대나무 통이다. 대나무에 소원을 적어 걸면 그 소원이 이루어진다는 속설이 있어 세계 각국 언어가 적힌 대나무 통들이 빼곡하게 걸려 있다. 소원이 있다면 대나무 통에 적어서 걸어보자. 영화 〈그 시절, 우리가 좋아했던 소녀〉에서 남녀 주인공이 데이트를 즐겼던 장소로 등장해 더욱 인기를 끌게 되었다. 기차역에서 이어지는 징퉁라오제에서 핑시셴 여행을 추억할 수 있는 기념품들을 구경해 보자.

탄창카페이
碳場咖啡 | Coal Cafe

징퉁 마을이 한눈에 내려다보이는 카페

기차역에서 나와 건너편 언덕을 바라보면 오래된 건물 하나가 눈에 들어온다. 징퉁 마을을 한눈에 조망할 수 있는 카페로, 옛 석탄 공장을 개조해 만들었다. 나이 지긋한 할아버지가 직접 커피와 차를 내온다. 창문 너머로 낡은 기차가 지나가는 모습을 감상하며 티타임을 즐겨보자.

지도 p.319-A
주소 新北市平溪區菁桐里菁桐街50號
전화 02-2495-2513
영업 월·수~금요일 08:00~17:00, 토·일요일 08:00~19:00
휴무 화요일
요금 밀크티 NT$140~, 카페라테 NT$160
교통 징퉁(菁桐)역에서 나와 기찻길을 건너면 언덕에 있다.

핑시
平溪

소박한 천등 마을

핑시셴 여행의 하이라이트인 천등을 날릴 수 있는 마을. 최근에는 단체 여행자들이 스펀을 주로 방문해 핑시에서 천등을 날리는 인파가 줄어 한적하게 천등을 날릴 수 있다. 기찻길 옆으로 나 있는 내리막길을 따라 내려가면 핑시라오제(平溪老街)가 이어진다. 천등을 만들어 파는 기념품 가게와 소소한 먹을거리를 파는 식당들이 모여 있다.

스터우
石頭屋

핑시에서 쉬어 가기 좋은 작은 카페

핑시역에서 가볍게 식사를 하거나 커피 한잔하고 싶다면 이곳으로 가자. 간단히 먹을 수 있는 샐러드, 파스타와 같은 메뉴가 있고 맛도 꽤 좋은 편이다. 진하고 달달한 버블 밀크티도 인기 메뉴. 기차 소리를 들으며 핑시역에서 짧은 여유를 즐기자.

지도 p.319-A
주소 新北市平溪區平溪街38號
영업 11:00~19:00
휴무 월~금요일
요금 커피 NT$120~, 식사 NT$200~
교통 핑시(平溪)역에서 도보 3분

핑시구스샹창
平溪故事香腸

핑시라오제의 명물 소시지

핑시라오제(平溪老街)에서 가장 인기가 높은 먹을거리인 타이완식 소시지를 파는 작은 가게. 칼집을 낸 소시지 위에 마늘, 오이 등을 올리고 소스를 뿌린 뒤 구워 낸다. 9가지 종류가 있으니 입맛에 맞게 먹어보자.

지도 p.319-A
주소 新北市平溪區平溪街23號
전화 02-2495-2315
영업 월~금요일 10:00~17:00, 토·일요일 09:00~20:00
요금 소시지 NT$40
교통 핑시(平溪)역에서 나와 기찻길 옆으로 나 있는 내리막길을 내려가면 나오는 사거리에 있다.

스펀
十分

왁자지껄한 기찻길 마을

핑시셴이 지나가는 마을 중 가장 번화한 곳. 핑시셴 여행의 꽃인 천등 날리기가 가장 활발한 마을이기도 하다. 기찻길을 사이에 두고 양쪽으로 상점과 식당들이 줄줄이 이어진다. 오징어튀김, 닭날개볶음밥 등 소소한 먹을거리가 많다. 특히 천등을 파는 가게들이 밀집해 있다 보니 천등에 소원을 적는 사람들이 일렬로 이어져 늘 분주하다. 천등은 단색 기준 NT$200으로 직접 메시지를 적어 날릴 수 있다.

류거탄카오지츠바오판
溜哥炭烤雞翅包飯

스펀에서 꼭 맛봐야 할 별미

스펀의 닭날개볶음으로 유명한 맛집. 닭날개구이처럼 보이지만 날개 뼈를 제거하고 그 속에 볶음밥을 넣은 것이 신의 한 수다. 맛은 2종류로, 김치와 발효시킨 두부 처우더우푸를 넣은 파오차이처우더우푸(泡菜臭豆腐), 햄·달걀·채소를 넣은 훠투이단차오판(火腿蛋炒飯)이 있다. 가격은 NT$65.

지도 p.319-A **주소** 新北市平溪區十分街52號
영업 10:30~18:00
교통 스펀(十分)역에서 도보 1분

스펀푸부
十分瀑布 | 스펀 폭포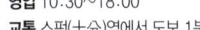

아름다운 옥빛 폭포

스펀에서 반드시 봐야할 폭포로 높이는 약 20m, 폭은 약 40m에 달하며 시원스럽게 떨어지는 폭포의 풍광이 웅장하다. 스펀역에서 다소 떨어져 있지만 폭포까지 가는 길과 숲의 풍경도 싱그러워 가볍게 산책하듯 즐기기 좋다.

지도 p.319-A
주소 新北市平溪區乾坑10號
영업 09:00~16:30
교통 스펀(十分)역에서 도보 약 20분

타이완 북부 Area 7

우라이
烏來

타이베이에서 동남쪽으로 28.2km 떨어진 우라이는 해발 500m에 위치한 마을로 원주민 문화와 온천이 유명하다. 과거 타이완 원주민 14개 부족 중 타이야족(泰雅族)이 모여 살던 마을이며 우라이(烏來)라는 지명은 원주민어로 '뜨거운 물에서 김이 난다'는 뜻의 'ulaikirofu'에서 유래되었다. 우라이는 300여 년 전 온천이 발견된 뒤 온천 마을로 유명해지기 시작했다. 무료로 즐길 수 있는 노천 온천부터 고급스러운 리조트까지 폭넓게 갖추고 있다. 그 밖에 울창한 산과 폭포가 만들어 내는 자연의 비경도 감상할 수 있다. 우라이라오제(烏來老街)에서는 우라이 특산품과 맛있는 먹을거리, 원주민들의 문화를 엿볼 수 있다. 또 우라이를 달리는 귀여운 꼬마 기차와 우라이푸부를 감상하며 오르는 아찔한 케이블카도 놓칠 수 없는 즐길 거리다.

CHECK

여행 포인트		
	관광	★★★★
	미식	★★★
	온천	★★★★

이것만은 꼭 해보기
- ☐ 귀여운 우라이타이처 타기
- ☐ 폭포 위로 올라가는 케이블카 타기
- ☐ 윈셴러위안에서 유유자적 뱃놀이 즐기기
- ☐ 뜨끈한 온천 즐기며 휴식하기

우라이 가는 법

타이베이 ↔ 우라이 이동

타이베이에서 우라이로 가려면 MRT 신뎬(新店)역 1번 출구로 나와 오른쪽으로 가면 나오는 버스 정류장에서 우라이(烏來)행 849번 버스를 타고 종점에서 내리면 된다. 요금은 NT$15이며 40분 정도 소요된다.

신뎬역에서 택시를 탈 경우 우라이까지의 요금은 NT$400 정도 예상하면 된다. 미터 요금보다는 택시를 타기 전에 약간의 흥정을 하고 요금을 정한 후 이동하는 것이 좋다.

신뎬역 1번 출구 부근의 849번 버스 정류장

BEST COURSE

우라이 추천 코스

|총 소요 시간|
4~5시간

우라이라오제와 우라이타이처, 윈센러위안, 케이블카 등의 즐길 거리가 있다. 온천에 갈 예정이라면 간단한 세면도구, 수건 등을 챙겨 가자.

여행 예산	
오락비	징관란처 NT$220
	윈센러위안 나룻배 NT$60
	우라이타이처 NT$50
식 비	우라이라오제 NT$100~
합 계	NT$430~

START

1시간 **우라이라오제** 烏來老街 p.334
우라이 역에서 내리면 가장 먼저 반겨주는 거리. 원주민 의상과 특산품 및 기념품 숍, 각종 맛집이 옹기종기 모여 있다.

우라이라오제를 지나 다리를 건너면 왼쪽에 우라이타이처를 타는 곳이 있다. 도보 3분

우라이라오제

30분 **우라이타이처** 烏來台車 **& 우라이푸부** 烏來瀑布 p.331
귀여운 꼬마 기차를 타고 신나게 달리면 우라이푸부에 이른다. 거대한 폭포를 배경으로 기념사진을 찍어보자.

우라이푸부 오른쪽 계단으로 올라가면 케이블카 탑승장이 나온다. 도보 3분

1시간 **윈센러위안** 雲仙樂園 p.332
스릴 넘치는 케이블카 안에서 풍경을 감상하다 보면 윈센러위안에 도착한다. 계단을 올라가면 신선놀음하듯 뱃놀이를 즐길 수 있는 호수가 나온다.

케이블카에서 내린 후 계단을 따라 도보 10분

윈센러위안

30분 **우라이루톈궁궁위츠** 烏來露天公共浴池 p.330
온천으로 유명한 우라이에 왔으니 온천수에 발을 담가보자. 강처럼 보이는 이곳은 탄산수소나트륨이 풍부한 온천수이며 누구나 무료로 온천을 즐길 수 있다.

우라이의 관광 명소

우라이타이야민쭈보우관
烏來泰雅民族博物館 | 우라이 타이야 민족박물관

원주민 타이야족을 소개하는 박물관

우라이의 원주민 타이야족(泰雅族)의 문화를 엿볼 수 있는 박물관이다. 타이야족은 타이완에서 아메이족(阿美族) 다음으로 인구수가 많은 원주민 부족으로 얼굴에 문신이 있는 것이 특징이다. 남성들은 용맹스럽기로 유명하며 일제강점기에도 끝까지 강력하게 저항한 것으로 알려져 있다. 또 직물을 짜는 문화가 발달해 의상이 화려하다. 박물관에서는 타이야족의 역사와 환경, 부족의 관습, 의복, 생활양식 등을 다채롭게 전시하고 있다.

지도 p.328
주소 新北市烏來區烏來街12號
전화 02-2661-8162
개방 화~금요일 09:30~17:00, 토·일요일 09:30~18:00
휴무 첫째 월요일
요금 무료
홈페이지 www.atayal.ntpc.gov.tw
교통 우라이라오제(烏來老街)로 들어가면 오른쪽에 있다.

우라이루톈궁궁위츠
烏來露天公共浴池 | 우라이 노천공공욕지

무료 노천 온천

우라이라오제를 따라 걷다 보면 다리 아래로 푸른 훙황샤(洪荒峽)강이 눈에 들어온다. 우라이의 공공 온천 구역으로 누구나 무료로 온천을 즐길 수 있다. 온천수는 탄산수소나트륨이 풍부하며, 수온은 38~40℃ 정도로 따뜻하다. 노천 온천이라 수영복을 착용해야 한다. 우라이 여행을 마치고 끝으로 가볍게 족욕을 즐기기에 좋다.

지도 p.328
주소 新北市烏來區溫泉街
교통 우라이라오제(烏來老街)를 지나면 나오는 다리를 건넌 후 다리 아래로 내려가면 된다.

우라이타이처
烏來台車 | 우라이 꼬마 기차

우라이를 달리는 꼬마 기차

일제강점기에 목재를 나르기 위해 만든 광차(鑛車)로 현재는 우라이에서 빼놓을 수 없는 마스코트 역할을 하고 있다. 장난감 기차처럼 모습은 귀엽지만 의외로 속도가 빠른 편이라 마치 놀이 기구를 타는 듯한 스릴을 느낄 수 있다. 우라이라오제 끝자락부터 우라이푸부까지 약 2km 구간을 5분 남짓 운행한다. 갈 때는 기차를 타고, 내려올 때는 우라이의 풍경을 감상하며 천천히 산책하는 것도 좋다. 도보로 15분 정도 걸린다.

지도 p.328
운행 09:00~17:00
요금 편도 NT$50
교통 우라이라오제(烏來老街)를 지나 다리를 건너면 왼쪽에 카페가 있고 카페 옆 계단을 따라 올라가면 우라이 역(烏來站)이 나온다.

우라이푸부
烏來瀑布 | 우라이 폭포

타이완에서 가장 긴 폭포

우라이타이처에서 내리면 높은 절벽에서 물줄기를 뿜어내는 우라이푸부가 한눈에 들어온다. 우라이를 대표하는 관광 명소이자 타이완에서 가장 긴 폭포로, 가장 긴 구간은 82m에 달한다. 폭포 상류 쪽에는 20m, 60m의 작은 폭포 2개가 있다. 시원스럽게 떨어지는 폭포수와 절경을 배경으로 기념사진을 찍어보자.

지도 p.328
주소 新北市烏來區瀑布路
교통 우라이라오제(烏來老街)를 지나 다리를 건넌 후 왼쪽 길로 도보 20분. 우라이타이처(烏來台車)를 탈 경우 내리면 바로 보인다.

징관란처
景觀纜車 | 경관람차

폭포 위를 오르는 케이블카

우라이푸부를 좀 더 가까이에서 보고 싶거나 윈셴러위안(雲仙樂園)에 갈 계획이라면 케이블카를 타자. 높이 382m 위에 매달린 케이블카는 멀리서 바라봐도 아찔할 정도로 높은 산 중턱을 향해 올라간다. 케이블카는 약 3분간 운행하며 윈셴러위안(雲仙樂園)이란 이름의 리조트 단지에 내려준다.

지도 p.328
주소 新北市烏來區瀑布路
전화 02-2661-6009
운행 08:30~22:00
요금 케이블카(왕복)+윈셴러위안 NT$220
교통 우라이푸부에서 오른쪽 계단을 따라 올라가면 케이블카 매표소가 있다.

윈셴러위안
雲仙樂園 | 운선낙원

무릉도원처럼 신비로운 복합 유원지

해발 800m 높이의 산 중턱에 자리한 복합 유원지. 울창한 숲에 둘러싸여 있어 무릉도원에 온 것 같은 분위기가 흐른다. 3월에는 벚꽃, 5월에는 반딧불이, 8월에는 다양한 동식물을 볼 수 있어 계절마다 각기 다른 매력을 감상할 수 있다. 놀이 기구도 갖추고 있으며, 삼림욕을 하며 걷기에 좋아 남녀노소 모두 좋아할 만

한 곳이다. 특히 산중 호수에서 뱃놀이를 할 수 있는 점이 특별하다. 케이블카에서 내려 계단을 따라 10분 정도 올라가면 한 폭의 동양화처럼 신비로운 호수가 나온다. 이곳에서 나룻배를 타고 신선놀음을 즐겨보자. 요금은 2인 기준 NT$60(20분)으로 저렴하다.

지도 p.328
주소 新北市烏來區烏來里瀑布路1-1號
전화 02-2661-6383
개방 08:30~17:00
요금 케이블카(왕복)+윈셴러위안 NT$220
홈페이지 www.yun-hsien.com.tw
교통 케이블카에서 내린 후 계단을 따라 올라가면 나온다.

우라이의 온천

칭런원취안
情人溫泉

우라이 중심가에 위치한 온천

저렴하게 온천욕을 즐길 수 있는 작은 온천. 2인 기준 NT$400에 개인탕을 이용할 수 있다. 크기가 작고 시설도 소박하지만 온천  을 즐기기에는 부족함이 없어 보인다. 작은 창 너머로는 우라이 강가의 풍경이 바라다보여 운치를 더한다. 수건과 세면도구도 준비되어 있다.

지도 p.328
주소 新北市烏來區溫泉街83號
전화 02-2661-6181
요금 2인 NT$400
홈페이지 www.wulai-inn.com.tw
교통 우라이라오제(烏來老街)에서 다리를 건넌 후 왼쪽의 원취안제(溫泉街)를 따라 도보 3분

볼란도 우라이 스프링 스파 리조트
Volando Urai Spring SPA Resort

산속에서 느긋하게 즐기는 온천

 울창한 자연 속에서 느긋하게 온천과 사색을 즐기고 싶은 이들에게 더없이 좋은 고급 스파 리조트. 대중탕과 개인탕으로 구분되어 있는데 남녀 분리된 대중탕은 노천 온천으로 원적외선 찜질방, 미스트 사우나 등의 시설을 갖추고 있다. 조용한 휴양을 지향해 12세 이하 어린이는 투숙이 불가하다.

지도 p.9-G
주소 新北市烏來區新烏路五段176號
전화 02-2661-6555
요금 대중탕(1인, 4시간) 10~3월 주중 NT$850, 주말 NT$1,000, 4~9월 주중 NT$750, 주말 NT$800
홈페이지 www.volandospringpark.com.tw
교통 MRT 신뎬(新店)역에서 849번 버스를 타고 30분 정도 간 다음 옌디(堰堤)에서 내려 남쪽으로 도보 3분. 또는 신뎬(新店)역 앞에서 셔틀버스(1인 편도 NT$50)를 타고 이동한다.

우라이 포즈 랜디스 리조트
Wulai Pause Landis Resorts

일본 스타일의 고급 온천

랜디스(Landis) 호텔에서 운영하며, 우라이 중심가에서 멀리 떨어진 자연 속에 자리하고 있다. 대중탕은 여탕과 남탕으로 나뉘는데, 여탕에는 반노천 목욕탕이 있어  아름다운 산과 강의 경치를 감상하며 신선놀음을 즐길 수 있다. 그 밖에 단둘이 이용하는 '二人湯屋', 가족이 함께 이용하는 '家庭湯屋'도 있다. 또한 객실마다 전용 온천탕이 있다.

지도 p.9-G
주소 新北市烏來區忠治里新烏路五段88號
전화 02-2661-8000
영업 08:00~22:00
요금 대중탕(1인, 4시간) NT$1,199, 개인탕(객실, 90분) NT$2,280~
홈페이지 www.pauselandis.com.tw
교통 MRT 신뎬(新店)역에서 849번 버스를 타고 30분 정도 간 다음 옌디(堰堤)에서 내려 북쪽으로 도보 1분

우라이의 맛집

우라이라오제
烏來老街

우라이의 중심 거리

오래된 거리를 따라 노점, 식당, 기념품 숍 등이 줄줄이 이어진다. 원주민 전통 의상과 음악 CD 등도 판매해 소소한 쇼핑을 즐길 수 있다. 지역 주민들이 산나물들을 파는 모습을 흔히 볼 수 있는데, 타이완산 고사리인 산쑤(山蘇), 궈마오(過猫)는 우라이의 특산품이라 현지인들이 한 봉지씩 사 가기도 한다. 또한 우라이의 향토 음식을 맛볼 수 있는 식당들이 모여 있다. 대표 음식으로는 대나무 통에 밥을 넣고 찐 죽통밥(竹筒飯)이 있으며, 우라이 산나물과 멧돼지, 사슴고기 등을 함께 볶은 요리들이 많다. 가벼운 간식으로는 숯불에 구운 소시지, 구운 떡 카오마수(烤麻糬), 꿀에 절인 고구마 등이 있으니 이것저것 조금씩 사서 맛보자.

지도 p.328
주소 新北市烏來區烏來街
교통 우라이 버스 정류장에서 내려 다리를 건너면 보이는 패밀리마트 편의점에서부터 거리가 시작된다.

우라이가오자빙원취안단 烏來高家冰溫泉蛋

온천수로 삶은 달걀을 파는 가게. 대표 메뉴인 빙원취안단(冰溫泉蛋)은 달걀을 온천수로 10분 정도 삶은 뒤 온천 샘물에 담가서 껍질을 까고 한방 재료를 넣은 육수에서 식힌 것이다. 사오싱주단(紹興酒蛋)은 찹쌀을 원료로 한 중국의 대표 양조주인 사오싱주(紹興酒)를 넣고 삶아 특유의 향이 느껴진다. 2종류 모두 반숙 정도로 삶아 내는데 부드럽고 진한 맛이 보통의 삶은 달걀과는 비교가 되지 않는다. 가격도 NT$15~20로 저렴해 간식으로 제격이다.

주소 新北市烏來區烏來街135號
전화 02-2661-7458
영업 월~금요일 08:00~18:00, 토·일요일 08:00~20:00

야거산주러우샹창 雅各山豬肉香腸

우라이라오제에서 손님이 가장 많은 노점으로, 맛있게 구운 타이완식 소시지로 대박이 난 가게다. '산주러우(山猪肉)'는 '멧돼지'를 뜻하고 '샹창(香腸)'은 소시지를 뜻하니 멧돼지 소시지 정도로 이해하면 되겠다. 숯불로 구워 낸 소시지는 탱글탱글하면서도 육즙이 배어 있어 하나만 먹기에는 아쉬울 정도다. 가격은 NT$40.

주소 新北市烏來區烏來街84號
전화 02-2661-7427 **영업** 10:00~20:00

잉거

싼샤

타이완 북부 Area 8

잉거 & 싼샤
鶯歌 & 三峽

잉거는 타이베이에서 기차를 타고 40여 분만 달리면 도착하는 북부의 도자기 마을이다. 19세기 초 청나라 때부터 도자기 생산이 시작되었다. 잉거라오제(鶯歌老街)에는 작은 도예방과 갤러리, 다예관, 상점 등이 모여 있다. 싼샤는 과거에서 시간이 멈춘 듯 고즈넉한 풍경이 향수를 자극하는 지역이다. 수로와 인접해 있고 산간지대와 평야의 교차점에 자리를 잡고 있어 일찌감치 무역업이 발달했다. 가장 유명한 관광 명소는 일제강점기에 형성된 거리, 싼샤라오제(三峽老街)로 붉은 벽돌로 쌓은 아치형 건물들이 길게 뻗어 있다. 또한 '동방 예술의 전당'이라 불리는 칭수이쭈스먀오(清水祖師廟)도 놓치지 말아야 할 관광지다. 잉거에서 싼샤(三峽)까지는 버스로 약 15분 거리여서 많은 관광객들이 오전에는 잉거, 오후에는 싼샤를 둘러보는 식으로 하루 여행 계획을 세운다.

CHECK

여행 포인트		
관광		★★★★
미식		★★
쇼핑		★★★

이것만은 꼭 해보기
- ☐ 잉거라오제에서 예쁜 찻잔 구매하기
- ☐ 잉거타오츠보우관 관람하기
- ☐ 예스러운 싼샤라오제 산책하기
- ☐ 소뿔을 닮은 진뉴자오 맛보기

잉거 & 싼샤
0 5km
N
타오위안 국제공항 방향
타이베이 방향
중산루 中山路
잉거 鶯歌
잉거 기차역 鶯歌車站
젠궈루 建國路
잉거라오제 鶯歌老街
잉거타오츠보우관 鶯歌陶瓷博物館
신뎬 방향
장더제 彰德街
푸싱루 復興路
중산루 中山路
칭수이쭈스먀오 清水祖師廟
싼샤라오제 三峽老街
싼샤 三峽

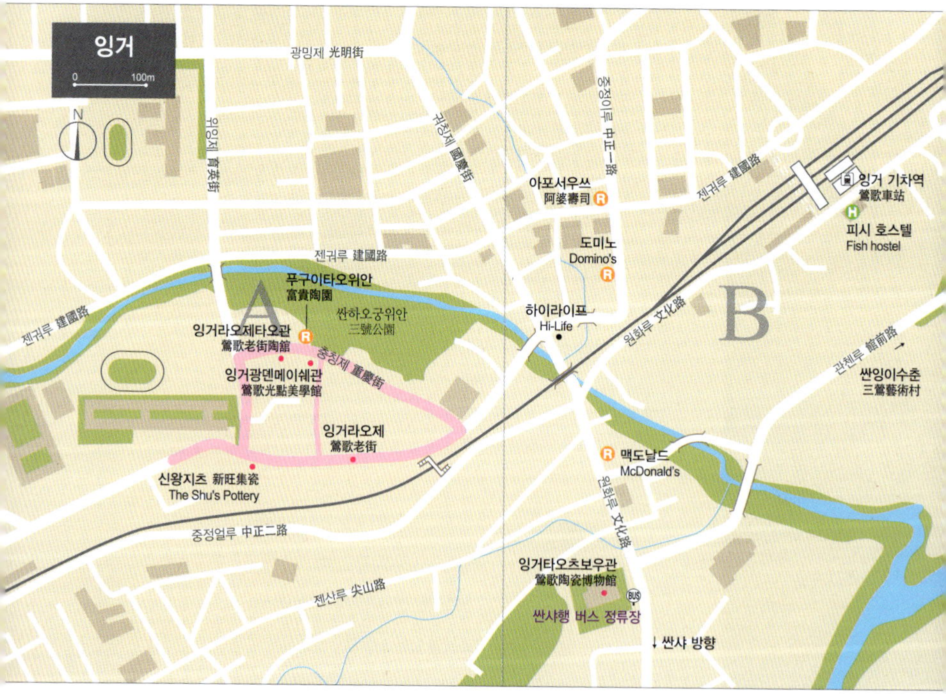

잉거
0 100m
N
광밍제 光明街
위잉제 育英街
궈칭제 國慶街
중정이루 中正一路
아포서우쓰 阿婆壽司
젠궈루 建國路
잉거 기차역 鶯歌車站
피시 호스텔 Fish hostel
도미노 Domino's
젠궈루 建國路
푸구이타오위안 富貴陶園
싼하오궁위안 三號公園
A
B
하이라이프 Hi-Life
원화루 文化路
젠궈루 建國路
잉거라오제타오관 鶯歌老街陶館
충칭제 重慶街
잉거광뎬메이쉐관 鶯歌光點美學館
관첸루 館前路
싼잉이수춘 三鶯藝術村
잉거라오제 鶯歌老街
맥도날드 McDonald's
신왕지츠 新旺集瓷 The Shu's Pottery
원화루 文化路
중정얼루 中正二路
잉거타오츠보우관 鶯歌陶瓷博物館
젠산루 尖山路
싼샤행 버스 정류장
싼샤 방향

잉거 & 싼샤 가는 법

타이베이 ↔ 잉거 이동

타이베이에서 잉거로 가는 방법은 기차와 버스가 있다. 기차는 가장 편한 방법으로 타이베이 기차역에서 취젠처(區間車)나 쥐광하오(莒光號)를 타면 된다. 요금은 NT$31 정도이며 28분가량 소요된다. 잉거 기차역에서

관광의 중심인 잉거라오제까지는 도보 10분 거리다. 버스로 갈 경우 MRT 융닝(永寧)역 1번 출구에서 917번 버스를 타면 된다. 요금은 NT$30이며 30분 정도 소요된다.

타이베이 ↔ 싼샤 이동

타이베이에서 싼샤로 가려면 MRT 융닝(永寧)역이나 신푸(新埔)역으로 가서 싼샤행 버스를 타야 한다. 융닝역에서는 706·916번 버스를 타면 된다. 요금은 NT$15이며 40분가량 소요된다. 신푸역에서는 910번 버스를 타면 된다. 요금은 NT$30이며 1시간 정도 소요된다.

잉거 ↔ 싼샤 이동

잉거에서 싼샤까지는 버스로 약 15분 거리로 가깝게 위치하고 있어 함께 여행하는 것이 일반적이다. 가장 편리한 방법은 잉거타오츠보우관(鶯歌陶瓷博物館) 앞에서 702번 버스를 타고 싼샤로 이동하는 것이다. 요금은 NT$15이며 15분 정도 소요된다.

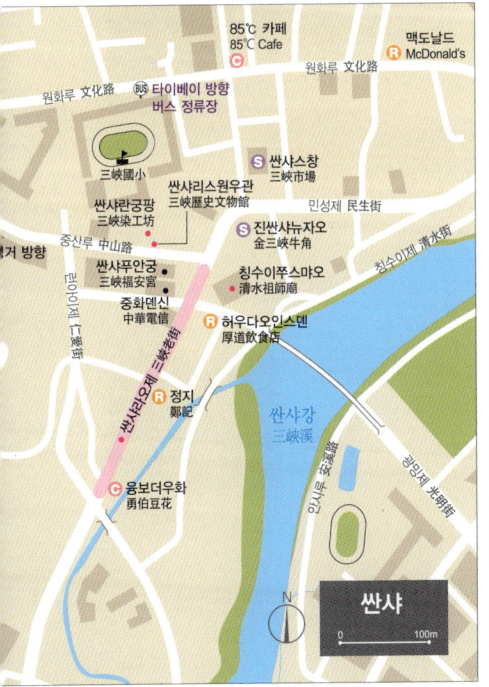

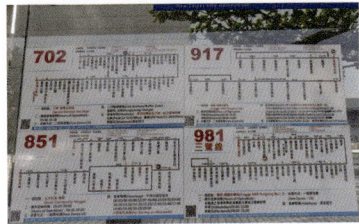

BEST COURSE

잉거 & 싼샤 추천 코스

총 소요 시간
5~6시간

하루에 잉거와 싼샤를 함께 둘러보는 것이 일반적인 코스다. 싼샤는 기차역이 없기 때문에 타이베이에서 출발할 경우 잉거까지 기차를 타고 간 후 잉거에서 버스를 타고 싼샤로 이동하는 것이 좋다.

여행 예산	
교통비	버스 NT$30~
입장료	없음
식 비	싼샤라오제 NT$100~
합 계	NT$130~

START

1시간 **잉거라오제** 鶯歌老街 p.341
아름다운 도자기를 파는 상점들과 갤러리, 다예관이 줄줄이 이어진다. 멋진 도자기 제품들이 많다.

↓ 원화루(文化路)를 따라 도보 5분

1시간 **잉거타오츠보우관** 鶯歌陶瓷博物館 p.341
잉거 도자기 산업의 발달 과정을 한눈에 엿볼 수 있다. 부담 없이 관람한 후 박물관 앞 버스 정류장에서 싼샤행 버스를 타자.

↓ 버스 15분 + 도보 5분

잉거라오제

30분 **칭수이쭈스먀오** 清水祖師廟 p.344
국보급 장인들의 손을 거쳐서 탄생된 사원. '동방 예술의 전당'이라고 불릴 만큼 정교한 조각과 화려한 색채가 인상적이다.

↓ 도보 1분

칭수이쭈스먀오

30분 **싼샤라오제** 三峽老街 p.346
싼샤 여행의 하이라이트. 붉은 벽돌의 이국적인 건축물들이 양옆으로 길게 이어지는 거리에는 향수를 자극하는 먹을거리와 전통 공예품을 파는 상점들이 모여 있다.

잉거 & 싼샤의 관광 명소

잉거

잉거라오제
鶯歌老街

도자기 제품이 가득한 도예 거리

200년 가까운 역사를 간직하고 있는 거리. 젠산푸루(尖山埔路)는 잉거 도자기 산업의 근원지로 도자기를 파는 상점과 찻집들이 늘어서 있다. 차로 유명한 아리산, 르웨탄과 같은 지역의 차들을 파는 찻집과 상점도 쉽게 볼 수 있다. 곳곳에 다기들을 파는 전문 상점들도 많은데, 가격도 저렴한 것부터 비싼 것까지 종류의 폭이 넓다. 예쁜 찻잔을 NT$200 정도면 살 수 있으니 천천히 구경하면서 마음에 드는 다기를 골라보자.

지도 p.338-A
주소 新北市鶯歌區尖山埔路
교통 잉거(鶯歌)역에서 젠산푸루(尖山埔路)까지 도보 8분

잉거타오츠보우관
鶯歌陶瓷博物館 | 잉거 도자박물관

잉거의 도자기 산업을 소개하는 박물관

타이완 최초의 도자기 박물관으로 2000년에 개관했다. 지하 2층부터 지상 3층으로 구성된 박물관에는 타이완 초기의 도자기를 비롯해 현대 작품까지 2,500여 점의 소장품이 전시되어 있다. 또한 전통 도자기 제작 기술, 타이완 도자기의 발전사 등을 쉽게 이해할 수 있어 유익하다. 박물관 뒤쪽에 조성된 도자기 예술원에서는 공공 예술 작품을 전시하며 야외무대에서는 특별 전시나 이벤트가 열린다.

지도 p.338-B
주소 新北市鶯歌區文化路200號
전화 02-8677-2727
개방 월~금요일 09:30~17:00, 토·일요일 09:30~18:00
휴무 매월 첫째 월요일
홈페이지 www.ceramics.ntpc.gov.tw
교통 잉거(鶯歌)역에서 원화루(文化路)를 따라 도보 10분. 또는 타이베이 MRT 융닝(永寧)역 4번 출구에서 917번 버스를 타고 잉거타오츠보우관에서 하차

잉거광뎬메이쉐관
鶯歌光點美學館 | 잉거 광뎬미학관 ★

공예 브랜드를 한자리에

서울 인사동의 쌈지길처럼 다양한 공예 브랜드를 한자리에 모아놓은 복합 공간이다. 천장이 없이 탁 트인 구조로 다기 브랜드를 비롯해 유리공예, 무쇠, 차, 천연 비누 등 다양한 아이템을 파는 상점이 입점해 있다. 특히 예술 작품에 가까울 정도로 수준 높은 다기들이 많아 제대로 된 다기를 살 계획이라면 이곳만 한 곳이 없다. 정찰제로 운영하고 있다.

지도 p.338-A
주소 新北市鶯歌區陶瓷街18號
전화 02-2678-9599
개방 10:00~19:00
휴무 매월 첫째 · 셋째 화요일
교통 잉거(鶯歌)역에서 도보 15분. 타오츠제(陶瓷街)에 있다.

신왕지츠
新旺集瓷 | The Shu's Pottery ★

잉거 출신의 유명 도예가의 박물관

잉거 출신의 도예가 쉬신왕(許新旺)을 기념하기 위해 만든 박물관이자 도예 작품들을 판매하는 전시장으로 3대에 걸쳐 가업을 이어오고 있다. 1층에서는 쉬신왕이 직접 제작한 도예 작품을 비롯해 유명 작가의 도자기 작품도 함께 전시, 판매하고 있다. 2층은 도예 과정을 생생히 볼 수 있는 전시 공간으로 운영하고 있다. 체험 프로그램도 진행하는데 요금은 체험 종류에 따라 다르지만 보통 1인당 NT$130~300 정도이다.

지도 p.338-A
주소 新北市鶯歌區尖山埔路81號
전화 02-2678-9571
개방 수요일 13:00~18:00, 목~일요일 10:00~18:00
휴무 월 · 화요일
홈페이지 www.shuandws.com
교통 잉거라오제, 젠산푸루(尖山埔路)에 있다.

싼잉이수춘
三鶯藝術村 | 삼앵예술촌

오브제가 설치된 야외 예술촌

넓은 야외 공간에 공예가들의 대형 오브제가 설치되어 있는 예술촌이다. 한쪽에는 알록달록한 색깔의 바람개비를 수백여 개 설치해 놓은 바람개비 공원이 있다. 오브제들은 푸른 초원 위에 여유롭게 설치되어 있어 산책하듯 둘러보며 사진 찍기 좋다. DIY 수업을 진행하며, 체험 공방을 운영해 아이들과 함께 참여할 수도 있다.

지도 p.338-B
주소 新北市鶯歌區館前路300號
전화 02-8678-2277
개방 월~금요일 09:30~17:00, 토·일요일 09:30~18:00
휴무 매월 첫째 월요일
교통 잉거(鶯歌)역에서 관첸루(館前路) 방향으로 도보 10분

잉거라오제타오관
鶯歌老街陶舘

붉은 벽돌로 지어진 종합 상가

잉거라오제 중심에 자리 잡고 있는 붉은 벽돌의 건축물. 아케이드 형식으로 길게 뻗어 있고 높은 굴뚝이 우뚝 솟아 있어 쉽게 찾을 수 있다. 내부에는 도자기 제품들을 파는 상점을 비롯해 타이완의 명차, 기념품, 공예품, 잡화 등을 파는 상점들이 모여 있어 구경하기 좋다. 도자기 교육과 체험 등을 경험해 볼 수 있으며 전시장에서는 정기적으로 다채로운 전시가 열린다.

지도 p.338-A
주소 新北市鶯歌區重慶街95號
전화 02-2678-1799
영업 11:00~20:00
휴무 매월 첫째 월요일
교통 잉거라오제, 충칭제(重慶街)에 있다.

싼샤

칭수이쭈스먀오
清水祖師廟 | 청수조사묘

지도 p.339
주소 新北市三峽區長福街1號
전화 02-2671-1031
개방 05:00~22:00
홈페이지 www.longfuyan.org.tw
교통 싼샤 버스 정류장에서 도보 10분

동방 예술의 전당

송나라의 승려이자 민족의 영웅인 진소응(陳昭應)을 모신 사원으로 200여 년의 역사를 간직하고 있다. '동방 예술의 전당(東方藝術殿堂)', '조각박물관(雕刻博物館)'이라고 불릴 정도로 화려한 조각의 극치를 경험할 수 있는 사원으로 유명하다. 156개의 기둥 하나하나에 중국 고대 충의(忠義) 이야기를 정교하게 조각해 놓았다. 문지방의 돌사자, 봉황이 새겨진 기와, 하늘로 승천할 기세의 용이 새겨진 처마 등 보는 곳마다 시선을 사로잡는다.

싼샤리스원우관
三峽歷史文物館 | 싼샤 역사문물관

싼샤 여행의 길잡이

1928년에 지어져 관공서로 사용되던 건축물로 역사적 가치가 높다. 1층은 다양한 문화와 교육 작품들을 전시하는 공간으로, 2층은 싼샤 지역의 역사, 문화 등을 엿볼 수 있는 역사관으로 운영하고 있다. 싼샤라오제 근처에 위치하며 규모는 작은 편이지만 싼샤에 대해 먼저 알고 관광을 시작하면 좋다.

지도 p.339
주소 新北市三峽區中山路18號
전화 02-8674-3994
개방 09:00~17:00
휴무 월요일
교통 싼샤푸안궁(三峽福安宮) 옆 골목으로 들어가면 우체국 맞은편에 있다.

싼샤란궁팡
三峽染工坊 | 싼샤 염색 공방

쪽빛 염색 제품들을 감상할 수 있는 곳

싼샤는 예로부터 맑은 수질을 자랑하는 강이 있었고 지형적으로 유통하기에 유리한 조건을 갖추어 타이완 면직 염색 산업의 중심지 역할을 했다. 현재는 면직 염색을 하는 곳이 많이 사라지고 있는데 이곳은 지역 문화를 보존하고 계승하겠다는 목적으로 운영하고 있다. 직접 염색 체험을 해볼 수 있으며 고운 쪽빛으로 염색된 가방과 의류 등을 전시, 판매한다.

지도 p.339
주소 新北市三峽區中山路20巷3號
전화 02-8671-3108
개방 10:00~17:00
휴무 월요일
교통 싼샤리스원우관(三峽歷史文物館) 옆에 있다.

잉거 & 싼샤의 맛집

잉거

아포서우쓰

타이완 스타일의 김초밥 가게

40여 년의 역사를 이어오는 타이완식 초밥 가게. 아포는 '할머니'라는 뜻으로, 이름 그대로 할머니가 만든 것 같은 소박한 맛의 초밥을 먹을 수 있다. 김초밥과 유부초밥이 준비되어 있는데, 초밥을 고른 후 옆에 준비된 따끈한 어묵을 담고 계산하면 된다. 김초밥은 1팩에 NT$50~60 정도. 그 밖에 깨 소스를 뿌려 먹는 차가운 국수 마장량멘(麻醬涼麵), 일본식 된장국 웨이청탕(味噌湯), 계란찜(茶碗蒸) 등의 메뉴가 있다. 포장해 가는 사람들이 대부분이지만 가게 앞에 마련된 테이블에서 먹고 가도 된다.

지도 p.338-B
주소 新北市鶯歌區中正一路63號
전화 02-2670-9345
영업 24시간
요금 1인당 NT$100
교통 잉거(鶯歌)역에서 도보 4분

푸구이타오위안
富貴陶園

분위기 좋은 갤러리 겸 레스토랑

잉거라오제의 중심에 있으며 고급스러운 분위기에서 식사를 즐길 수 있는 곳. 1층은 갤러리, 2층은 레스토랑으로 운영하고 있다. 소고기, 양고기, 해산물 등을 이용한 그릴 메뉴가 많고 훠궈와 런치 코스 메뉴 구성이 알차다. 도예점을 겸하고 있는 곳답게 예쁜 도자기에 음식을 담아내 줘서 눈도 즐겁다. 와플, 샌드위치와 같은 간단한 메뉴도 있으며 질 좋은 차도 다양하다.

지도 p.338-A
주소 新北市鶯歌區重慶街96號
전화 02-2670-5250
영업 10:00~19:00
휴무 화요일
요금 음료 NT$200~, 식사 NT$380~(+SC 10%)
홈페이지 www.fugui-yingge.com.tw
교통 잉거(鶯歌)역에서 도보 12분. 잉거라오제의 잉거라오제타오관(鶯歌老街陶館) 앞에 있다.

싼샤

허우다오인스뎬
厚道飲食店

복고풍 식당에서 맛보는 돼지갈비덮밥

1950~60년대 분위기를 연상시키는 인테리어로 꾸며 놓은 식당. 오래된 포스터와 간판, 낡은 수레 등 아날로그 감성이 느껴지는 이곳은 돼지갈비덮밥인 파이구판(排骨飯) 전문점이다. 대표 메뉴는 밥 위에 채소와 두툼한 돼지갈비가 함께 나오는 구짜오웨이파이구판(古早味排骨飯)이며 닭고기덮밥인 샹쑤지투이판(香酥雞腿飯)도 맛있다. 간편하지만 든든하게 식사할 수 있으며 여기에 시원한 조개탕 쑤안샹셴탕(蒜香蜆湯)을 곁들여 먹어도 좋다.

지도 p.339
주소 新北市三峽區長福街10號2樓
전화 02-2672-5262
영업 11:00~19:30
휴무 월요일 **요금** 덮밥 NT$90~
교통 칭수이쭈스먀오(清水祖師廟) 바로 옆 건물 2층에 있다.

싼샤라오제
三峽老街

동서양이 공존하는 거리

일제강점기에 형성된 거리로, 그리스식 기둥과 붉은 벽돌의 아치형 문, 푸젠(福建)의 건축양식이 남아 있는 건물들은 동서양이 뒤섞인 독특한 건축물로 가치를 인정받고 있다. 거리를 따라 2층 건물들이 길게 이어져 있는데 오래된 창문, 주물로 만든 번지판, 배수구 등에서도 예스러운 장식들을 엿볼 수 있다. 또한 이곳은 과거 상업 활동이 활발하게 이뤄졌던 중심지로 약 260m 거리에 100여 개의 상점들이 모여 명물 거리를 형성하고 있다. 염색 공방, 다예관, 한약방 등 전통적인 상점들도 여전히 영업하고 있는데 오래된 노점은 100년 이상 된 곳도 있다고 한다. 오래된 건물 사이를 걸으며 전통 먹을거리를 맛보고 타이완의 색이 물씬 풍기는 공예품들을 구경해 보자.

지도 p.339
주소 新北市三峽區民權街
홈페이지 www.sanchiaoyung.com.tw
교통 싼샤라오제는 중화뎬신(中華電信) 대각선 방향의 민취안제(民權街)를 따라 시작된다. 칭수이쭈스먀오에서 도보 1분

진싼샤뉴자오 金三峽牛角

싼샤라오제에서 꼭 먹어봐야 할 것은 단연 진뉴자오(金牛角). '황금 소뿔'이라는 뜻으로 빵 모양이 소뿔과 닮은 모습을 하고 있다. 거리 곳곳에서 이 황금 소뿔빵을 팔고 있는데 이곳은 그중에서 가장 인정받는 집이다. 얼핏 보면 크루아상과 비슷하지만 더 단단하고 속이 꽉 찬 맛으로 그 종류만 해도 10가지가 넘는다. 추천 메뉴는 진보뤄뉴자오(金菠蘿牛角)로 곰보빵처럼 겉이 바삭하며 버터의 진한 향이 배어 있어 무척 맛있다.

지도 p.339

주소 新北市三峽區民權街7號
전화 02-2673-3555
영업 07:30~22:00
홈페이지 www.jsx.tw

융보더우화 勇伯豆花

옛 정취가 물씬 풍기는 빙수 가게다. 부드러운 두부로 만든 타이완의 디저트 더우화(豆花)와 빙수 취빙(剉冰)을 맛볼 수 있다. 대표 메뉴는 단팥, 녹두, 전주 등 여러 가지 토핑이 곁들여져 나오는 쭝허취빙(綜合剉冰)과 부드러운 연두부에 땅콩, 펀위안(粉圓) 등이 들어간 쭝허더우화(綜合豆花)이다.

지도 p.339
주소 新北市三峽區民權街139號
전화 02-2674-4428
영업 월~금요일 11:30~17:30, 토·일요일 10:30~19:30

정지 鄭記

우리에게는 다소 낯선 음식인 주쉐가오(豬血糕)는 돼지 피와 찹쌀로 만든 먹을거리인데 떡처럼 쫀득쫀득한 식감이 특징이다. 이곳에서는 주쉐가오에 고소한 땅콩 가루와 매콤한 소스, 그리고 샹차이(고수)를 뿌려 독특한 풍미가 있다. 호불호가 갈리지만 호기심 많은 여행자라면 시도해 볼 것. 가격은 NT$20.

지도 p.339
주소 新北市三峽區民權街87號
전화 0922-975-583
영업 11:00~18:00
휴무 화요일

타이베이
여행 준비

여권과 각종 증명서 • 350
환전과 여행 경비 • 352

인천 공항 가는 법 • 353
출국 수속 • 354

PREPARE TO TRAVEL
IN *TAIPEI*

휴대폰으로 인터넷 하기 • 357
트러블 대처법 • 358

타이완 여행 회화 • 360

여권과 각종 증명서

PASSPORT & CERTIFICATE

여권의 종류와 신청

일반적으로 복수 여권과 단수 여권으로 나뉜다. 복수 여권은 특별한 사유가 없는 한 유효 기간인 10년 동안 횟수에 제한 없이 외국에 나가는 것이 가능하다. 단수 여권은 단 한 번만 외국에 나갈 수 있으므로 유효 기간이 1년이다. 만 18세 이상, 30세 이하인 병역 미필자 등에게 발급한다.

여권 발급 신청은 자신의 본적이나 거주지와 상관없이 가까운 발행 관청(서울 25개 구청과 광역 시청, 지방 도청의 여권과)에서 신청할 수

있다. 신분증을 소지하고 직접 방문해야 하며 대리 신청은 예외적인 경우(만 18세 미만 미성년자, 질병·장애, 의전상 필요)에만 가능하다. 평일 오전 9시부터 오후 6시까지 접수가 가능하다.

그러나 직장인들을 위해 관청별로 특정일을 지정해 야간 업무를 보거나 토요일에 발급하기도 한다. 여권 발급 소요 기간은 보통 3~4일 정도 걸리지만, 성수기에는 10일까지 소요될 수 있으니 여행을 가기로 마음먹었다면 바로 신청한다. 여권을 분실했거나 훼손한 경우, 사증(비자)란이 부족할 경우, 주민 등록 기재 사항이나 영문 성명의 변경·정정의 경우는 재발급을 받아야 한다.

여권 발급에 필요한 서류

① 여권 발급 신청서
② 여권용 사진 1매
③ 신분증
④ 여권 발급 수수료(복수 여권 26면 5만 원, 58면 5만 3,000원)
⑤ 병역 의무 해당자는 병역 관련 서류(전화 1588-9090 홈페이지 www.mma.go.kr에서 확인)

※ 18세 미만 미성년자는 법정 대리인의 인감증명서와 동의서, 가족관계증명서(단, 미성년자 본인이 아닌 법정대리인이 직접 신청 시 발급 동의서, 인감증명서 생략 가능)

타이완 여행 중 여권 분실 시

타이완에서 여권을 분실했다면 그 즉시 주타이베이 대표부에서 여권 분실 신고를 하고 여권 분실 신고 증명서를 작성해야 한다. 서류만 모두 구비했다면 긴급 여권은 당일에 발급된다. 만일의 경우를 대비해 여행 전 여권 사본, 항공권 사본, 여권용 사진 등을 준비하고 여권 번호를 적어두는 것이 좋다.

긴급 여권 발급 시 기본 구비 서류

· 여권(재)발급 신청서 1부 (대표부 비치)
· 여권용 사진 2매 (3.5×4.5cm, 6개월이내 촬영)
· 항공권 사본 1부
· 여권 분실신고서 (대표부 비치) 1부
· 구여권 사본 1부 또는 국내 신분증 원본 및 사본 1부
· 긴급 여권 신청 사유서 (대표부 비치) 1부
· 타이완 이민서 여권분실신고 증명서 1부
· 수수료(현금): NT$1,590

타이완의 비자

현재 타이완과 한국은 무비자 협정 체결국이어서 체류 기간이 90일 이내라면 비자 없이 입국이 가능하다. 그러나 이보다 긴 여행이나 체류를 준비하고 있다면 3개국의 주한 대사관을 통해 장기 비자를 발급받아야 한다.

국제 운전면허증

타이베이 시내를 돌아다닐 때는 대중교통을 활용하면 좋지만 타이완 북부의 근교 도시를 돌아다닐 때는 직접 운전을 하며 여행을 즐기는 것도 운치 있다. 자동차 여행을 계획하고 있다면 국제 운전면허증이 필수다. 대한민국 운전면허증을 가지고 있다면 가까운 운전면허 시험장이나 경찰서에 들러 즉시 발급받을 수 있다. 위임장을 구비하면 대리 신청도 가능하다. 타이완에서 자동차를 렌트할 경우 원칙적으로는 한국의 운전면허증, 국제 운전면허증, 여권을 반드시 구비하고 있어야 한다. 국내 운전면허증 뒷면에 운전면허 정보를 영문으로 표기해 발급하는 영문 면허증이 2019년부터 발급되기 시작했으나, 타이완에서는 국제 운전면허증만 인정하고 있다.

발급처 운전면허시험장
준비 서류 여권(사본 가능), 운전면허증, 여권용 사진 1매(반명함판 사진 가능)
비용 8,500원 **유효 기간** 발급일로부터 1년 **전화** 1577-1120
홈페이지 도로교통공단 운전면허 서비스 www.safedriving.or.kr

코로나19 관련 규정

2023년 현재 타이완은 입국자에 대해 코로나19 유사증상이 있는 경우에만 자가진단키트로 검사를 실시하고 있다. 또한 확진자 격리 조치를 폐지하고, 중증 환자에 대해서만 격리 치료를 실시하고 있다. 시기에 따라 변동될 수 있으니 여행 전 주타이베이 대표부 홈페이지에서 확인한다.

여행자 보험

보험 설계사, 보험사 영업점, 대리점, 각 보험 회사의 온라인 사이트에서 가입할 수 있다. 미리 보험을 준비하지 못했다면 비행기에 탑승하기 전 공항 내 보험 서비스 창구를 이용한다. 보상을 받기 위해서는 현지 병원이 발급한 진단서와 치료비 영수증, 약제품 영수증, 처방전 등을 챙긴다. 도난 사고가 발생했다면 현지 경찰이 발급한 도난 증명서(사고 증명서)가 필요하다. 여행 중 구입한 상품을 도난당했다면 물품 구입처와 가격이 적힌 영수증을 준비한다(가입한 보험 상품에 따라 내용이 다르므로 계약서 내용을 꼼꼼히 읽어볼 것).

발급처
- DB손해보험 다이렉트 www.directdb.co.kr
- 현대해상 다이렉트 direct.hi.co.kr
- 삼성화재 다이렉트 direct.samsungfire.com

환전과 여행 경비

MONEY TALK

외국에 가면 신용카드를 취급하지 않는 작은 상점이나 식당이 많다. 안전을 위해서라도 신용카드는 호텔이나 면세점, 대형 쇼핑센터, 은행 ATM에서만 사용하도록 한다.

얼마나 환전할까?

타이완 여행을 하면서 필요한 경비는 개인의 여행 스타일에 따라 차이가 있지만 타이완에서는 보통 점심·저녁 식사와 교통비, 관광 명소의 입장료를 포함하여 하루 최소 NT$600~1,000 정도로 생각하면 적당하다(숙박비 제외). 온천, 마사지 등을 즐기거나 분위기 좋은 레스토랑이나 바에서 저녁 식사를 하는 경우 경비가 추가된다. 10일 미만의 여행 일정이라면 필요한 타이완 달러로 환전을 하고 신용카드를 적절하게 사용하는 것이 좋다.

현금 환전

환전할 때는 언제나 수수료가 붙는다. 따라서 예산을 잘 계산해 한 번만 바꾸는 게 좋다. 공항은 환율이 가장 불리하게 적용되는 곳이니 미

리 시내 은행에서 타이완 달러(NT$)로 환전하자. 단 모든 은행이 타이완 달러를 보유하고 있는 것은 아니므로 방문할 은행 지점에 미리 전화로 확인한 후 방문하도록 하자. 일부 은행은 인터넷뱅킹이나 모바일앱으로 환전을 신청해 공항에서 돈을 찾는 것이 가능하다. 수수료가 싼 데다 은행 갈 시간이 없는 사람에게 유용하다.

신용카드

현금만 가져가는 것이 조금 불안하다면 신용카드를 준비하자. 보안상의 문제점이나 약간의 수수료 부담이 있지만 가장 편리한 보조 결제 수단이며 예상하지 못한 지

출이 있을 때 비상용으로 사용할 수 있다. 게다가 신분증 역할까지 한다. 타이완에서는 작은 상점이나 식당을 제외하면 대부분의 호텔과 백화점, 레스토랑에서 신용카드 사용이 가능하다. 호텔, 렌터카, 단거리 항공권을 예약할 때 대부분 신용카드 제시를 요구한다. 국제 카드 브랜드 중 가맹점이 많은 비자(Visa), 마스터(Master) 카드가 무난하다. 자신의 카드가 외국에서 사용 가능한지도 반드시 확인하자. 또 한국과 달리 외국은 카드 뒷면의 사인을 반드시 확인하므로 꼭 서명해 두고, 비밀번호도 기억해 두자.

현금카드

한국에서 발행한 해외용 국제 현금 카드를 이용해 현지 ATM에서 현지 통화로 인출하는 방법도 있다. 타이완 곳곳에 24시간 이용 가능한 ATM이 있으며 비자카드, 마스터 카드 등을 이용할 수 있다. 최근에는 현지 ATM에서 수수료 없이 타이완 달러로 뽑아서 쓸 수 있는 트래블 월렛 카드가 인기다. 아무 때나 원하는 만큼의 타이완 달러 금액을 입력하면 당일 환율 적용된 한국 원화 금액으로 충전 가능하다. 현지 제휴 은행(국태은행 Cathay united bank)의 ATM을 이용하면 수수료가 무료라 여행자들이 많이 사용한다.

홈페이지 트래블 월렛 www.travel-wallet.com

인천 공항 가는 법
TO THE AIRPORT

국제선을 타려면 늦어도 비행기 출발 2시간 전에는 공항에 도착해야 한다. 공항으로 가는 방법도 여러 가지. 나에게 맞는 교통편을 찾아보자.

리무진 버스

인천 국제공항으로 가는 가장 대표적인 교통수단. 서울, 수도권, 인천은 물론 경기 북부와 충청도, 경상도, 전라도, 강원도에서 인천 국제공항까지 한 번에 오는 노선이 있다. 서울 시내에서 출발하는 리무진 버스는 김포공항 또는 주요 호텔을 경유해 공항까지 오는데, 제1터미널까지 50분, 제2터미널까지 65분 정도 걸린다. 요금은 1만 6,000원~1만 8,000원. 정류장 위치, 시간표, 배차 간격, 요금 등은 인천 국제공항 홈페이지(www.airport.kr)나 공항 리무진 홈페이지(www.airportlimousine.co.kr)를 참고할 것. 공항 철도 서울 도심과 김포공항, 인천 국제공항을 최단 시간에 연결하는 교통수단. 공항 철도는 모든 역에 정차하는 일반 열차와 서울역에서 인천 국제공항까지 무정차로 운행하는 직통열차로 나뉜다. 일반 열차는 6~12분 간격 운행에 60분 소요되고, 요금은 서울역에서 출발할 경우 인천 공항 제1터미널역까지 4,150원, 인천 공항 제2터미널역까지 4,750원이다. 직통 열차는 일반 열차와 달리 지정좌석제로 승무원이 탑승해 안내 서비스를 제공한다. 40분 간격 운행에 44분 소요되고 요금은 9,500원이다.

자가용

인천 국제공항에 가려면 공항 전용 고속도로인 인천 국제공항 고속도로를 이용해야 한다. 제2터미널을 이용할 경우에는 표지판을 따라 신설 도로로 진입한다. 일단 진입한 뒤에는 인천 국제공항과 영종도 외에는 다른 곳으로 가는 것이 불가능하다. 공항 내에는 차량 이용자를 위한 유료 주차장이 운영되고 있는데, 공간이 부족한 경우에 대비해 홈페이지를 통해 주차 예약도 미리 해놓을 수 있다. 주차장마다 진입 가능한 차량 높이가 다르니 차고가 높은 차를 이용한다면 미리 체크할 것.

택시

급한 경우에 선택할 수 있는 최후의 교통수단. 인천에서 이용할 경우 3만~3만 2,000원 정도 나오고, 서울 도심에서 출발할 경우에는 미터 요금만 5만~6만 원에 공항 고속도로 통행료까지 내야 한다.

출발 전 터미널 확인은 필수

2018년 1월부터 인천 국제공항 터미널이 제1터미널, 제2터미널로 나뉘어 운영되고 있다. 두 터미널이 멀찍이 떨어져 있고 각각 취항 항공사가 다르므로, 출발 전 반드시 전자 항공권(e-티켓)을 통해 어느 터미널로 가야 하는지 확인해야 한다. 자칫 터미널을 잘못 찾을 경우 비행기를 놓치는 불운이 생길 수도 있다. 터미널 간 이동은 10~15분 간격으로 운행되는 무료 순환 버스를 이용할수 있으며 15~18분 소요된다. 공항 철도와 리무진 버스는 두 터미널에 모두 정차한다.

인천 국제공항 제2터미널 이용 항공사(2023년 7월 기준)
- 대한항공
- 진에어
- 델타항공
- 에어프랑스
- KLM네덜란드항공
- 가루다인도네시아
- 샤먼항공
- 중화항공

출국 수속
DEPARTURE

주말이나 성수기는 출국 수속을 하는 데 더 많은 시간이 걸리므로 여유 있게 하는 것이 안전하다. 공항 면세점을 이용할 생각이라면 좀 더 서둘러야 한다.

01. 공항 도착
start!

대한항공을 포함한 몇몇 스카이팀 항공사는 제2터미널, 아시아나 항공과 기타 외국 항공사, 저가 항공사는 제1터미널을 이용한다.

07. 탑승권·위탁 수하물 태그

부치는 짐의 무게 제한은 15~23Kg으로 항공사별로 다르다!

06. 좌석 선택과 짐 부치기
보조 배터리는 부치는 짐에 넣을 수 없으므로 기내에 직접 가지고 타야 한다.

Go! Go!

08. 출국장 들어가기
여권과 보딩 패스 제시
Tip 1 참고

DSLR, 노트북, 태블릿 PC는 따로 빼서 통과시킨다.

09. 세관 신고·보안 검색
신고할 물건이 있으면 여행자 휴대품 신고서를 작성한다. 엑스레이 검색대를 거친다.
Tip 2 참고

02. 카운터 확인
탑승할 항공사 카운터를 확인 후 이동한다.

03. 카운터 도착
줄을 서서 차례를 기다린다.

셀프 체크인을 이용하면 빠르게 수속을 마칠 수 있다.

Go! Go!

05. 여권과 전자항공권(e-티켓) 제시

04. 체크인 시작
카운터 체크인 또는 셀프 체크인

자동 출입국 심사대를 이용하면 셀프로 빠른 심사가 가능하다.

The End!

10. 출국 심사
직원에게 여권과 보딩 패스를 건넨다. 심사가 끝나면 다시 돌려받는다. Tip 3 참고

11. 출발 게이트로 이동
면세품을 찾거나 쇼핑을 한 후 출발 시각 30분 전까지 게이트 앞에 도착한다. Tip 4 참고

여행자 보험 카운터

로밍 카운터

기내 반입 제한 품목
액체 물질을 기내에 반입할 때는 100mL 이하의 용기에 들어 있는 제품을 용량 1L(약 20×20cm) 이내의 투명한 지퍼백에 넣어야 한다. 손톱깎이, 병따개 등은 기내에 들고 탈 수 있다. 맥가이버 칼 등은 반드시 부치는 수하물에 넣어야 한다.

트램 전경

Tip 1 출국장으로 들어가기 전에 잠깐
환전, 여행자 보험 가입과 휴대전화 로밍을 아직 하지 않았다면 마지막 기회다. 인천 국제공항에는 은행, 여행자 보험 카운터와 휴대전화 로밍 센터가 있다. 출국장으로 들어가기 전에 해결하자. 에어사이드에 로밍 카운터가 있기는 하나 그곳에서는 로밍 서비스 신청을 받지 않는다.

Tip 2 보안 검색 시 주의
기내에 휴대하는 모든 물건을 바구니에 넣어 검사대 레일 위에 올려놓는다. 주머니에 있는 것을 전부 꺼내 넣고, 액체 휴대품은 비닐 팩에 넣어 따로 놓는다. 비닐 팩은 공항 내 편의점과 간이서점에서 판매하므로 미리 준비하자. 노트북은 가방에서 꺼내어 따로 통과시켜야 한다. 부츠나 모자를 착용한 경우 벗어서 문제가 없는지 확인해 주어야 한다.

Tip 3 자동 출입국 심사 제도
공항에서 줄 서서 기다리는 일이 딱 질색이라면 자동 출입국 심사 제도를 이용하자. 2017년 1월부터 만 19세 이상 대한민국 여권 소지자라면 사전 등록 절차 없이도 자동 출입국 심사 서비스를 이용할 수 있게 되었다.

그러나 만 19세 미만, 이름 등 인적 사항이 변경된 사람, 주민등록증 발급 후 30년이 지난 사람은 꼭 사전 등록을 해야 한다. 사전 등록은 여권 외 필요 서류를 준비해 가야 하며, 인천공항 출국장 3층 체크인카운터 H구역 앞 자동출입국심사등록센터, 제2터미널은 2층 정부종합행정센터 옆 출입국서비스센터에서 하면 된다. 운영 시간은 양 터미널 모두 07:00~18:00 까지.

Tip 4 101~132번 게이트로 가려면 트램을 타자!
101~132번 게이트로 가려면 입국 심사를 통과한 후 사진의 표지판을 따라 지하로 내려간 후 트램을 타고 이동해야 한다. 트램은 자주 오고 이동 시간도 2분 정도로 짧지만, 사람이 붐빌 경우 트램을 놓치는 경우도 있으므로 20분 정도 먼저 출발해 게이트에 도착하는 것이 안전하다. 이쪽 게이트 앞에도 다양한 면세점이 들어서 있다.

포켓 와이파이 Pocket Wi-Fi

해당 국가 이동통신사의 3G/4G LTE 신호를 Wi-Fi 신호로 바꿔 주는 휴대용 와이파이 단말기. 대여 업체는 타이완 현지 업체와 국내 업체 중에서 선택할 수 있으며 국내 업체의 경우 출국 전에 공항에서 수령할 수 있어 여행자들이 선호하는 편이다. 국내 와이파이 업체를 통해 미리 예약하면 출국하는 국내 공항에서 수령, 타이완 도착 후 단말기의 아이디와 비밀번호로 와이파이에 접속하면 된다. 단말기 1대로 3~4명(최대 5명)이 동시 접속할 수 있기 때문에 여럿이 함께하는 여행에서는 비용도 저렴한 편. 무제한이라 하지만 1일 기본 데이터양이 500MB~1GB(지역, 통신사에 따라 다름)이므로 동영상 시청, 대용량 파일 전송만 피한다면 충분하게 이용할 수 있다. 또한 한국 번호로 로밍 상태를 유지해야 하는 여행자라면 심 카드보다는 포켓 와이파이가 더 편리하다. 단 단말기를 매일 충전해야 하며 하루 종일 이용 시에는 보조 배터리도 필요하다. 1일 요금은 3,000~6,000원대(국내 업체 이용 시). 각 회사마다 수령처와 요금, 포함 사항 등의 차이가 있으니 본인의 이용 공항과 스케줄 등을 고려하여 선택하자. 타이완 현지 포켓 와이파이 대여에 대한 자세한 정보는 p.80 참고.

유심칩(심 카드) Sim Card

이동통신사 가입자의 식별 정보를 담고 있는 유심칩은 휴대폰 사용 시 반드시 필요한 신분증과 같은 역할을 한다. 선불 유심칩(Prepaid Sim Card)은 선불 요금의 개념으로 지정된 기간에 지정된 데이터 용량이나 통화량을 사용하는 것이다. 단기 체류하는 일반 여행자라면 통화, 문자는 불가능한 데이터 전용 유심칩을 저렴하게 이용할 수 있다.

단 해외 유심칩으로 교체 시 번호 자체가 해외 번호로 바뀌므로 국내에서 걸려오는 전화나 문자를 받을 수 없다는 것이 단점이다(카톡 등은 이용 가능). 데이터 제공량과 기간에 따라 요금은 달라지며 데이터 무제한 3일권이 NT$300 정도. 타이완 내의 타오위안 국제공항, 쑹산 공항에서 구매 가능하다. 자세한 정보는 p.80 참고.

데이터로밍 무제한 요금제

가장 추천하고 싶지 않은 방법이다. 이동통신사마다 '무제한 요금제'라고 해서 1일 9,900~11,000원에 데이터로밍 무제한 서비스를 제공하고 있으나 실제로는 1일 기본 데이터양 100MB를 다 쓰고 나면 속도가 너무 느려져 웹서핑도 힘들다. 기본 데이터양이 너무 적기 때문에 요금 대비 가장 비싸고 비효율적인 방법이다.

휴대폰으로 인터넷 하기 INTERNET

일상에서도 그렇지만 여행할 때는 더욱 빼놓을 수 없는 준비물이 된 스마트폰. 해외에서 스마트폰 인터넷을 이용할 수 있는 세 가지 방법을 소개하니, 필요에 따라 적절히 선택해 합리적인 비용으로 이용하자.

휴대폰 설정
이용 방법에 따라 휴대폰 설정 등을 일부 변경해야 하는 경우도 있으니 서비스 신청 시 업체의 설명을 잘 숙지해 두자.

타오위안 국제공항, 쑹산 공항 등에서 심 카드 구매 가능

정말 '데이터 무제한'일까?
왼쪽에서 소개하는 방법은 모두 '데이터 무제한'이라고 하지만, 실제로는 일정 데이터를 소진한 후에는 3G로 변환되어 속도가 많이 느려진다는 것을 알아두자. 하지만 과다하게 사용하지만 않는다면 해외에서 충분한 이용 가치를 발휘한다.

트러블 대처법
TROUBLE

타이완은 비교적 안전한 나라지만 관광객이 많이 가는 주요 명소나 번화가, 야시장 등에서는 소매치기나 날치기 등의 범죄를 조심할 필요가 있다. 범죄는 물론 교통사고나 추락 사고 등의 안전사고에도 유의할 것.

교통사고 유의

타이완은 지역에 따라 편차가 있기는 하지만 한국보다 오토바이가 훨씬 많은 편이다. 또한 차량의 비보호 좌회전이 가능한 구역이 많고 횡단보도의 보행자 신호에 차량 진행이 가능한 곳도 많다. 도로를 건널 때나 택시에서 내릴 때 자동차와 오토바이에 주의하자.

지진에 유의

타이완은 환태평양 지진대에 위치하고 있어 크고 작은 지진이 빈번하게 발생한다. 지진과 같은 자연재해를 인간의 힘으로 막을 수는 없지만 혹시 모를 사고에 대비할 필요는 있다. 지진이 일어났을 때에는 먼저 위

타이완의 경찰서

에서 떨어지는 물건에 다칠 위험이 있으므로 책상이나 테이블 밑에 숨는다. 그리고 규모가 큰 지진일 경우 문이 열리지 않아 밖으로 피신할 수 없는 경우도 있으므로 문 또는 창문을 열어 출구를 확보한다. 벽이나 담이 무너질 위험도 있으니 당황하여 무조건 밖으로 나가려고 하면 안 된다. 엘리베이터 대신 비상계단을 이용해야 하는 것도 잊지 말자.

긴급 전화 및 생활 전화번호 안내

소방서 : 119　　　　구조대 : 119　　　경찰서 : 110
시내 전화번호 안내(중국어) : 104　　시외 전화번호 안내(중국어) : 105
전화번호 안내(영어) : 106　　　　　국제전화 안내 : 100
시간 정보 : 117　　　일기예보 : 166
관광 안내 서비스 : 0800-011-165

타이베이시 경찰국 외사과
주소 台北市中正區延平南路96號 전화 02-2381-7494

외사 센터 外事服務站(24시간)
주소 台北市士林區大東路80號 전화 02-2556-6007

S.O.S! 대한민국 외교부 영사 콜센터

타이완을 여행하는 중 해외 재난 사태 및 사건·사고가 일어난 경우 365일 24시간 운영하는 대한민국 외교부 영사 콜센터를 적극 활용하자. 더 자세한 내용은 외교부 해외 안전 여행 홈페이지(www.0404.go.kr)에서 영사 콜센터를 참고한다.

[이용 방법]
현지 국제전화 코드(002)+ 822-3210-0404(유료 연결)
현지 국제전화 코드(002)+ 800-2100-0404(무료 연결)

현금이나 여권을 도난·분실했을 때

즉시 경찰에 연락한다. 현금은 되찾을 수 없더라도 여권 재발급 시 경찰의 도난 또는 분실 증명서가 필요하다. 신용카드는 카드 발행사에 연락하여 분실 신고를 한 후 카드사의 현지 사무소에 가서 긴급 대체 카드 발행 수속을 한다. 통상 1~2일의 시간이 걸린다.

물건을 분실했을 때

지하철이나 열차에서 물건을 분실했을 경우에는 역의 승무원에게 부탁해 유실물 센터에 연락한다. 가까운 경찰서에 가서 도움을 청해도 된다. 공항이라면 공항 터미널에 있는 유실물 센터에서 절차를 밟는다.

몸이 아플 때

타이완은 아열대성 해양기후로 길고 무더운 여름과 짧고 습한 겨울이 특징이다. 더위로 쉽게 피로하고 입맛이 떨어질 수도 있지만 질병에 걸릴 가능성은 높지 않다. 여름에는 최고 37℃까지 올라가는데 실내는 에어컨을 강하게 틀어 온도 차가 크다. 이로 인해 냉방병이나 감기에 걸릴 수 있으니 얇은 긴팔 옷을 챙기도록 하자. 겨울에는 최저 8℃까지 내려가는데 건물 내에 난방설비가 되어 있지 않아 따뜻한 옷을 준비하는 것이 좋다. 또 급성 설사나 복통, 감기 등에 대비해 기본적인 상비약을 챙겨 간다. 드물지만 모기를 통해 전염되는 뎅기열이나 말라리아가 발생하기도 하므로 모기 퇴치제를 준비한다.

국립 타이완 대학 병원

병원 정보

● 타이베이(台北) 지역

國立臺灣大學醫學院附設醫院 National Taiwan University Hospital
주소 台北市中正區中山南路7號
전화 02-2312-3456 홈페이지 www.ntuh.gov.tw

臺北市立聯合醫院 Taipei City Hospital
주소 台北市中正區中華路二段33號
전화 02-2388-9595 홈페이지 www.tpech.gov.taipei

馬偕紀念醫院 MacKay Memorial Hospital
주소 台北市中山區中山北路二段92號
전화 02-2543-3535 홈페이지 www.mmh.org.tw

타이완 여행 회화

숫자

1
一 [Yi]
이

2
二 [er]
얼

3
三 [san]
싼

4
四 [si]
쓰

5
五 [wu]
우

6
六 [liu]
류

7
七 [qi]
치

8
八 [ba]
빠

9
九 [jiu]
쥬

10
十 [shi]
스

일상 회화

안녕하세요.
您好 [Nín hǎo]
닌 하오

안녕하세요. (아침)
早安 [Zǎo'ān]
쟈오안

안녕하세요. (점심)
午安 [Wǔān]
우안

안녕하세요. (저녁)
晩安 [Wǎn'ān]
완안

안녕히 주무세요. (밤)
晩安 [Wǎn'ān]
완안

어느 나라 사람입니까?
你是哪國人
[Nǐ shì nǎ guórén]
니 스 나 꾸어런

저는 한국 사람입니다.
我是韓國人
[Wǒ shì hánguórén]
워 스 한꾸어런

처음 뵙겠습니다.
저는 철수라고 해요.
初次見面. 我叫張民
[Chūcìjiàn miàn. Wǒ jiào Chul-su]
추츠젠 미엔. 워 쟈오 철수

안녕하세요.
만나서 반가워요.
您好,
見到您很高興
[Nín hǎo, jiàndào nín hěn gāoxìng]
닌 하오, 젠따오 닌 헌 까오싱

어떻게 지내세요?
過得怎麼樣
[Guò de zěnmeyàng]
꿔 더 쩐머양

잘 지내고 있어요.
不錯 [Búcuò]
부추오

만나서 반가웠어요.
다음에 또 만나요.
見到您很高興. 再見
[Jiàndào nín hěn gāoxìng, zàijiàn]

젠따오 닌 헌 까오싱, 짜이젠

네, 그럼 안녕히 가세요.
好的, 再見
[Hǎo de, zàijiàn]

하오 더, 짜이젠

사진을 좀 찍어 주시겠어요?
您能給我們照張相嗎
[Nín néng gěi wǒmen zhào zhāng xiàngma]

닌넝 게이 워먼 자오 장 샹마

실례합니다.
不好意思
[Bùhǎoyìsi]

뿌하오이쓰

저를 좀 도와주세요.
請幫幫我
[Qǐng bāngbang wǒ]

칭 빵방 워

부탁합니다.
拜托您 [Bàituō nín]

빠이퉈 닌

미안해요.
對不起 [Duìbuqǐ]

뚜이부치

예.
是 [Shì]

쓰

아니요.
不是 [Búshì]

부쓰

맞습니다.
對 [Duì]

뚜이

틀립니다.
不對 [Búduì]

부뚜이

좋습니다.
好 [Hǎo]

하오

안 됩니다.
不行 [Bùxíng]

부씽

교통

여기가 어디예요?
這裏是哪兒
[Zhèlishì nǎr]

저리스나얼

여기가 이 지도에서 어디예요?
這裏在地圖上是哪兒
[Zhèli zài dìtúshang shì nǎr]

저리 짜이 띠투샹 스 나얼

지하철역은 어디에 있습니까?
捷運站在哪兒
[Jiéyùnzhàn zài nǎr]

지에윈잔 짜이 나얼

여기에 세워 주세요.
請在這兒停車
[Qǐng zài zhèrtíng chē]

칭 짜이 저얼팅 처

공항까지 얼마나 걸려요?
到機場多長時間
[Dào jīchǎngduō chángshíjiān]

따오 지창뚜어 창스젠

요금이 얼마예요?
車費是多少錢
[Chēfèishì duōshao qián]

처페이스 뚜어사오 치엔

음식

밥
米飯 [mǐfàn]

미판

국
湯 [tāng]

탕

흰죽
稀飯 [xīfàn]

시판

타이베이 여행 준비 361

볶음밥
炒飯 [chǎofàn]
차오판

볶음면
炒麵 [chǎomiàn]
차오미엔

국수
麵條 [miàntiáo]
미엔티아오

만두
包子 [bāozi]
바오쯔

빵
麵包 [miànbāo]
미엔빠오

달걀
雞蛋 [jīdàn]
지단

돼지고기
豬肉 [zhūròu]
쭈러우

소고기
牛肉 [niúròu]
니우러우

닭고기
雞肉 [jīròu]
지러우

맥주
啤酒 [píjiǔ]
피지우

커피
咖啡 [kāfēi]
카페이

식당 & 카페에서

주문하시겠어요?
您要點菜嗎
[Nín yào diǎn càima]
닌 야오 디엔 차이마

네, 주문할게요.
好，點菜
[Hǎo, diǎn cài]
하오, 디엔 차이

이 집에서 가장 인기 있는 메뉴는 무엇입니까?
你們這兒最受歡迎的是什麼
[Nǐmen zhèr zuì shòu huānyíng deshi shénme]
니먼 저얼 쭈이 서우 환잉 더스 선머

얼마예요?
多少錢 [Duōshǎo qián]
뚜어샤오 치엔

계산하겠습니다.
買單 [Mǎidān]
마이딴

창가 자리로 부탁해요.
請給我靠窗的位子
[Qǐng gěi wǒ kào chuāng de wèizi]
칭 게이 워 카오 촹 더 웨이쯔

향채는 빼주세요
不要香菜
[Búyào xiāngcài]
부야오 샹차이

이거 하나 더 주세요.
這個再來一個
[Zhège zàilái yí gè]
저거 짜이라이 이 꺼

포장해 주세요.
請給我打包
[Qǐng gěi wǒ dǎ bāo]
칭 게이 워 다 빠오

가장 인기 있는 건 어떤 거예요?
賣得最好的是哪個商品
[Mài de zuìhǎo de shì nǎge shāngpǐn]
마이 더 쭈이하오 더 스 나거 상핀

이거 입어 봐도 됩니까?
這個可以試穿一下嗎
[Zhège kěyǐ shìchuān yíxiàma]

저거 커이 스촨 이샤마

이건 얼마예요?
這個多少錢
[Zhège duōshao qián]

저거 뚜어사오 치엔

비싸요.
太貴了
[Tài guì le]

타이 꾸이 러

좀 깎아 주세요.
便宜點吧
[Piányi diǎn ba]

펜이 디엔 빠

신용 카드로 계산해도 돼요?
可以用信用卡付款嗎
[Kěyǐ yòng xìnyòngkǎfù kuǎn ma]

커이 융 신융카푸 콴 마

계산이 잘못된 것 같아요.
錢好像算錯了
[Qián hǎoxiàng suàncuò le]

치엔 하오샹 쏸춰 러

이 금액은 뭐예요?
這個費用是什麼
[Zhège fèiyòng shì shénme]

저거 페이융 스 선머

이걸 교환하고 싶어요.
我想把這個換一下
[Wǒ xiǎng bǎ zhège huànyíxià]

워 샹 빠 저거 환이샤

교환 환불 가능 기간은 언제예요?
到哪天爲止可以包退
[Dào nǎtiān wéizhǐ kěyǐ bāotuì]

따오 나티엔 웨이즈 커이 빠오투이

다른 것으로 바꿔 주세요.
請給我換一個別的
[Qǐng gěi wǒ huànyí gè biéde]

칭 게이 워 환이 꺼 비에더

어제 샀는데 환불할 수 있어요?
我昨天買的, 能退款嗎
[Wǒ zuótiān mǎi de, néng tuìkuǎnma]

워 쭈어티엔 마이 더, 넝 투이콴마

선물 포장을 해 주세요.
請把禮物包裝一下
[Qǐng bǎ lǐwù bāozhuāng yíxià]

칭 바 리우 빠오주앙 이샤

여보세요?
喂 [Wéi]

웨이

누구를 찾으세요?
您找誰
[Nín zhǎoshéi]

닌 자오세이

KIM씨 계세요?
KIM 在嗎
[KIM zài ma]

킴 짜이 마

여보세요. KIM씨와 통화하고 싶어요.
喂! 我找 KIM
[Wéi wǒ zhǎo KIM]

웨이 워 자오 킴

잠깐만 기다려 주십시오.
請稍等一下
[Qǐng shāoděng yíxià]

칭 사오덩 이샤

제 휴대전화 번호입니다.
這是我的手機號碼
[Zhè shì wǒ de shǒujī hàomǎ]

저 스 워 더 서우지 하오마

찾아보기

타이베이 관광 명소	본문	지도
SPOT 타이베이 필름하우스 SPOT光點台北電影館	142	90-F
구궁보우위안 故宮博物院 고궁박물관	220	9-C
궈리리스보우관 國立歷史博物館 국립역사박물관	118	93-K
궈리중정지녠탕 國立中正紀念堂 국립중정기념당	162	93-L
궈리타이완보우관 國立臺灣博物館 국립 타이완 박물관	130	93-G
궈리타이완커쉐자오위관 國立臺灣科學教育館 국립 타이완 과학교육관	226	217-A
궈푸지녠관 國父紀念館 국부기념관	184	96-F
난먼스창 南門市場 남문시장	165	93-K
닝샤예스 寧夏夜市 영하 야시장	146	90-E
다안썬린궁위안 大安森林公園 대안삼림공원	163	90-J
단장가오지중쉐 淡江高級中學 담강고등학교	255	253-A
둥먼스창 東門市場 동문시장	164	101-A
디러구 地熱谷 지열곡	237	235-B
디화제 迪化街	154	157
라오허제예스 饒河街夜市 요하가 야시장	204	103-H
루저우리자이구지 蘆洲李宅古蹟	145	9-C
룽산쓰 龍山寺 용산사	114	92-E
린류신지녠어우시보우관 林柳新紀念偶戲博物館 린류신 인형극박물관	144	90-E
린자화위안 林家花園	119	8-F
마오쿵 貓空	210	211
메이팅 梅庭 매정	238	235-A
미니어처 박물관 Miniatures Museum of Taiwan 袖珍博物館	205	102-E
미라마 엔터테인먼트 파크 Miramar Entertainment Park	229	91-C
바리 八里	261	8-B
바오안궁 保安宮 보안궁	227	216-A
바오짱옌궈지이수춘 寶藏巖國際藝術村 Treasure Hill Art Village	163	9-G
베이먼 北門 북문	132	92-B
베이터우스리투수관 北投市立圖書館 베이터우 시립도서관	236	235-A
베이터우원우관 北投文物館 베이터우 문물관	238	235-B

베이터우원취안보우관 北投溫泉博物館 베이터우 온천박물관	236	235-A
보피랴오리스제취 剝皮寮歷史街區 박피료 역사거리	115	92-E
샹산 象山 상산	186	91-L
솽롄자오스 雙連朝市 쌍련 아침시장	165	95-A
수훠지녠즈보우관 樹火紀念紙博物館 수훠 종이박물관	205	102-I
순이타이완위안주민보우관 順益台灣原住民博物館 순이 타이완 원주민박물관	225	9-C
스린관디 士林官邸 사림관저	225	217-B
시먼딩 西門町 서문정	116	94-D
시먼훙러우 西門紅樓 서문홍루	116	94-D
싱톈궁 行天宮 행천궁	143	90-B
쑹산원촹위안취 松山文創園區 Songshan Cultural and Creative Park	187	96-F
쓰쓰난춘 四四南村 사사남촌	185	100-E
양밍산궈자궁위안 陽明山國家公園 양밍산 국가공원	244	245
얼얼바지녠관 二二八紀念館 228 기념관	131	93-G
얼얼바허핑궁위안 二二八和平公園 228 평화공원	130	93-G
위런마터우 漁人碼頭 어인마두	254	253-A
자오허딩원우스지 昭和町文物市集 소화정문물시장	162	101-E
전리다쉐 真理大學 진리대학	255	253-A
중례츠 忠烈祠 충렬사	226	90-B
중산탕 中山堂 중산당	117	92-B
충퉁푸 總統府 총통부	117	93-G
카이다거란원화관 凱達格蘭文化館 카이다거란 문화관	237	235-A
타이베이 101 台北 101	180	100-E
타이베이 아이 Taipei EYE 臺北戲棚	144	90-F
타이베이구스관 台北故事館 Taipei Story House	228	216-B
타이베이궈지이수춘 台北國際藝術村 타이베이 국제예술촌	132	93-D
타이베이당다이이수관 台北當代藝術館 타이베이 당대예술관	142	95-E
타이베이스리메이수관 臺北市立美術館 타이베이시립미술관	228	216-B
타이베이스쿵먀오 臺北市孔廟 타이베이시 공묘	227	216-A
타이베이즈우위안 台北植物園 타이베이 식물원	118	92-J

	본문	지도
타이베이탄쒀관 台北探索館 Discovery Center of Taipei	186	100-C
텐무 天母 천모	229	217-B
푸싱궁위안 復興公園 부흥공원	238	235-A
화산1914원화창이찬예위안취 華山1914文化創意產業園區	136	90-F
화시제예스 華西街夜市 화서가 야시장	115	92-E
훙마오청 紅毛城 홍모성	254	253-A

타이완 북부 관광 명소

	본문	지도
뎬지궁 奠濟宮 전제궁	307	302-A
바이사완 白沙灣 백사만	313	313-A
비사위강 碧砂漁港 벽사어항	306	9-D
수치루 豎崎路 수기로	291	290-A
스먼둥 石門洞 석문동	315	313-A
스먼훈사광창 石門婚紗廣場 석문혼사광장	315	313-A
스싼청이즈 十三層遺址 십삼층유지	285	282-B
스펀 十分	325	313-A
스펀부부 十分瀑布 스펀 폭포	325	319-A
신왕지츠 新旺集瓷 The Shu's Pottery	342	338-A
싼샤란궁팡 三峽染工坊 싼샤 염색 공방	344	339
싼샤리스원우관 三峽歷史文物館 싼샤 역사문물관	344	339
싼잉이수춘 三鶯藝術村 삼앵예술촌	343	338-B
예류디즈궁위안 野柳地質公園 예류 지질공원	278	9-C
예류하이양스제 野柳海洋世界 예류 해양세계	279	9-C
우라이루톈궁위츠 烏來露天公共浴池 우라이 노천공공욕지	330	328
우라이타이야민쭈보우관 烏來泰雅民族博物館 우라이 타이야 민족박물관	330	328
우라이타이처 烏來台車 우라이 꼬마 기차	331	328
우라이푸부 烏來瀑布 우라이 폭포	331	328
윈셴러위안 雲仙樂園 운선낙원	332	328
인양하이 陰陽海 음양해	285	282-B

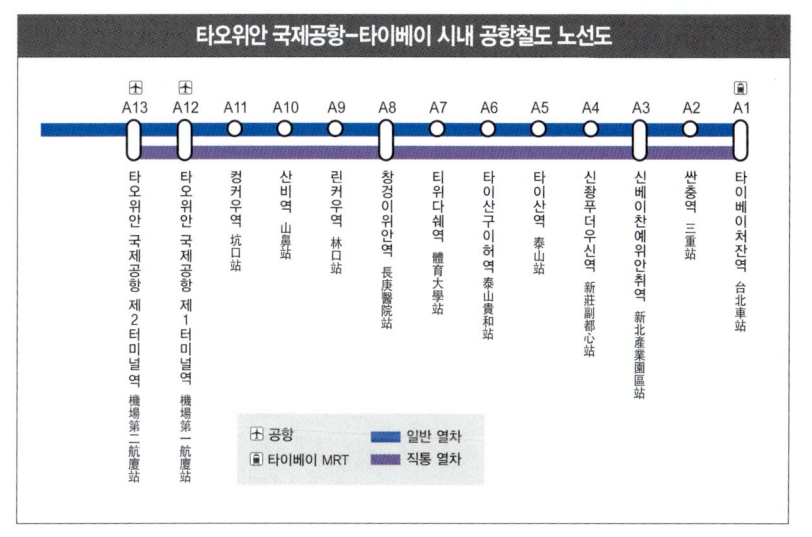

타오위안 국제공항-타이베이 시내 주요 버스 운행 정보

버스 회사	번호	요금(편도)	소요 시간	운행 시간	주요 경유지	종착역
궈광커윈 國光客運	1819	NT$135	약 55분	04:30~02:10	MRT 위안산(圓山)역, 앰배서더 호텔	타이베이역 (台北車站)
궈광커윈 國光客運	1840	NT$135	약 50분	08:10~22:40	싱톈궁(行天宮), MRT 중산궈중(中山國中)역	쑹산 공항 (松山機場)
궈광커윈 國光客運	1841	NT$93	약 1시간 20분	04:45~22:30	MRT 민취안시루(民權西路)역, 랜디스 호텔	쑹산 공항 (松山機場)
시티에어 버스 大有巴士	1960	NT$145	약 1시간	06:05~00:05	MRT 중샤오푸싱(忠孝復興)역, 샹그릴라 파 이스턴 플라자 호텔, 그랜드 하얏트 호텔	스정푸 버스 터미널 (市府轉運站)
시티에어 버스 大有巴士	1961	NT$100	약 1시간 10분	06:10~00:05	시먼딩, 타이베이역(台北車站), MRT 민취안시루(民權西路)역	연합병원허핑구(聯合醫院和平院區)

타이베이-타이완 각 지역 연결 교통편 노선 정보 및 편도 요금

고속철도(가오톄/高鐵/THSR)

도착지	반차오 板橋	타오위안 桃園	신주 新竹	타이중 台中	자이 嘉義	타이난 台南	쭤잉(가오슝) 左營
소요 시간	8분~	21분~	33분~	47분~	1시간 27분~	1시간 45분~	1시간 30분~
요금	NT$40~	NT$160~	NT$290~	NT$700~	NT$1,080~	NT$1,350~	NT$1,490~

기차(타이톄/台鐵/TRA)

도착지	루이팡 瑞芳	이란 宜蘭	타이중 台中	가오슝 高雄
쯔창하오 (自強號)	29분~ NT$76~	1시간 6분~ NT$218~	1시간 36분~ NT$375~	3시간 36분~ NT$843~
쥐광하오 (莒光號)	45분~ NT$59~	1시간 46분~ NT$168~	2시간 12분~ NT$289~	5시간 9분~ NT$650~
취젠처 (區間車)	47분~ NT$49~	2시간 12분~ NT$140~	3시간 5분~ NT$241~	–

시외버스

도착지	타오위안 桃園	뤄둥 羅東	타이중 台中	르웨탄 日月潭	타이난 台南	가오슝 高雄
소요 시간	50분~	1시간 30분~	2시간 30분~	3시간 30분~	4시간 20분~	5시간~
요금	NT$65~	NT$220~	NT$290~	NT$470~	NT$340~	NT$580~

잉거광뎬메이쉐관 鶯歌光點美學館 잉거 광점미학관	342	338-A
잉거라오제 鶯歌老街	341	338-A
잉거라오제타오관 鶯歌老街陶館	343	338-A
잉거타오츠보우관 鶯歌陶瓷博物館 잉거 도자박물관	341	338-B
주밍메이수관 朱銘美術館 주밍 미술관	314	313-B
중정궁위안 中正公園 중정공원	306	302-B
지산제 基山街 기산가	291	290-A, B
진산라오제 金山老街	315	313-B
징관란처 景觀纜車 경관람차	332	328
징퉁 菁桐	323	319-A
칭수이쭈스먀오 清水祖師廟 청수조사묘	344	339
핑시 平溪	324	319-A
허우둥 侯硐	322	319-B
허핑다오하이자오러위안 和平島海角樂園 회평도해각낙원	305	9-D
황진보우관 黃金博物館 황금박물관	286	282-B
황진푸부 黃金瀑布 황금폭포	284	282-B

저스트고 타이베이

개정판 1쇄 발행일 2023년 8월 2일
개정판 2쇄 발행일 2024년 8월 30일

지은이 박진주

발행인 조윤성

발행처 ㈜SIGONGSA **주소** 서울시 성동구 광나루로 172 린하우스 4층(우편번호 04791)
대표전화 02-3486-6877 **팩스(주문)** 02-585-1755
홈페이지 www.sigongsa.com / www.sigongjunior.com

글 ⓒ 박진주, 2023

이 책의 출판권은 ㈜SIGONGSA에 있습니다. 저작권법에 의해
한국 내에서 보호받는 저작물이므로 무단 전재와 무단 복제를 금합니다.

ISBN 979-11-6925-997-2 14980
ISBN 979-89-527-4331-1 (세트)

*SIGONGSA는 시공간을 넘는 무한한 콘텐츠 세상을 만듭니다.
*SIGONGSA는 더 나은 내일을 함께 만들 여러분의 소중한 의견을 기다립니다.
*잘못 만들어진 책은 구입하신 곳에서 바꾸어 드립니다.

WEPUB 원스톱 출판 투고 플랫폼 '위펍'_wepub.kr
위펍은 다양한 콘텐츠 발굴과 확장의 기회를 높여주는
SIGONGSA의 출판IP 투고·매칭 플랫폼입니다.